Rosemarie Bronikowski DAS ENDE DER EWIGKEIT

EDITION *für*satz

Über die Autorin:

Nach dem Jugendbuch *Das Mädchen Rosali* und der Erzählung *Bomben und Zuckerstückchen* liegt mit *Das Ende der Ewigkeit* der dritte und letzte Teil der Trilogie vor. Die 1922 in Hamburg geborene Autorin hat darin Motive ihres Lebens zur Erzählung umgestaltet. Die beiden vorangegangenen Bände erschienen 1989 bei G. Braun und 1994 im Ravensburger Verlag. Neben diesen Werken hat Rosemarie Bronikowski vorwiegend Lyrik veröffentlicht, u.a. im Trescher Verlag 1997 ihren Gedichtband *Das verlorene Lachen*.

Die in Freiburg lebende Schriftstellerin Ingeborg Hecht ist neben zahlreichen geschichtlichen Publikationen besonders bekannt geworden durch ihre Bücher *Als unsichtbare Mauern wuchsen* (bei Dölling und Galitz), und *Von der Heilsamkeit des Erinnerns* (bei Hoffmann und Campe). Sie schildert darin die Auswirkungen der Nürnberger Rassegesetze auf das Leben ihrer Familie.

Rosemarie Bronikowski

Das Ende der Ewigkeit
Erzählung aus dem zweiten Weltkrieg

Mit einem Vorwort von Ingeborg Hecht

Die Deutsche Bibliothek – CIP-Einheitsaufnahme
Oppeln Bronikowski, Rosemarie von:
Das Ende der Ewigkeit : Erzählung aus dem 2. Weltkrieg / Rosemarie
Bronikowski. Mit einem Vorw. von Ingeborg Hecht. – Berlin :
Trescher, 1999
(edition fürsatz)
ISBN 3-928409-95-6

Erste Auflage 1999,
© edition fürsatz, Trescher Verlag
Reinhardtstraße 9, 10117 Berlin

ISBN 3-928409-95-6
Printed in Germany
Satz: Holger Hegmanns
Das Werk einschließlich seiner Teile
ist urheberrechtlich geschützt.
Jede urheberrechtswidrige Verwertung
ist ohne Zustimmung des Verlages
unzulässig und strafbar. Das gilt insbesondere
für den Aushang, Vervielfältigungen,
Übersetzungen, Nachahmungen,
Mikroverfilmungen und die Einspeicherung
und Verarbeitung in elektronischen Systemen.

Vorwort

»Während in England am Nachmittag des 17. Januar 1943 ein Kampfflugzeug der Royal Air Force zum Nachteinsatz auf Berlin startet, verläßt im Berliner Stadtteil Wilmersdorf die zwanzigjährige Rosali Bahlke ihr Wohnhaus, um ins Kino zu gehen.« So beginnt »Das Ende der Ewigkeit«. Es wäre gut möglich gewesen, daß auch ich damals meine Geschichte – nur auf Hamburg bezogen – so hätte beginnen können. Denn Rosemarie Bronikowski und ich sind – bis auf ein Jahr – gleich alt. Wir haben als Kinder das Jahr 1933 erlebt, dann den Beginn des Krieges 1939 bis zu seinem Ende. Wir haben die gleichen Dinge gelernt, vergleichbare Bücher gelesen, die gleichen Theaterstücke gesehen und vor allem die gleichen Filme, die gleichen Schlager gehört, gesungen, nach ihnen getanzt. Wir haben als Heranwachsende die gleichen Sehnsüchte gehabt und – die gleiche Angst vor den Bomben. Aber ich habe auch Angst vor den »Nürnberger Gesetzen« haben müssen: zwischen uns stand eine von den Nazis künstlich errichtete Mauer und wir lebten in zwei verschiedenen Welten. Damals haben wir nichts voneinander gewußt.

»Das Ende der Ewigkeit« ist der letzte Teil einer Trilogie. Im ersten Buch »Das Mädchen Rosali« erzählt die Autorin, wie ihre kleine Protagonistin zum begeisterten BDM-Mädchen wird, obwohl die Familie sich dagegen sträubt. Sie spürt, daß zuhause etwas Schlimmes geschehen ist, das nicht zu ihrem »Bild vom Führer« passt. Aber sie möchte nun einmal dazugehören, eine Uniform tragen, Lieder am Lagerfeuer singen...
   Im zweiten Buch »Bomben und Zuckerstückchen« ist Rosali eine junge Frau, die achtzehnjährig einen Fliegerleutnant geheiratet hat. Sie läßt sich anstecken von seiner Begeisterung. 1942 stürzt er über Sizilien ab.

Im vorliegenden dritten Buch erlebt sie als viel zu junge Witwe die Jahre von 1943 bis 1945. Sie holt die Reifeprüfung nach, wird dann zunächst Schwesternhelferin und erlebt die furchtbaren Folgen des Krieges bei schwerverwundeten Soldaten im Lazarett und bei der Versorgung von Bombenopfern. Da sie zu dieser Zeit ein Studium beginnt, kann sie sich in Literatur und Kunst flüchten.

Im Lazarett begegnet sie einem verheirateten Ingenieur, der ihr von früher bekannt ist. Überhaupt kennen Rosalis Leser manche der vorkommenden Personen aus den ersten Büchern, vor allem auch ihre Familie.

Jetzt beginnt eine Liebesgeschichte, entstanden aus der Sehnsucht nach ein wenig Glück inmitten des Kriegselends und der vielfachen Ängste. Aber diese Liebe wird zum Drama. Rosali hat stets versucht, was an Schrecken des »Dritten Reiches« an sie herangetragen wurde, von sich fern zu halten. Jetzt aber haben die Schatten der Zeit sie eingeholt.

Rosemarie Bronikowski hat viele eigene Erfahrungen und solche von Freunden eingebracht, sie weiß, wovon sie erzählt. Schon als wir uns vor einem Jahrzehnt kennenlernten, spürte ich, wie sehr sie sich mit denjenigen Deutschen beschäftigte, die zwar keine aktiven Täter waren, die aber um der privaten Ruhe willen geschwiegen, weggesehen haben – zu denen sie sich auch zählt.

Man weiß: das ist ein weites Feld. Aber Verfolgte, zu denen ich gehöre, sind dankbar, daß es Menschen gibt wie diese Autorin, die nicht aufhören sich darüber Gedanken zu machen, und denen es überdies gelingt, diese Gedanken in Geschichten wiederzugeben – so wiederzugeben, daß sowohl jene, die die Zeit erlebt haben, als auch die Jüngeren, die hoffentlich niemals so etwas erleben müssen, gefesselt und nachdenklich bei Rosali verweilen.

Ingeborg Hecht

Der Blindgänger

Während in England am Nachmittag des 17. Januar 1943 ein Kampfflugzeug der Royal Air Force zum Nachteinsatz auf Berlin startet, verläßt im Berliner Stadtteil Wilmersdorf die zwanzigjährige Rosali Bahlke ihr Wohnhaus, um ins Kino zu gehen. So wenig der Flieger ahnt, daß seine Bombe nicht zünden wird, so wenig weiß sie, was für eine Überraschung er für sie bereit hält. Im Augenblick geht es ihr darum, möglichst schnell in die Innenstadt zu gelangen. Am Bahnhof Schmargendorf kann sie gerade noch auf die anfahrende S-Bahn springen, von hilfreichen Händen ins Wageninnere gezogen. Ihr langer schwarzer Mantel gerät dabei in die Schließautomatik der Türen und muß gewaltsam befreit werden. Ihr Hütchen mit dem kurzen Witwenschleier ist bei dem Manöver unter eine Sitzbank gerollt, es wird von einem Fahrgast mit dem Stock hervorgeholt.

Eile bringt nischt, junge Frau.

Früher fuhr alle paar Minuten ein Zug, sagt sie entschuldigend.

Daß Krieg ist, ham Se wohl noch nich mitjekricht.

Siehst du denn nicht, mischt sich seine Frau ein, daß du eine Kriegerwitwe vor dir hast?

Oh, denn entschuldigen Se man...

Wie peinlich ihr das ist! Sie staubt den Hut ab und untersucht den Mantel, zum Glück ist er nicht zerrissen.

Als sie am Bahnhof Zoo aussteigt, hat der britische Bomber die Küste erreicht. Ein Blick auf die Armbanduhr: Ob sie vor der Vorstellung noch Zeit für eine Tasse Kaffee findet? In ihrem Stammcafé Trumpf, unweit der Gedächtniskirche. Dort hat sie kurz vor Kriegsbeginn Ralf Bahlke kennengelernt. Neben der Grünpflanze am Fenster hatten sie damals gesessen. Sie sieht den etwas unbeholfenen

Leutnant vor sich, wie er sich verbeugte und die Dame bat, an ihrem Tisch Platz nehmen zu dürfen. Dame – gerade siebzehn war sie geworden. Und es gab noch echten Bohnenkaffee.

An Ralf zu denken, drückt auf die Augen. Jedesmal schwört sie sich, nicht mehr in dieses Café zu gehen und tut es doch. Sie wollte auch bis zum Abitur aufs Kino verzichten, aber im Gloria-Palast läuft der Film »Ich hab' dich lieb«.

Als sie die Eintrittskarte löst, ist der feindliche Flieger über dem Ärmelkanal. Genießerisch lehnt sie sich beim Spiel der Kinoorgel auf ihrem gepolsterten Klappstuhl zurück. Wie vor einer Opernbühne wird langsam ein roter Samtvorhang aufgezogen und gibt die flimmernde Filmleinwand frei, zwei Stunden Erholung vom Kriegsalltag versprechend.

Schon der Kulturfilm ist Erholung: Der Rundgang durch ein mittelalterliches Städtchen namens Rothenburg ob der Tauber. Den Berlinern in ihrer kaputten Stadt soll wohl ein heiles Stückchen Deutschland vorgeflunkert werden. Lebt man dort wirklich noch wie im Frieden? Sie lutscht ein Bonbon und schaut einer Frau in Trachtenbluse beim Gießen der Geranien zu.

Anschließend kann die Wochenschau mit einem Bericht über das umkämpfte Stalingrad ihre Stimmung nicht trüben, zumal die zuversichtliche Tonlage des Sprechers und die Musikuntermalung keinen Zweifel aufkommen lassen, daß die Befreiung der eingeschlossenen Armee nur noch eine Sache von Tagen ist. Daran will sie gern glauben und steckt ein zweites Bonbon in den Mund.

Bei Beginn des Hauptfilms befindet sich der Bomber über den besetzten Niederlanden, und nach etlichen Liebes- und Eifersuchtsszenen einer vor Temperament sprühenden Marika Rökk über deutschem Reichsgebiet mit Kurs auf Berlin.

Mit dem Wort ENDE auf der Leinwand setzt wie gewöhnlich ein wildes Hasten zum Ausgang ein. Die Berliner wollen noch den eigenen Luftschutzkeller erreichen, bevor die allabendlichen Sirenen losheulen. Da die U-Bahn sicherer ist als die S-Bahn, läuft alles zum Bahnhof Wittenbergplatz. Sie ist in ihren ausgeleierten Pumps nicht schnell genug, die Bahn fährt ihr vor der Nase weg. 20 Minuten Wartezeit auf die nächste. Im Wettlauf mit der Royal Air Force gerät sie jetzt ins Hintertreffen. Zu ihrem Glück, wie sie später weiß.

Fehrbelliner Platz. Fliegeralarm, alles aussteigen! Die U-Bahn zieht sich in den Tunnel zurück und hinterläßt ihre Menschenfracht auf dem Bahnsteig.

Det sind keene Störflieger, heute kriegen wa's dicke.

Halblaut geäußerte Mutmaßungen. Det is in Charlottenburg... nee, det is weiter weg... Der unterirdische Standort dämpft die Einschläge, zu hören sind sie trotzdem.

»Für eine Nacht voller Seligkeit, da geb' ich alles hin...« Die Hände frierend in den Taschen, wippt sie in ihren schlechten Schuhen gefährlich nahe am Bahnsteigrand. Ihre Blicke folgen den Geleisen in das schwarze Tunnelloch. Wie sie das abrupte Ende der Kinowelt haßt! Sie sieht eine Marika Rökk in Glitzerrobe über die Schienen steppen, bis das rhythmische Geklapper von den Schüssen der Flak übertönt wird.

Stromausfall. Unter der Funzel einer Notbeleuchtung ist die Menschenmenge auf dem Bahnsteig eine einzige graue Masse. Niemand rührt sich, selbst das Sprechen wird eingestellt. Um so bedrohlicher beim ersten Ton der Entwarnung das ungezügelte Schieben und Stoßen. Nur raus hier!

Verkehrsmittel fahren nicht, sie muß laufen. Stockdunkle Straßen im Berliner Westen, während hinter ihr der Osten rot von Bränden ist. Endlich die Rudolstädter Straße, vertrauter Boden. Noch ein paar Schritte... vertrauter Boden? Unebenheit unter den Füßen, Sand, Steine.

Sich dicht an den Mauern haltend, tastet sie sich zum Hauseingang. Die Tür schief in den Angeln. Innen Zugluft und scharfer Staub.

Im Treppenhaus trifft sie ihren Bruder Gunther, der zusammen mit dem Luftschutzwart das Haus inspiziert. Sei froh, daß du nicht da warst, Rosali, wir glaubten, der Keller stürze ein. Zum Glück war es nur ein Blindgänger, aber ich sage dir, uns hat's gereicht.

Er leuchtet mit der Taschenlampe in ihre Wohnung. Zugluft auch hier, die Fenster zur Straßenseite in Scherben. Gunthers Wohnung im

Nebenhaus habe es noch schlimmer getroffen. Das Ding sei ein Ausrutscher gewesen, meint er, denn sonst blieb in der Gegend alles ruhig.

Am Morgen entdeckt sie den Bombenkrater. Direkt vorm Haus ein riesiges Loch. Bergeweise Sand und Schutt, die ganze Straße eine Wüstenlandschaft. Zwei Straßenbäume hat es erwischt, die schönen Linden! Die eine wie vom Blitz gespalten, die andere einfach weg. Wenn das ein Blindgänger fertigbringt, was hätte eine hellwache Bombe dann noch übrig gelassen! Ob der Engländer gemerkt hat, daß seine Bombe nicht losging? Als er sich von seiner Insel hierher auf den Weg machte, bin ich wahrscheinlich gerade zum Zoo gefahren, rechnet sie nach und macht sich daran, die Glasscherben auf ihrer Fensterbank zusammenzufegen. Dazwischen immer wieder ein Blick hinaus: Hält sich das Ungetüm da unten noch ruhig in seinem selbstgeschaffenen Bett?

Auf dem Schreibtisch liegen unter einer Schicht sandigen Staubes ihre Schulsachen. Sie muß heute noch eine Charakteristik der Luise aus Schillers Trauerspiel Kabale und Liebe schreiben. Der Blindgänger vor der Haustür gilt sicher nicht als Entschuldigung für nicht gemachte Hausaufgaben. Aber wie die Gedanken einem so abgelegenen Thema zuwenden?

Sie schlägt den letzten Akt an der Stelle auf, wo die Musikertochter Luise ins Zimmer tritt: »...mit rotgeweinten Augen und zitternder Stimme, indem sie dem Major ein Glas auf einem Teller bringt.« Nicht zu fassen, was sie damals für Probleme hatten! Die arme Luise sollte eines bloßen Verdachtes wegen die vergiftete Limonade zu sich nehmen. Dem Major, denkt sie zornig, wünschte ich einen Blindgänger wie diesen vor sein Schloßportal, damit er merkt, daß das Leben kostbar ist. Und die Luise möchte ich an den Schultern packen und schütteln, wach auf, laß dich nicht umbringen für ein Hirngespinst. Dein Ferdinand verdient deine Liebe nicht, sonst hätte er dir vertraut. Komm, mach dich von ihm frei, bevor es um dich geschehen ist!

Es klingelt. Der Luftschutzwart. Tut mir leid, Frau Bahlke, die Hausbewohner müssen sich für ein paar Stunden dünne machen.

Fortgehen? Ich habe zu arbeiten.
Eine Bombe zu entschärfen ist schließlich kein Zuckerschlecken, sagt der Mann. Die Komik des Vergleichs reizt sie zum Lachen. Zuckerschlecken und Bombe!
Sie packt den Schiller in die Schultasche und verläßt das Haus.

Trauerspiel mit Kuchen

In einer Konditorei am Breitenbachplatz fällt ihr bei einem mit Ersatzstoff gesüßten Stück Kuchen das Wort Zuckerschlecken wieder ein. Warum war das bloß so komisch? Vielleicht weil es im Zusammenhang mit dem Blindgänger unpassender nicht hätte sein können. Und gerade dadurch, denkt sie, kommt heraus, wie absurd es ist, daß eine Bombe, die das ganze Haus mitsamt seinen Bewohnern hätte hinwegfegen können, zart wie Babyhaut behandelt werden muß, um nicht nachträglich loszugehen. Im vierten Kriegsjahr könnte einem der Sinn fürs Komische vergangen sein, aber er gehört nun mal zum Leben und zeigt am besten den Irrsinn, den wir heute für normal halten.

Ob Schiller Sinn für Komik hatte? Sein Trauerstück wäre dann dem wirklichen Leben näher. Und die Luise hätte sich mit ein bißchen Mutterwitz besser behaupten können. Ach Gott, die Luise! Die Beschreibung ihres Charakters habe ich noch hinter mich zu bringen!

Obschon sie für die Hausaufgabe überhaupt nicht in Stimmung ist, muß sie die Wartezeit im Café dafür nützen. In einem Jahr drei Schuljahre nachzuholen, erlaubt keine freie Minute. Unlustig blättert sie in dem Reklambändchen »Kabale und Liebe« nach Stellen, die das Wesen der Luise deutlich machen. Welch ein Frauenbild hatte der Dichter im Kopf? Im Gespräch mit der exaltierten Lady Milford läßt er die Luise sich zwar tapfer schlagen, gegenüber Männern wie ihrem Vater und dem vergötterten Ferdinand jedoch zeigt er sie von einer geradezu unerträglichen Ergebenheit.

Wenn ich die Luise wäre...

Die giftgelb gefärbte Creme des Kuchenstücks löffelnd, versucht sie sich an die Stelle einer jungen Frau des achtzehnten Jahrhunderts zu versetzen. Hätte sie sich unter den damaligen Verhältnissen ebenso den Kopf verdrehen lassen, wenn sie von einem hochgestellten Herrn begehrt worden wäre? Auf einen blasierten Major könnte ich verzichten, denkt sie. Selbst wenn Luise von seinem ehrenhaften Getue beeindruckt war – seine Beschuldigungen einfach zu schlucken und am Ende gar die mit Gift versetzte Limonade! Nein, heutzutage sind wir Frauen nicht mehr so schicksalergeben. Und auf einen intriganten Schurken namens Wurm wäre ich bestimmt nicht hereingefallen. Oder doch?

Sie schiebt den Teller mit dem halbgegessenen Kuchenstück beiseite. Fieslinge von der Partei, ja, mit solchen hat sie üble Erfahrungen gemacht. Wie hatte sie denen geglaubt! Zum Gehorsam erzogen, zum unbedingten Gehorsam, so hieß es doch in der Hitlerjugend. Wir BDM-Mädel nahmen es als oberstes Gebot. Das ist vorbei. Ich will mit Nazis nichts mehr zu tun haben.

Sie schaut sich um, als habe sie laut gedacht.

Nach der Abschweifung in ihre BDM-Vergangenheit ist ihr die duldsame Musikertochter weniger fremd. Luise war ein Opfer ihrer Zeit. Wie hätte sie sich auf Dauer wehren können, gegen wen und wie ankämpfen in der von Männern beherrschten Welt?

Sie schraubt den Füllfederhalter auf, um diese Sätze festzuhalten. Jetzt hat sie einen Einstieg in ihre Hausarbeit. Der runde Marmortisch der Konditorei ist beinahe zu klein für die sich rasch füllenden Blätter. Auch der Major, schreibt sie, war ein Gefangener seiner Zeit. Zu Unnachgiebigkeit und Härte erzogen, hatte sein Starrsinn tödliche Konsequenzen. Noch im Angesicht des Todes verbietet er sich ein aufkommendes Gefühl für die Geliebte: »Nur jetzt keinen Engel mehr...« Dabei hätte ein Gespräch alles klären können. Aber das lag wohl außerhalb seiner militaristischen Denkweise.

Kann sie das so stehen lassen? Die Direktorin der Hahnschen Privaten Lehranstalt ist Mitglied der NS-Frauenschaft und hat sich schon öfter über die Kämpfernatur des Mannes und die dienende Rolle der Frau an seiner Seite ausgelassen. Darauf müßte sie natürlich keine Rücksicht nehmen, aber...

Ach Luise, ich kann dir auch nicht helfen!

Bei ihrer Rückkehr ist es fast dunkel. Sie findet den Bombenkrater eingeebnet und die Linden in Stücke zerhackt und aufgeschichtet. Ordentlich, als sei nichts vorgefallen. Ein Stein des Kopfsteinpflasters, erzählt der Hausmeister, sei im zweiten Stock des Nachbarhauses neben einem Kinderbett gefunden worden. Von solcher Wucht war, obwohl die Bombe nicht explodierte, ihr Einschlag.

De Bello Germanico

Dein Trauerjahr ist zu Ende, und du trägst immer noch Schwarz?
Ob ich Schwarz trage oder nicht, ist meine Sache.
Ihre Antwort auf die Frage der Schwägerin fällt ruppiger aus, als sie wollte.
Natürlich ist es deine Sache, Rosali, aber man kann es mit der Trauerkleidung auch zu weit treiben. Du bist nicht die einzige, die in diesem Krieg ihren Mann verloren hat. Schau dir die Traueranzeigen doch einmal an!
Mein Gott, das weiß ich doch.
Otta hat eben keine Ahnung, denkt sie, nachdem die Schwägerin gegangen ist. Dann erinnert sie sich, wie sie selbst es manchmal als peinlich empfindet, zusammen mit den zwei andern Kriegerwitwen schwarz und herausfordernd zwischen den Mitschülern zu sitzen. Als wollten sie ihre Trauer beweisen.
Um von solchen Gedanken wegzukommen, schlägt sie Cäsars »De Bello Gallico« auf. Caesar legatos trans Rhenum in Galliam traduceret. Doch wie soll sie sich konzentrieren, wenn aus dem Radio die Fanfaren einer Sondermeldung ertönen?
Hier ist der großdeutsche Rundfunk mit allen seinen Sendern... Sie dreht den Empfänger leiser. Welche Länder hätte Cäsar wohl noch mit Krieg überzogen, wäre er nicht ermordet worden!
Die Festung Stalingrad trotz erdrückender Übermacht des Feindes gehalten... Hat sie richtig gehört? Von erdrückender Übermacht ist bisher nicht die Rede gewesen. Natürlich wird sogleich der Durchhaltewillen der Soldaten beteuert, ihr Kampfesmut sei ungebrochen.

Eine Kapitulation komme nicht in Frage. Kapitulation? Ein neues Wort im Vokabular des Rundfunksprechers. Hostes victi pacem petiverunt.

Am 3. Februar heißt es in einer Sondermeldung: Der Kampf um Stalingrad ist beendet.

Nach einem Sieg hört sich das jedenfalls nicht an!

Diesmal sitzt sie nicht über Cäsars gallischem Krieg, sondern über einer Differentialgleichung. Das Ausbleiben der gewohnheitsmäßigen Verbindung von Sondermeldung und Sieg läßt sie im ersten Moment ungläubig das gelbbraune Auge im schwarzen Galalith des Volksempfängers anstarren, als habe der Lautsprecher sich geirrt. Das Eingeständnis einer Niederlage gab es in diesem Kriege noch nie. Bis zum letzten Mann werde Stalingrad verteidigt, hatte es geheißen. Bis zum letzten Mann – bedeutet dies, keiner ist übrig?

Berti! Aber Berti lag vor einiger Zeit noch auf der Krim, er war sicher nicht in Stalingrad dabei, beruhigt sie sich.

Die Sorge um den Bruder macht ihr das Geschehen erst faßbar. Eine ganze Armee –? Wieviel Soldaten sind eine Armee? In Gefangenschaft geraten oder bis zum letzten Mann...? Fragen, auf die keine Antwort zu erwarten ist.

Vielleicht werden wir den Krieg verlieren.

Bisher hatte sie diesen Gedanken nicht zugelassen, er wäre ihr wie Verrat an Ralfs Idealismus erschienen, mit dem er in den Tod gegangen war. Verzeih' mir, sagt sie, als lehne Ralf dort drüben an dem altdeutschen Bücherschrank, den er einst für die Wohnzimmereinrichtung auswählte. Ich weiß, du glaubtest noch an die gute Sache, für die sich dein Einsatz lohnte. Ich aber sehe die gute Sache nicht mehr, und ich bin des Krieges so überdrüssig, Ralf.

Der Rundfunkkommentator scheint indessen nichts von seiner Siegeszuversicht eingebüßt zu haben. Seine Stimme ist von einer geradezu religiösen Inbrunst, wenn er verkündet, Stalingrad werde als leuchtendes Fanal des Widerstandes in die Geschichte eingehen. Und jetzt wird die Sendung unterbrochen und der Einflug starker feindlicher Verbände mit Kurs auf die Reichshauptstadt gemeldet.

KLEINE KATASTROPHEN

Ein Anruf aus Hamburg. Die Stimme der Schwester klingt verzweifelt. Ihre Tuberkulose sei wieder akut, sie müsse ins Sanatorium. Und wohin mit den Kindern? Auf eine Sammelverschickung auf keinen Fall. Die Kleinen dürfen zu Milli, aber Katrin, die gerade erst Diphterie hatte, könne sie der Großmutter nicht auch noch zumuten. Leo habe deshalb mit seinen Verwandten in Posen verhandelt, die sie auch nehmen würden, aber wer bringt sie dorthin? Ob die Schwester... die Strecke führe ja über Berlin.

Im März habe ich schriftliche Prüfung!

Ihre Einwände hören sich gegenüber Carmens neuerlicher Erkrankung kläglich an, und so läßt sie notgedrungen die Englisch-Klausur ausfallen und fährt nach Hamburg, um die kleine Nichte abzuholen.

Dort herrscht Katastrophenstimmung. Die fiebrige Schwester, die jammernde, aus dem Elsaß herbeigeeilte Mutter, die aufgeregten Kinder und der unleidliche Schwager. Carmen habe zu wenig gegessen und zu viel geraucht. Nun soll ich auch noch an meiner TB selber schuld sein! Es fehlt nicht mehr viel, und ich drehe durch, stöhnt Carmen.

Es fehlt wirklich nicht mehr viel. Die Kleinen schleppen ihre Spielsachen herbei, die mit ins Elsaß sollen. Katrin heult und quengelt, sie wolle da bleiben und nicht zu den unbekannten Verwandten nach Posen. In einem unbeobachteten Moment zieht sie ihre Kleider wieder aus dem Koffer. Bitte, Rosali, halte mir die Kinder eine Weile vom Hals, sonst werde ich verrückt!

Die Tante aus Berlin läßt sich etwas einfallen. Kommt, wir spielen Blinde Kuh! Es klappt. Mit Geschrei und Gelächter geht's im Kinderzimmer rund, auch Katrin läßt sich die Augen verbinden. Es klappt solange, bis Pamela ausrutscht und sich am Heizkörper den Kopf anschlägt. Sie heult durchdringend. Leo stürzt aus dem Musikzimmer herbei und schimpft über das Getobe, bei dem er nicht arbeiten könne. Übrigens, Schwägerin, sagt er, nachdem Pamela sich beruhigt hat, euer Goebbels schwingt jetzt in Berlin den eisernen Besen zum Kehraus und hat wohl bald sein Ziel erreicht.

Sein Ziel? Was willst du damit sagen?

Schon gut. Mach du nur weiter die Augen zu.

Der Spaß am Blinde-Kuh-Spielen ist ihr vergangen. Sie versucht die Kinder durch Vorlesen zu beruhigen, doch die Geschichte vom Bergkind Heidi, das in die Stadt versetzt heimwehkrank wird, ist gewiß nicht das Richtige, Katrin fängt wieder an zu weinen und steckt die Kleinen damit an. Am Ende laufen alle zur Mutter, die inzwischen mit Packen fertig geworden ist. Soll ich euch etwas vorspielen?

Carmen am Flügel. Noch einmal, während sie mit ihrem leichten und doch kraftvollen Anschlag die Chopin-Preludes spielt, kehrt für die beiden Schwestern die Zeit im Klein-Flottbeker Elternhaus zurück. Das Regentropfen-Prelude. Für dich, Rosali. Als du klein warst, wolltest du es immer hören.

Nachdem sie geendet hat, schließt Carmen behutsam den Deckel und streicht mit der Hand darüber, als sei ihr Bechstein-Flügel ein lebendes Wesen.

Eine schweigsame Katrin fährt mit ihr nach Berlin, durch Bonbons nicht über den Abschiedsschmerz hinwegzutrösten. Den Arm um die kleine Person gelegt, fühlt sie die eigene Hilflosigkeit. Auch gehen ihr Leos Bemerkungen nach. Sie hatte ihn auf dem Bahnhof nochmals auf den Kehraus des Minister Goebbels angesprochen, was er damit gemeint habe? Hier sei nicht der Ort für solche Fragen, hatte er geknurrt. Stopf dir nur weiter den Kopf mit Schule voll, dann kannst du auf seinen anderweitigen Gebrauch verzichten. Das war verletzend. Nimmt der Schwager sie noch immer nicht für voll?

Abends in ihrer Wohnung schlagen alle Bemühungen fehl, die in sich gekehrte Katrin aufzuheitern. Deine Mami wird bald wieder gesund. Kopfschütteln. Eng aneinandergedrückt in einem der großen Sessel verzehren Tante und Nichte Schmalzbrote, das einzige, was in der Küche an Eßbarem aufzutreiben war. Ich will nicht nach Posen, bettelt das Kind, ich will hier bleiben. Du kommst doch aufs Land, wo es viele Tiere gibt, und die Verwandten sind sicher lieb zu dir. Das ungeschickte Zureden wird mit einem Tränenausbruch beantwortet, und das Witzchen, so würden die Schmalzbrote gleich gesalzen, verfängt nicht. Nun gut, Katrin, ich melde ein Gespräch nach Hamburg an und frage deinen Papi, ob du bei mir bleiben darfst.

Bis das Gespräch durchgestellt ist, schläft das Kind, ein angebissenes Brot noch in der Hand. Wie erwartet, ist der Schwager für den Plan nicht zu gewinnen. Katrin soll ja gerade in ein Gebiet ohne Luftangriffe!

Daß sie erleichtert ist, mag sie sich kaum eingestehen. Mit dem Abitur wäre es erst einmal vorbei gewesen, und ein Jahr des Lernens umsonst. Aber danach hätte sie nicht fragen dürfen. Behutsam zieht sie die schlafende Katrin aus. Das hellblaue Kleidchen mit der gesmokten Passe. Die schwarzen Knöpflackschuhe. Die langen weißen Strümpfe, mit Strumpfbändern am Leibchen gehalten. In Unterwäsche hinüber ins Schlafzimmer, in das seit Ralfs Tod unbenutzte, aber stets bezogene zweite Ehebett. Schwer ist ein schlafendes Kind!

Im Schein der Nachttischlampe betrachtet sie lange das kleine Gesicht, das noch Spuren von Tränen zeigt. An Katrins Stelle hätte sie sich auch vor den unbekannten Verwandten gefürchtet. Wieviele Kinder werden jetzt im Krieg verschickt, wenn nicht zu Verwandten, dann in Sammellager auf dem Land, um ihnen das Schlimmste zu ersparen. Doch wie schlimm ist Heimweh?

Die Reise

Am nächsten Morgen erkundigt sich Katrin mit keinem Wort danach, was ihr Papi am Telefon sagte. Stumm, wie auf der Bahnfahrt nach Berlin, sitzt sie im Zug neben der jungen Tante, der selbst nach Heulen zumute ist.

Schau mal, Katrin, eine Windmühle!

Das Kind hebt die Puppe zum Fenster, wirft aber keinen Blick hinaus.

In Frankfurt an der Oder erhält der Zug keine Einfahrt und bleibt länger als eine halbe Stunde stehen. Warum fahren wir nicht weiter? Vielleicht muß ein Truppentransport durch. Der dort? Katrin deutet auf einen Güterwagenzug der Deutschen Reichsbahn auf dem Nebengleis. Unsinn, in solchen Wagen wird Vieh transportiert.

Nach gut einer Stunde heißt es, die Reisenden hätten in einen anderen Zug umzusteigen. Ein rücksichtsloses Drängen und Schieben beginnt. Paß bloß auf, Katrin, daß wir uns nicht verlieren! Sie hasten über die Gleise.

Der Zug da, ist das unserer?

Wir fahren doch nicht im Güterzug! Beeil' dich, damit wir noch einen Platz bekommen!

Tatsächlich ist fast alles belegt, sie muß bei der Weiterfahrt die Nichte auf den Schoß nehmen. Die protestiert, ich bin doch schon groß. Selbst wenn du meine Großmutter wärst, müßtest du auf meinem Schoß sitzen, so voll ist es hier!

Die Vorstellung gewinnt Katrin ein Lächeln ab, überhaupt ist sie jetzt gesprächiger als zuvor. Werden die Viehe geschlachtet? fragt sie, als der Zug langsam den Bahnhof verläßt.

Welche, ich sehe nichts.

Vorhin die. Im Güterzug die.

Also, wenn da Kühe transportiert wurden, so kommen sie zum Verkauf auf den Markt. Kühe schlachtet man nicht.

Und die anderen Viehe?

Das andere Vieh, heißt es. Vielleicht waren ganz andere Dinge in dem Güterzug, Kohlen zum Beispiel. Oder landwirtschaftliche Erzeugnisse, was weiß ich.

Ich hab die Viehe aber gesehen.

Das konntest du gar nicht, Katrin, die Wagen waren ja geschlossen.

Was hat das Kind nur immer mit diesen Viehwagen, sie kennt doch Güterzüge. Soll ich dir ein Märchen erzählen, schlägt sie vor, das vom Müllerssohn und dem Esel?

Warum?

Sonst mochtest du doch immer so gern Märchen hören.

Gut, sagt Katrin artig und läßt die Puppe zum Fenster hinausschauen. Aber der Tante fällt auf einmal nichts ein. Müllerssohn? Esel? Sonst konnte ich doch einfach drauflos fabulieren, denkt sie und sagt: Es lohnt nicht mehr, wir sind bald da.

Gebt ihm Saures

Herzlich und laut sind die Verwandten um fünf Ecken, so nannte Leo das vor den Bomben in den Warthegau geflüchtete Musikerpaar, er Bratsche, sie Querflöte. Onkel und Tante soll Katrin zu ihnen sagen. Wie blaß das Kind ist, die gesunde Landluft wird ihm gut tun! stellt die neue Tante fest. Du wirst dich wohl bei uns fühlen, Katrin. Die stochert unlustig mit der Gabel in dem mit Kraut gefüllten Küchlein. Iß, damit du was wirst! Die Piroggen darf man ruhig in die Hand nehmen, dann schmecken sie noch besser. Wir haben uns der Landesküche angepaßt, Frau Bahlke, wendet sich die Dame ihrem anderen, gleichermaßen appetitlosen Gast zu. Es war ein großes Glück für uns, unweit Posen dieses verlassene Rittergut zu erwerben. Glauben Sie mir, die polnischen Herren haben ihre Landsitze in einem völlig heruntergekommenen Zustand verlassen, wir mußten zunächst einmal gründlich Ordnung schaffen. Wurden die Polen denn enteignet? Enteignet ist das falsche Wort, mischt sich der Hausherr ein. Die polnische Inbesitznahme deutscher Güter durch den Versailler Vertrag wurde von unserer siegreichen Wehrmacht rückgängig gemacht, so müssen Sie das sehen. Dank unserem Führer ist das altangestammte Ostland seinen rechtmäßigen Erben wieder zugefallen. Es war auch höchste Zeit, stimmt ihm die Ehefrau zu. Was denken Sie, Frau Bahlke, wie die Felder aussahen. Mit Hilfe unseres deutschen Verwalters liefern sie jetzt wieder ganz hübsche Erträge. Im Frühsommer wirst du unsere Erdbeeren kosten, Katrin...

Die sieht nicht so aus, als freue sie sich auf Erdbeeren. Beim Abschied am anderen Morgen steht Katrin steif zwischen den winkenden Verwandten, die Hände in ihrem Muff aus Kaninchenfell versteckt. Sie schaut nicht einmal auf, als sich der Einspänner in Bewegung setzt, mit dem die Tante zum Bahnhof gebracht wird. Es ist, als gäbe sie mir die Schuld, aber was hätte ich denn machen können?

Auf der Rückfahrt nach Berlin begleitet sie der Anblick des Kindes, und es hilft wenig, sich zu sagen, daß die Verwandten es gut meinen und Katrin sich mit der Zeit schon einleben wird. Wird sie es wirklich? Das sind Hundertprozentige, hatte sie gedacht, als das Ehepaar mit rassistischen Argumenten ihr Anrecht auf das stattliche Gutshaus und seine ausgedehnten Ländereien verteidigte. Ob Leo davon wußte? Zu strammen Parteigenossen hätte er seine Tochter wohl nicht geschickt. Sie nimmt sich vor, den Schwager baldmöglichst über seine Verwandten aufzuklären.

Ein Ruck im Waggon reißt sie aus ihren Gedanken. Der Zug steht auf freier Strecke. Alles aussteigen, Fliegeralarm, hört sie von draußen rufen. Niemand steigt aus. Wohin auch, hier gibt es weit und breit kein schützendes Gebüsch.

Ein einzelnes Flugzeug zeigt sich am Himmel. Zwei Mitreisende geben vom Fenster aus ihre Beobachtungen weiter. Det is 'n Russ. Bestimmt is et 'n Russ.

Eine Bäuerin zieht das Kopftuch tiefer ins Gesicht und murmelt Gebete.

Kiek mal da! Det sind unsere, wa? Stücker zwei, Mann o Mann, jetzt geht's rund. Nischt wie drauf! Gebt ihm Saures!

Der feige Hund dreht ab...

Mit einer Mischung von Angst und Neugier verfolgt sie die anfeuernden Kommentare. Dann hält es sie nicht mehr auf ihrem Platz, sie steigt hinter den Männern auf die Bank, um auch etwas zu sehen. Vor Aufregung will es ihr zuerst nicht gelingen. Das kleine Silberding da oben, ist das der Feind oder einer der unsrigen?

Auf, bratet ihm eins über! So ist's richtig. Wetten, wir kriegen ihn?

Ohne in die anheizenden Sprüche einzustimmen, wird sie doch vom Jagdfieber gepackt. Wann erlebt man auch einen Luftkampf direkt und nicht nur in der Wochenschau vorm Hauptfilm.

Ah! Sie haben ihn erwischt!

Aus dem größten der Flugzeuge schießt eine Stichflamme. Gleich darauf stürzt es, ein schwarzes Rauchpaket, in die Tiefe. Die Begeisterung im Abteil gleicht der auf einem Fußballplatz beim entscheidenden Tor. Gut gemacht! Unsere Jungens, auf die ist Verlaß.

Der Zug fährt an. Eine Weile ist der Feindabschuß noch im Gespräch, dann pendeln die erregten Stimmen wieder auf den Alltagston ein. Man schimpft über die Verspätung und sorgt sich, ob der Anschluß nach Magdeburg noch gewährleistet sei. Ein Landwirt aus der Umgebung Berlins, derselbe, der »Gebt ihm Saures« gerufen hatte, bietet der neben ihm sitzenden jungen Frau ein Leberwurstbrot aus seinem in fettiges Papier eingeschlagenen Proviant an.

Sehr freundlich, danke, aber ich habe keinen Hunger.

Was nicht stimmt, und Leberwurst hat sie schon lange nicht mehr auf Brot gehabt, doch ihr ist eingefallen, daß vor einem Jahr ihr Mann abgeschossen wurde wie vorhin der feindliche Flieger. Für die Engländer war er der Feind. Sicher haben die sich auch gefreut. Wie ich, richtig gefreut habe ich mich, als der Russe zu brennen anfing.

Unglücklich schaut sie an ihrem schwarzen Mantel hinunter.

Greifen Sie zu, ick hab noch mehr von die Stullen, fordert der Mann sie gutmütig auf. Wo Se doch in Trauer sind, wa?

Der unübertreffliche Shakespeare

Eine abgetakelte Fregatte. So bezeichnen die zur Reifeprüfung freigestellten Wehrmachtsangehörigen, allesamt Anwärter für die Offizierslaufbahn, ihren Englischlehrer. Herr Meyer-Roth ist gemeint und nicht Frau Bahlke, die wie gewöhnlich den alten Mann in Schutz nimmt: Eure Lästerzungen hat er nicht verdient. Lehrer von seiner Begeisterungsfähigkeit könnten wir mehr gebrauchen.

Vielleicht ist der Opa noch zu haben? grinst ein Mitschüler, derselbe, dessen Annäherungsversuche sie des öfteren abblitzen ließ. Sie geht auf die Bemerkung nicht ein und wünscht nur, der alte Lehrer würde sich von den Lümmeln in Uniform nicht davon abhalten lassen, mit Inbrunst seinen geliebten Shakespeare zu deklamieren. »This royal throne of kings...« Seltsam mutet der Lobpreis Englands aus King Richard II im vierten Kriegsjahr an. »This precious stone set in the silver sea« – der bewegte Tonfall des Professors ist an dieser Stelle recht kühn. Der eine oder andere seiner Schüler war vielleicht selbst an einem Bombenwurf auf die kostbare Insel beteiligt, bevor er zum Abiturienten-Schnellkurs beurlaubt wurde. Doch ist das ein Grund, durch Füßescharren und Schwatzen den Vortrag zu stören?

Meine Herren, ich bitte Sie...

Die Stimme des Lehrers klingt flehentlich, während seine Wangen sich gefährlich röten. Er leidet unter Bluthochdruck, meint die DRK-Schwester, neben den drei Kriegerwitwen die einzige weibliche Kursteilnehmerin. Herr Meyer-Roth sollte sich schonen, er ist doch längst im Pensionsalter.

Tatsächlich sind die der Hahnschen Privaten Lehranstalt bewilligten Lehrkräfte, da die jüngeren zum Kriegsdienst eingezogen sind, sämtlich überaltert. Wäre nicht die energische Frau Direktor, erreichten wohl nur wenige Kursteilnehmer das Ziel, in einem Jahr drei Jahre Oberstufe nachzuholen und mit der Reifeprüfung abzuschließen. Auch heute fegt sie in die Unterrichtsstunde: Ihren Shakespeare in Ehren, Professor, aber bei uns geht es nur um eines, nämlich um das Erlernen der Englischen Sprache. Den Versuch seines Protestes, dazu gehöre seines Erachtens die Begegnung mit dem unübertrefflichen Vertreter einer im übrigen Abendland nur mit Goethe vergleichbaren dichterischen Ausdruckskraft, schneidet sie ungeduldig ab: Ich hoffe, wir haben uns verstanden, Professor.

Der Vorfall vorhin tut mir leid.

Nach der Englischstunde ist sie nach vorn zum Katheder gegangen, wo er mit dem Packen seiner Mappe beschäftigt ist.

Was tut Ihnen denn leid, Frau Bahlke?

Sie haben den Shakespeare wundervoll vorgetragen. Ich hätte Ihnen gern länger zugehört.

Meinen Sie? Merry old England ist nicht jedermanns Sache. Doch wenn Ihnen daran liegt...ich bin sicher, auch meine Frau würde sich freuen, wenn Sie uns einmal mit Ihrem Besuch beehrten. Wir könnten uns dann ausführlicher über Shakespeare unterhalten. Sofern Sie dies möchten.

Ich? Aber gern.

Sie fühlt eine Karte in ihre Hand geschoben, seine Adresse.

Der Besuch in einer für die wuchtigen Möbel viel zu engen Dachwohnung wird, das Gefühl hat sie schon beim Eintritt, ein Erlebnis besonderer Art. Eine frühere Dienstbotenwohnung, erklärt er, ihren erstaunten Blick bemerkend. Der Visitenkarte hat sie entnommen, daß er emeritierter Hochschullehrer ist. Warum muß er dann in der Abendschule unterrichten, und warum leben er und seine Frau so kümmerlich? Er sei hinauskomplimentiert worden, beantwortet er ihre vorsichtige Frage mit einem Lächeln.

Das waren mir schöne Komplimente, wirft Frau Meyer-Roth ein, während sie Tee eingießt und einige Gebäckstücke aufstellt. Mein Mann hat mir von Ihnen erzählt, sagt sie, das Thema wechselnd. Sie verehren Shakespeare, das hat ihm gut getan. Haben Sie Shakespeare schon auf der Bühne erlebt?

Nur »Was ihr wollt« und »Die lustigen Weiber von Windsor«.

Sie sollten die Königsdramen sehen, meint der Professor. Im Theater bekommen Sie erst einen Eindruck dieser gewaltigen Sprache.

Den erhalte ich auch durch Ihren Vortrag.

Wirklich? fragt er zweifelnd.

Doch, wirklich. Wie Sie heute die Stelle zitierten »This precious stone set in the silver sea«, da lief es mir kalt den Rücken herunter, weil ich daran denken mußte, daß...

Daß uns die Royal Air Force mit ihren Bomben bedenkt?

Ja. Das auch. Und daß mein Mann... er war Kampfflieger. Von der Atlantikküste aus hat er englische Städte bombardiert. Auf den Edelstein in der Silbersee entleerte er seine Bombenlast. Und ein Engländer war es, der ihn abgeschossen hat. Im Januar '42 auf Sizilien.

Sie bringt es stockend vor und stützt dann, wie nach einer Anstrengung, den Kopf zwischen den Händen.

Kennen Sie den Schluß von König Richard III, wo es heißt »And make poor England weep in streams of blood«? Das gilt für beide Seiten dieses unseligen Krieges und darüber hinaus – Ströme von Blut zu weinen – betrifft nicht nur die Kämpfenden, wie Ihren Mann, Frau Bahlke.

Er hat es mit solchem Nachdruck gesagt, daß sie irritiert aufblickt. Meint er, sie hätte über das eigene Schicksal nicht hinausgedacht? Als spüre er, was in ihr vorgeht, fährt er fort: Ihr Mann hat es nicht anders gewußt. Ich nehme an, er ist im guten Glauben an seine soldatische Aufgabe gefallen. Mit seinem frühen Tod ist die Chance für ihn vertan.

Chance? Sie malt mit dem Finger auf der mattglänzenden Tischplatte, in deren Einlegearbeit sie ein Ahornblatt zu entdecken glaubt. Welche Chance hätte mein Mann gehabt?

Die Chance der Erkenntnis. Und damit die Chance, seine Aufgabe neu zu durchdenken.

In eiferndem Tonfall, wobei sich seine Gesichtshaut bis in das weiße Stehhaar hinein rötet, beginnt er auf sie einzureden. Es sei an der Zeit, endlich zu erkennen, daß der Krieg eine Barbarei ist und im Hinblick auf die Opfer, insbesondere der Zivilbevölkerung, durch nichts zu rechtfertigen. Der Krieg, in dem Sie ihren Mann verloren haben, war von unserer Seite gewollt, jawohl, gewollt, bietet er doch den Deckmantel für Völkermord. Ströme von Blut – nicht nur das arme England muß dieserart weinen...

Aber Karl, was soll unser Gast von uns denken? Frau Meyer-Roth legt beschwichtigend die Hand an die erhitzte Wange ihres Mannes.

Ja, denken, junge Frau, greift die eindringliche Stimme das Wort auf: Da Ihr Mann es nicht mehr vermag, denken Sie für ihn mit! Kommen Sie zu Erkenntnissen, die sein früher Tod ihm versagt hat.

Bevor sie sich an diesem Abend in einer Mischung von Klarsicht und Verwirrung verabschiedet, zieht ihr Lehrer ein schmales Buch aus dem Schrank. Von mir, sagt er mit einer Geste der Schamhaftigkeit. Aber ich hätte gern, daß Sie es lesen.

So kommt es, daß sie den »Aufbruch des Geistes« von Prof. Dr. A. Meyer-Roth in Verwahrung hat, als bald nach ihrem Besuch die Wohnung des alten Paares bei einem Luftangriff zerstört wird, und der Verfasser der 1932 erschienenen Schrift, einem flammenden Aufruf zum Widerstand gegen den Ungeist der Zeit, nach einem Schlaganfall zum Geiste seines Shakespeare eingehen darf.

Das totale Erzittern

Wo nehme ich auf die Schnelle einen neuen Englischlehrer her? jammert die Frau Direktor. In zwei Wochen ist Prüfung, und da fällt mir der Professor aus!

Bei dem alten Knacker haben wir sowieso nichts gelernt.

Ach hört doch auf! Ihr hättet bei unserem Lehrer mehr lernen können als bei vielen anderen!

Die Direktorin dreht sich auf der Türschwelle um. Sie werden bald Gelegenheit haben, Ihre Englischkenntnisse unter Beweis zu stellen, Frau Bahlke.

Das werde ich auch. Sie ist wütend. Auf die Frau Direktor, auf ihre respektlosen Mitschüler und auf die ungenügende Form ihres Protestes. Die Herabsetzung des verehrten Lehrers tut ihr weh. Vielleicht fehlte es ihm an pädagogischem Geschick. Aber die Sprache! Aber Shakespeare!

Ein Sprachgewaltiger anderer Art übernimmt in diesen Tagen das Wort. Wollt ihr den totalen Krieg, tönt es ihr entgegen, als sie beim Nachhausekommen das Radio anstellt. Den totalen Krieg, haben wir den nicht bereits? Sie dreht lauter. Die Stimme des Reichspropagandaministers füllt ihr Wohnzimmer und bringt die Rauchglasscheiben des Bücherschrankes zum Erzittern. Es wird zwar nur ein in den nahen S-Bahnhof einfahrender Zug sein, der die Scheiben zittern läßt, doch der fanatische Goebbels-Ton wäre geeignet ganz Berlin erbeben zu lassen, und das vielstimmige Ja, das seine Fragen beantwortet, würde gewiß sämtliche Fensterscheiben der Stadt in Scherben legen, hätte der Krieg das nicht bereits besorgt.

Wollt ihr ihn – den Krieg – totaler und radikaler, als wir uns das heute vorstellen können? Ja!

Einen Augenblick lang fühlt sie sich mitgerissen. Sich aufgeben, aufgehen in dem brausenden Einverständnis mit Untergang und Tod. Zumal eine Belohnung versprochen wird: Frieden. Glaubt Goebbels wirklich noch an ein siegreiches Kriegsende? Wir sehen den Frieden greifbar nah vor uns liegen, ruft er in die begeisterte Menge, schöner und freizügiger, als wir uns je erträumt hätten. Und als er ekstatisch auffordert: Nun, Volk steh auf und Sturm brich los! überkommt die vor dem Lautsprecher Kauernde ein rauschhaftes Gefühl. Ein rasches Ende, und gehe es durch die Hölle, wird eher zu ertragen sein als der Druck dumpfer Schicksalsergebenheit bei den allnächtlichen Luftangriffen.

Denken Sie, junge Frau. Die Stimme ihres Lehrer klingt zänkisch. Wir müssen von Unwissenden zu Wissenden werden, um einer Zeit des schamlosesten Ungeistes zu widerstehen. So hatte er gesprochen und so vernimmt sie ihn inmitten der brüllenden Zustimmung zu Zerstörung und Untergang.

Ernüchtert dreht sie das Radio ab, setzt sich ans Klavier und schlägt ein paar Takte an. Total, totaler. Gibt es eine Steigerung von total? Für Goebbels schon. Plötzlich geht ihr auf, wozu sie sich soeben hinreißen ließ. Der Frieden, von dem Goebbels sprach, kann Sieg bedeuten, aber auch das Gegenteil, das endgültige Aus. Der Tod bringt auch Frieden. Kämpfen bis zum letzten Mann, hieß es in Stalingrad. Heißt es jetzt kämpfen bis zur letzten Frau, bis zum letzten Kind? Was wäre, wenn die nein gebrüllt hätten dort im Sportpalast? Wenn da lauter Nein-Sager gesessen hätte, solche wie ihr Schwager Leo? Und nicht solche wie ich, denkt sie traurig. Ich hätte vermutlich mitgeschrien.

Ein Lied aus ihrer Hitlerjugendzeit fällt ihr ein: »Deutschland, sieh uns, wir weihen dir den Tod als kleinste Tat. Grüßt er einst unsre Reihen, werden wir die große Saat.« An einem hellen Sommermorgen mit diesem Lied auszumarschieren, welch ein prickelndes Daseinsgefühl! Die Zöpfe noch feucht vom Duschen, die frische Uniformbluse, die weißen Söckchen. Wir grüßen die Fahne, und der Tod grüßt dereinst unsere Reihen...

Prüfung der Reife

Nach einer größtenteils im Luftschutzkeller verbrachten Nacht stellen sich übermüdete Schüler um acht Uhr morgens vor der Oberrealschule für Jungen ein, um die schriftliche Prüfung abzulegen, – wäre das Gebäude nicht von dem nächtlichen Luftangriff schwer beschädigt worden. Aus den oberen Stockwerken des massiven Bauwerks aus der Gründerzeit qualmt noch stinkender Rauch, doch scheint die Feuerwehr ganze Arbeit geleistet zu haben, was man bei gewöhnlichen Wohnhäusern nicht so oft erlebt. Ob die Reifeprüfung trotzdem stattfindet? Meinetwegen hätte die Schule abbrennen können. Der Wunsch ist unsinnig, und der ihn geäußert hat, erhält von der Direktorin, die ihre Prüflinge hierher begleitet hat, einen Anranzer. Für Kindereien sei die Lage wohl zu ernst und um das Schriftliche, Herrschaften, kommt ihr so oder so nicht herum.

Die Lage mag ernst sein, zum Lachen reizt es doch, wie die üppige Blondine mit einem Fuchspelz, der spitzschnauzig in Höhe ihres Busens in den eigenen Schwanz beißt, sich vor dem brandgeschwärzten Gebäude in Positur stellt und ihren Kursteilnehmern klarzumachen versucht, daß der Aufschub eine Chance sei, die sie zu nutzen hätten. Sie werden sich nochmals in Ihren Cäsar vertiefen, mit einer Übersetzung daraus ist zu rechnen. Und Sie, Frau Bahlke, sollten die Gelegenheit nutzen, sich die sphärische Trigonometrie noch einmal vorzunehmen, Sie kennen Ihre Schwäche.

Jenseits der Straße versuchen Ausgebombte ihre Habe aus den Trümmern eines Hauses zu bergen.

Sphärische Trigonometrie. Meine Schwäche.

Ein von der brandgeschwängerten Luft verursachter Hustenanfall hält die Direktorin von weiteren Belehrungen ab. Den Prüfungstermin gebe ich Ihnen durch – damit enteilt sie, und das Häufchen Prüflinge zerstreut sich ebenso rasch.

Ich wollte, ich hätte das Examen schon hinter mir!

Der Aufschub bedeutet nur eine Verlängerung des Prüfungsdruckes. Obwohl ihr die Direktorin ihre Schwachstelle in Mathematik nicht zum ersten Mal vorhielt, vermag sie sich in den folgenden Tagen nicht mehr aufs Lernen zu konzentrieren und ist froh, als die Nachricht kommt, ein Ersatzraum für das Schriftliche sei gefunden, der Sitzungssaal im Rathaus Schöneberg.

Ein erhebender Rahmen für einen deutschen Aufsatz! Die Atmosphäre, in der sonst die Stadträte ihrer gewichtigen Aufgabe nachgehen, birgt für die Abiturientin Bahlke die Gefahr, sich auf ihrem Ratsherrensessel aus der Enge des gelernten Aufsatzschemas von These, Antithese und Schlußfolgerung ins Höhere der dichterischen Freiheit zu begeben. Das Thema, das sie sich aus drei anderen auswählt, hat auch mit Freiheit zu tun: Kann man gebunden und doch frei sein?

Sie ist kühn genug, den Aufsatz in Briefform zu gestalten. Ein Gefangener schreibt aus der Strafanstalt an seine Frau. Von Brief zu Brief erkennt er, der durch Fahnenflucht die Befreiung vom Kriegsdienst suchte, daß es der falsche Weg war. In der Unfreiheit der Gefängniszelle gelangt er zu der Einsicht, daß die wahre Freiheit die des Geistes ist. Wer diese besitzt, ist frei, auch wenn er sich gesetzlichen Zwängen fügt. Er sehe seiner Verurteilung gefaßt entgegen. Am Schluß bittet er seine Frau um Vergebung für sein selbstsüchtiges Handeln.

Sie meint, eine gute Arbeit geliefert zu haben, an der stilistisch und inhaltlich nichts auszusetzen ist, aber kurz vor der mündlichen Prüfung erfährt sie die Note, eine Fünf. Thema verfehlt.

Wo doch Deutsch Ihr stärkstes Fach war, Frau Bahlke! Die Direktorin ist außer sich. Es geht um den Ruf der Hahnschen Privaten Lehranstalt. Die vom Kriegsdienst beurlaubten Schüler durch das Examen zu bringen, ist eine Existenzfrage, denn vom Wohlwollen der Wehrmacht hängt der Nachschub an Kandidaten und damit ein privates Unternehmen ab, das in der jetzigen Zeit zu halten keine Kleinigkeit ist. So die Leiterin bei jeder Gelegenheit, und nun macht ihr die Kriegerwitwe Bahlke Schande. Eine Fünf! Auch in Latein, Mathematik und Englisch sieht es nicht besonders gut für sie aus. Sie stehen auf der Kippe, Frau Bahlke, das muß ich Ihnen wohl nicht erst sagen. Sie können Ihre Noten nur noch im Mündlichen ausgleichen, Sie wissen ja, welch ein Wert heute auf Biologie gelegt wird. Schauen Sie sich die Erbgesundheitsgesetze noch einmal gründlich an!

Sie beherzigt den Rat. Die Erbgesundheitsgesetze zum Schutze des deutschen Blutes kennt sie noch aus ihrer BDM-Zeit. Am Prüfungstage kann sie Fragen zur Rassenhygiene zufriedenstellend beantworten und vermag auf der Wandtafel die Vererbung fremdrassischer Merkmale anhand der Mendelschen Gesetze zu skizzieren, indem sie Deutschblütige weiß, Nicht-Arier schwarz und Mischlinge schraffiert darstellt, wobei sie Mischlinge ersten und zweiten Grades zu unterscheiden hat sowie deren in den Nürnberger Gesetzen festgelegte Zugehörigkeit, beziehungsweise Nichtzugehörigkeit zur deutschen Volksgemeinschaft.

Auch die Fragen über die Verhütung erbkranken Nachwuchses machen ihr keine Schwierigkeit. Das Gefühl, sich in Biologie eine gute Note eingehandelt zu haben, läßt sie einigermaßen gefaßt dem Prüfer in Deutsch gegenübertreten. Er spricht sie sofort auf ihren Aufsatz an: Was haben Sie sich eigentlich dabei gedacht, einen Deserteur, die feigste aller Kreaturen, über Freiheit faseln zu lassen?

Ein solcher Mensch macht sich doch gewiß Gedanken, bringt sie stockend vor.

Ein Verräter? Dem können Sie das Denken ruhig absprechen. Oder hat er etwa nachgedacht, als er seinen Dienst und seine Kameraden im Stich ließ, um erbärmlicherweise die eigene Haut zu retten? Nein, Frau – wie heißen Sie gleich – Bahlke, so nicht. Sie können froh sein, wenn die Sache folgenlos für Sie bleibt.

Folgenlos? Der Schreck fährt ihr in die Glieder. Ich habe ihn doch nur zu der Erkenntnis führen wollen, daß es der falsche Weg war, verteidigt sie sich. Wie sollte ich dazu kommen, die Fahnenflucht zu rechtfertigen, nachdem mein Mann als Oberleutnant der Luftwaffe auf Sizilien gefallen ist.

Noch während sie sich mit Ralfs Tod herausredet, ist ihr die Schäbigkeit der Ausflucht bewußt. Doch sie hat Erfolg, der Prüfer geht zu einem väterlich belehrenden Ton über. Gerade als Witwe eines für das Vaterland gefallenen Offiziers dürfe sie sich nicht der weichlichen Denkungsart gewisser dekadenter Intellektueller befleißigen. In ihrem Berufswunsch habe sie Journalistin angegeben. Er rate ihr, sich die Schriften eines Clausewitz einmal gründlich vorzunehmen, um das schwere Handwerk des Kriegführens besser zu würdigen. Jede Fahnenflucht sei ein Verrat an der großen vorausschauenden Planung unseres obersten Feldherrn Adolf Hitler, und jeder Fahnenflüchtige ein Saboteur am Endsieg. Für einen solchen Saboteur, Frau Bahlke, gibt es im Schicksalskampf unseres Volkes kein Verständnis und kein Erbarmen, mag er auch im nachhinein seinen Schritt bereuen. Das sehen Sie doch auch so?

Ja, gewiß, sagt sie, ihr Examen im Kopf. Erst hinterher, als bereits die Prüfungsergebnisse bekanntgegeben sind, rekapituliert sie für sich den Inhalt seiner Worte. Von einem Herren mit Parteiabzeichen am Revers sind es die üblichen Phrasen, deshalb hatte sie nur halb hingehört. Kein Erbarmen – er wird die Todesstrafe gemeint haben. Und dem hatte sie zugestimmt?

Aber ihr gegenüber hat er Milde walten lassen. Aus der Fünf in Deutsch hat seine Nachsicht mit der willfährigen, aber leider noch ideologisch etwas ungefestigten Kriegerwitwe eine Drei gemacht, so daß sie der Direktorin, als die sich aufgeregt nach dem Prüfungsergebnis erkundigt, melden kann: Bestanden. Zum Umtrunk läßt sie sich allerdings nicht überreden, sondern legt sich zu Hause mit Übelkeit und Kopfschmerzen ins Bett. Verrat. Sie hat sich das Examen erkauft. Was würde ihr Englischlehrer dazu sagen! »In einer Zeit frechesten Ungeistes...« Auf Ihre Schülerin, Herr Meyer-Roth, hätten Sie nicht setzen dürfen. Die denkt nur an die eigene erbärmliche Haut.

Das Los entscheidet

Ich muß etwas anderes, etwas Sinnvolles tun, anstatt zu studieren.

Nach den zweifelnden Worten des Prüfers: Journalistin wollen Sie werden? legt sie diesem Berufswunsch erst einmal zur Seite. Sie würde sich als Journalistin vermutlich wie bei ihrem Aufsatz die Finger verbrennen. Nur – was sollte sie sonst werden? Was, außer schreiben, kann sie überhaupt?

Seit dem Abitur belästigt sie der Blockwart mit der Aufforderung, in die NS-Volkswohlfahrt einzutreten. Irgendwo sollten Sie drinne sein, Frau Bahlke, det is Pflicht für jeden Volksgenossen. Will er sie am Eintopfsonntag mit der Sammelbüchse losschicken? Ohne recht zu überlegen erklärt sie, sie habe vor, sich zur DRK-Schwester ausbilden zu lassen. Der Gedanke ist ihr nicht erst in diesem Augenblick gekommen, schon öfter überlegte sie, ob sie nicht im Lazarett arbeiten sollte, doch die Erinnerung an ihr dreimonatiges Volontariat im Kinderkrankenhaus hielt sie davon ab. Zu ungeschickt im Umgang mit Kranken, auch kann sie kein Blut sehen, beim Anblick einer Verletzung wird ihr übel. Einmal war sie sogar ohnmächtig geworden, als bei einer Luftschutzübung die Mundbeatmung geprobt wurde.

Bei ihrer vorschnellen Antwort hat sie nicht damit gerechnet, daß der Blockwart ihr sogleich Zeit und Ort der Grundausbildung mitteilen würde, auch das Anmeldeformular hat sie am nächsten Tag im Briefkasten. So bleibt ihr nichts übrig, als sich unter das Regiment einer Frau DRK-Oberfeldführer zu begeben. Vielleicht gar nicht so schlecht, tröstet sie sich, einen Erste-Hilfe-Kurs kann man immer gebrauchen, und wer weiß, vielleicht melde ich mich tatsächlich zum Lazarettdienst an die Front und bin aller Selbstzweifel enthoben. Keine Halbheiten, keine unentschiedene Haltung mehr. Dann gilt nur noch der Dienst am Verwundeten.

Von diesem hochgesteckten Ziel wendet sie sich während des Grundkurses allerdings wieder ab. Ihre Ungeschicklichkeit im Anlegen von Kompressen und Verbänden läßt sie in der abschließenden Prüfung beinahe stolpern – ihr den Kornährenverband abzuverlangen, den sie noch nie akkurat fertigbrachte, empfindet sie als Schikane der Oberfeldführerin, mit der sie sich nicht versteht. Dennoch schafft sie das Examen und darf, wie alle anderen Kursteilnehmerinnen, in ein Körbchen mit Losen greifen. Auf jedem Los sei eine der Berliner Krankenanstalten vermerkt, erklärt die feldgraue Dame. Erst nach einem halben Jahr Klinikpraxis dürften sie sich als Schwesternhelferinnen bezeichnen und erhielten die Brosche mit dem Deutschen Roten Kreuz. Bis dahin seien sie als Helferinnen nur berechtigt, ausgebildetem Pflegepersonal zur Hand zu gehen.

Ich hatte vor, zu studieren.

Auf den zögernd vorgebrachten Einwand muß sie sich belehren lassen, daß ihr dies im Anschluß an die Ausbildung unbenommen sei. Doch werde sie sich wohl in einer Zeit, da unser Volk alle Kräfte für den Endsieg mobilisiere, nicht vor dem Dienst am Kranken drücken wollen?

Fahnenflucht, denkt sie und sagt: Dann aber wenigstens im Lazarett.

Das wollen alle meine Helferinnen, Frau Bahlke, darum lasse ich Lose ziehen.

Da sie keine Anstalten macht, in den Korb zu greifen, fällt das letzte Los auf sie. Oskar-Helene-Heim, liest sie enttäuscht. Das ist bestimmt kein Lazarett.

Geht es Ihnen um die netten Soldaten oder um das Erlernen der Krankenpflege?

Bei der Bemerkung der Oberfeldführerin steigt ihr das Blut in den Kopf. Ausgerechnet ihr eine solche Anzüglichkeit. Vergessen Sie nicht, daß mein Mann gefallen ist, sagt sie steif, mühsam ihren Zorn unterdrückend.

Man muß doch einen Spaß verstehen können, entgegnet die uniformierte Frau.

STICHE IN HERZ UND MAGEN

Zieht bei uns jemand aus?

Ein Möbelwagen vorm Haus macht neugierig. Rasch überquert sie die Straße. Kein Zweifel, da wird ausgezogen. Oder ein-? Soeben wird ein Klavier in die gegenüber der Hausmeisterwohnung gelegene Parterrewohnung getragen. Was wollen denn die beiden alten Damen, die dort wohnen, mit einem Klavier?

Unsere neuen Mieter, beantwortet die Hausmeisterfrau ihre erstaunte Frage.

Aber die beiden Damen...

Ausgezogen, fällt ihr die Frau ins Wort.

Wann denn? Ich habe ja gar nichts davon bemerkt?

Schweigen.

Da steckt doch etwas dahinter, denkt sie und steigt die beiden Treppen zu ihrer Wohnung hinauf. Während sie sich in der Küche das Essen vom Vortag aufwärmt, geht ihr die Sache unaufhörlich durch den Kopf. Wann habe ich die beiden zuletzt gesehen? Sie gingen wenig aus, vielleicht schämten sie sich wegen ihres Judensterns.

Bei der Erinnerung an die gelben Sterne fühlt sie Stiche in Herz und Magen. Eine Begebenheit ist ihr eingefallen. Es muß vor zwei Jahren gewesen sein, die Verordnung zum Tragen der Judensterne an Mänteln und Kleidungsstücken war gerade herausgekommen. Damals war sie unsicher gewesen, ob sie an der Haustür stehen bleiben und die Tür aufhalten sollte, bis die beiden mit dem Stern gezeichneten Mitbewohnerinnen herangekommen waren, was ja eigentlich das Normale gewesen wäre. Hatte sie wirklich aus Furcht, vom Hausmeisterpaar beobachtet zu werden, die Tür vor ihnen ins Schloß fallen lassen?

Essen kann sie jetzt nicht. Sie geht ins Wohnzimmer und öffnet die Verdunkelung, um hinauszusehen. Ja, da ist die Stelle, dort über der Straße befanden sich die beiden Damen. Die Entfernung war also groß genug, um nicht unhöflich zu erscheinen. Was heißt unhöflich, ablehnend. So, als wollte sie mit Juden nichts zu tun haben.

Warum hat sich die kleine Szene so tief in ihr Gedächtnis eingegraben? Zugleich kommen ihr andere Begegnungen mit Juden in den Sinn. Immer fühlte sie sich ihnen gegenüber in einer schmerzhaft peinlichen Lage. Wie sie auf Wohnungssuche die von Juden zwangsgeräumten oder freiwillig verlassenen Wohnungen besichtigte. Freiwillig oder unter Zwang? Ihr ging es darum, keine dieser Wohnungen zu beziehen und so zum Nutznießer eines Unglücks werden. Denn ein Unglück mußte es für die Menschen doch sein, für weniger wert zu gelten als Deutsche. In der Hitlerjugend hatte man ihr eingeredet, die Juden seien selber schuld, wenn Maßnahmen gegen sie ergriffen würden, sie saugten das deutsche Volk... Ein Schauder überläuft sie. Bis aufs Blut, so hatte es geheißen, saugten sie die Deutschen aus. Das Wort Blut war mit einem Schauder verbunden, aber auch mit dem angenehmen Bewußtsein, zu den andern zu gehören, zu der Rasse mit dem guten, dem begehrten Blut.

Wo sind sie wohl hingekommen, die beiden alten Damen? In eines dieser Arbeitslager, von denen sie hörte? Blutsauger, mein Gott! Wem sollten sie etwas angetan haben. Immer freundlich, wenn man ihnen begegnete. Die dickere mit ihrem komischen kleinen Pelzkragen, selbst im Sommer. Auch die andere sah man nur in Mantel und Hut. Das einzig Farbige war das Gelbe mit der Aufschrift Jude.

Das Kopfsteinpflaster glänzt nach kurzem Aprilschauer in der Sonne. Stumpf darin der mit Sand aufgefüllte Krater des Blindgängers. Aus dem Fenster schauend, findet sie nicht den geringsten Anhaltspunkt für ein beunruhigendes Vorkommnis. Alles ist wie sonst, nur daß im Erdgeschoß eingezogen wird, ohne daß es einen Auszug gab. Wenn sie schon ihr Verschwinden nicht bemerkte, hätte sie sich doch wenigstens Gedanken machen müssen, warum man die beiden Damen nicht mehr sah. Allerdings lebten sie zurückgezogen. Nie waren sie im Luftschutzkeller. Durften sie da überhaupt hinein? Auch darüber hätte sie nachdenken müssen.

Aus dem Möbelwagen wird soeben ein Schaukelpferd ins Haus getragen, also wird ein Kind einziehen. Als sie klein war, besaß sie auch ein Schaukelpferd. Sie sieht das braune Pferd mit der hellen Mähne noch vor sich. In den Schweif flocht sie ihm Zöpfe mit roten Bändern... Mit der Erinnerung kommt ihr die Hamburger Wohnung in den Sinn, in der ihre Familie bis zum Umzug nach Klein-Flottbek lebte, und schon ist sie weit weg von den beiden alten Damen. Was hätte sie auch für sie tun können, selbst wenn ihr Verschwinden von ihr bemerkt worden wäre?

Ohnhänder

Heidelberger Platz, Rüdesheimer Platz, Breitenbachplatz, Podbielskiallee, Dahlem-Dorf, Thielplatz, Oskar-Helene-Heim: die U-Bahnstrecke, die sie nun täglich zu fahren hat. Ein merkwürdiges Gefühl, in der Bahn mit Schwester angesprochen zu werden. Bleiben Sie ruhig sitzen, Schwester. Sie ist gemeint. Gestern noch im Witwenschwarz, heute im gestreiften Kleid, weiße Schürze, Häubchen mit dem Roten Kreuz. Kostümiert für eine Rolle, die zu übernehmen sie am frühen Morgen ihres ersten Arbeitstages heftigen Widerstand fühlt. Schwester! Nein, das ist nichts für mich!

Vom U-Bahnhof an viel eingezäuntem Grün entlang zu einem hinter Bäumen halb verborgenen großen Gebäudekomplex. Ein Blick auf die Armbanduhr, ist sie auch pünktlich? Das Torhaus. Ein verschlafener Pförtner: Wo wolln Se denn hin? Sie zeigt ihre Einweisung vor. Det sind die Ohnhänder. Jehn Se mal nach die Lazarettstation, links vom Haupteingang.

Ohnhänder? fragt sie erschrocken. Trotz der Überraschung, nun doch in ein Lazarett zu kommen, das Wort Ohnhänder erinnert sie an ein grauenerregendes Märchen der Brüder Grimm.

Na die, wo was ab is. Die Hände und so.
Der Mann scheint sich über ihr Entsetzen zu amüsieren.
Für den kurzen Weg zum Klinikgebäude muß sie allen Mut zusammennehmen. Der Weisung des Pförtners folgend, wendet sie sich vom Haupteingang nach links zu einer Glastür. Station D, liest sie. Ob sie hier richtig ist?
Wollen Sie zu uns, Schwester?
Der Mann, der sie angesprochen hat, trägt einen blau-weiß gestreiften Anzug, eine Art Schlafanzug. Einer der Ohnhänder? Sein linker Ärmel hängt schlaff herunter. Wo die rechte Hand sein müßte, zwei Wülste wie Riesenfinger und dazwischen klemmt eine Zigarette. Haben Sie Streichhölzer, Schwester?
Sie kramt in ihrer Tasche.
Lassen Sie nur, ich werd' schon welche auftreiben. Neu hier?
Ich soll mich bei der Stationsschwester melden.
Auf Dora II? Bei unserm Irenchen?
Sie schaut auf ihren Zettel und dann, inzwischen einigermaßen gefaßt, zu dem Mann auf. Er hat ein rundes, jungenhaftes Gesicht, der Mund ein großes Grinsen. Sicher macht er sich über mich lustig, denkt sie und mag nicht fragen, wer mit Irenchen gemeint sei.
Nachdem er die Schwingtür zur Station mit einem Schulterstoß geöffnet hat und sich der Krankenhausgeruch nach Bohnerwachs und Äther penetrant verstärkt, kommt ihnen auf dem Flur eine kleine mollige Schwester entgegen. He, Schwester Jutta, ruft der im gestreiften Anzug, wo steckt der Dragoner? Jutta ist unser Trampel, fügt er halblaut hinzu. Trampel? Dragoner? Das kann ja gut werden!
Die als Trampel vorgestellte Schwester führt sie, bei jedem Schritt kräftig aufstampfend, zu einer am Ende des langen Ganges gelegenen Tür und schiebt sie hinein. Hier ist unsere Neue, Schwester Irene.
Schließen Sie doch um Himmelswillen die Tür, Schwester Jutta!
Die verzieht sich rasch und überläßt es der neuen Kollegin, etliche vom Schreibtisch gewehte Papiere aufzusammeln und der Stationsschwester zu reichen. Da hat man kaum Ordnung gemacht, und nun fliegt alles durcheinander, jammert diese. Wie soll ich das wieder auf die Reihe kriegen?

Es dauert, bis die mit dem Abzeichen der NS-Schwesternschaft versehene Schwester sich der Eingetretenen zuwendet. Wird sie überhaupt wahrgenommen? Endlich ein musternder Blick: Ihre Haube sitzt schief, Schwester – wo habe ich gleich Ihren Namen? Sind Sie überhaupt bei uns angemeldet?

In ihren Papieren kramend, läßt sich die Dragoner genannte Schwester darüber aus, daß man ihr immer DRK-Helferinnen schicke, anstatt ausgebildete Kräfte, was die neue DRK-Helferin nicht gerade ermutigt. Mein Name ist Bahlke, sagt sie, Rosali Bahlke, um der Suchenden einen Hinweis zu geben.

Jajaja, da habe ich Sie. Also, die Haube binden Sie bitte so, daß keine Haare vorschauen. Ihre Dienstzeit beginnt früh um sieben und endet am Abend um acht. Mittags haben Sie zwei Stunden frei. Während dieser Zeit können Sie das Mittagessen gegen Abschnitte der Lebensmittelkarte im Hause einnehmen. Im Monat stehen Ihnen zwei freie Tage zu, außerdem zwei freie Nachmittage. Und noch etwas, da Sie von auswärts kommen: Für Unpünktlichkeit gibt es keine Entschuldigung. Nehmen Sie lieber eine Bahn früher. Ich muß das leider meinen Helferinnen immer wieder sagen. Alles klar? Gut, Schwester...wie war doch der Name?

Rosali Bahlke.

Gut, Schwester Rosi. Zeit haben wir hier nicht zu verschenken. Lassen Sie sich von Schwester Mara eine Kittelschürze geben, und dann gehen Sie mit Schwester Jutta Patienten betten.

Bevor sie noch wegen des verkürzten Vornamens protestieren kann, hat sich die Stationsschwester wieder an die Einordnung der hinuntergewehten Papiere gemacht. Sie ist entlassen.

Von Schwester Mara einen Kittel geben lassen. Aber wo finde ich eine Schwester Mara? Die Sorge kann sie sich sparen, denn die Trampel genannte Schwester scheint auf sie gewartet zu haben und zieht sie in einen kleinen, von Schrankwänden umgebenen Raum. Hier waltet eine grauhaarige Schwester, offenbar obliegt ihr die Wäscheausgabe. Sie mustert die Neue nur kurz und sucht ihr eine Kittelschürze heraus, die bei der Anprobe wie ein Sack um die dünne Gestalt hängt. Die ist mir aber viel zu weit! Sie sollen damit ja auch nicht auf die Modenschau. Schwester Mara verschließt demonstrativ den Schrank.

Mach dir nichts draus. Der Trampel mit dem Namen Jutta boxt sie in die Seite. Die wollen hier nicht, daß wir Figur haben. Aber unsre Jungen wissen uns trotzdem zu schätzen.

Sie sagt das mit einem Augenrollen, das wohl vieldeutig sein soll. Diese Jutta geht mir schon jetzt auf die Nerven. Und sagt einfach du zu mir! Ihren Ärger unterdrückend, erkundigt sie sich nach den Patienten. Gibt es hier nur Armamputierte? Manchen fehlen auch ein oder beide Beine. Und der dort hinten am Fenster, siehst du den? Guckt hinaus, als könne er was sehen, dabei ist er blind. He, Herbertchen, komm doch mal her!

Der Angerufene tastet sich an der Wand entlang und gebraucht dabei den merkwürdig gespaltenen Armstumpf, den sie schon gesehen hat und der zwei Riesenfingern gleicht. Hier sind wir, Herbertchen!

Die mollige Schwester nimmt ihn um die Schultern und drückt ihn. Eine arme Sau, erklärt sie nachher, während sie im Bad eine Waschschüssel füllt. Die ist für dich, nimm auch die Seife mit. Und fang schon mal in Saal 8 an, die Patienten zu waschen, ich komme gleich nach.

Rollenspiele

Oft meint sie, es sei gar nicht sie, der es widerfährt, in der Tracht der Rote-Kreuz-Helferinnen Schwesternarbeit zu tun. Peinlichkeiten, Niederlagen. Von Frau Bahlke zur Rosi geworden, die man schicken kann und die immer das Falsche bringt, solch eine ungeschickte Schwester hat der Dragoner Irene schon lange nicht mehr da gehabt. Die sich in die Seite boxen lassen muß, Mensch, Rosi, stell dich doch nicht so an. Das ist von Schwester Jutta freundschaftlich gemeint, wenn die neue Kollegin einfach nicht kapiert, wie ein Verband angelegt werden muß. Du hast doch einen Kurs gemacht, habt ihr da rein gar nichts gelernt?

Das Gefühl, in die Kleinmädchenzeit zurückgestuft zu werden und sich nicht dagegen wehren zu können. In eine Rosi geschlüpft, deren Rolle zu spielen sie sich mit den ungeschickten Händen und der empfindlichen Wesensart nach Kräften bemüht. Manchmal schaut sie sich selber bei der ungewohnten Tätigkeit zu, kopfschüttelnd, als lerne sie sich neu kennen. Die anfängliche Scheu vor den vom Krieg verstümmelten Männern verliert sich mit der Zeit, vor allem durch deren Galgenhumor. Vergessen kann sie allerdings nicht, welches Stück hier gespielt wird. Auch auf der Bühne wird ein Verhängnis mit Witz und Sarkasmus auf ein erträgliches Maß gestutzt und nennt sich dann Komödie, obwohl es eigentlich ein Trauerspiel ist.

Szene 1

Saal 8. Sechs Betten, drei davon mit Patienten belegt, deren Oberkörper einschließlich der Arme mit Verbänden umwickelt sind. Auf den andern Betten sitzen, lesen, rauchen Patienten im gestreiften Anstaltsanzug. Die neue Rote-Kreuz-Helferin mit Waschschüssel tritt ein. Alle Augen wenden sich zur Tür.
– Entschuldigung, ich soll hier jemanden waschen.
– Oh, eine neue Schwester. Wofür entschuldigen Sie sich denn?
– Nur so. Wen soll ich... ich meine, wer von Ihnen muß gewaschen werden?
– Nehmen wir doch mal mich.
Der gerufen hat, liegt im ersten Bett der linken Reihe. Er ist einer der mumienartig Verbundenen.
– Können Sie sich aufsetzen?
– Ich?
– Ach so, ja, das war dumm von mir. Besitzen Sie einen Waschlappen?
– Wie wär's mit dem dort am Nachtkastel.
– Und ein Handtuch? Ich sehe schon, da hängt eins.
– Na, dann fangen Sie mal an, Schwester. Und nehmen Sie ruhig Seife, ich bin nicht aus Watte.
– Die Ohren auch?
– Nee, Schwester, nicht die Ohren.

– Aber Schmetzler, von so zarten Händen!
(Dröhnendes Gelächter im Saal).
– Was geht denn hier vor?
Unversehens steht die Stationsschwester in der Tür.
– Aufstehen, Herr Schmetzler. Suchen Sie ihm die Pantoffeln unterm Bett, Schwester Rosi.
Sie ist froh, mit dem fühlbar roten Kopf unters Bett zu tauchen, um nach Pantoffeln zu angeln. Dem vermeintlich Bettlägerigen ist die Röte nicht weniger in die Backen gestiegen. Mit Hilfe der Stationsschwester steht er auf den Beinen und grinst verlegen. Sie zum Gespött des ganzen Saales zu machen! Nix für ungut, murmelt er, nachdem Schwester Irene den Raum verlassen hat. Und ein anderer Patient meint, sie hätten eben sonst keine Abwechslung.

Szene 2

Patient mit eigentümlich blau verfärbtem Gesicht. Aus der Nähe gesehen ist die Haut mit winzigen blauen Splittern übersät. Auch mit dem rechten Mundwinkel stimmt etwas nicht, er hängt herab, was besonders beim Lachen auffällt.
– Was meinen Sie, Schwester, fliegen die Mädchen noch auf mich?
Der Mann steht im Waschraum vorm Spiegel, während sie mit dem Säubern der Becken beschäftigt ist. Was kann sie dem so grausam Entstellten, dem zu alledem beide Hände fehlen, antworten?
– Das Äußere muß für eine Frau nicht das Wichtigste sein, sagt sie zögernd.
– Nun kommen Sie mir bloß nicht mit den inneren Werten, Schwester.
– Aber mir gefällt Ihre Art. Immer sind Sie freundlich.
– Erzählen Sie mir nichts, Schwester Rosi. Wenn ich mich im Spiegel betrachte, wird mir glatt schlecht.

Szene 3

Die DRK-Helferin nimmt einem Patienten am Armstumpf, um ihm zum Geburtstag zu gratulieren – eine Geste zu der sie sich anfangs überwinden mußte, die aber mit der Zeit ganz natürlich ist.
– Viel Glück im neuen Lebensjahr,
sagt sie zu dem sich mit der neuen Beinprothese mühsam durch den Gang bewegenden Mann in dem aufmunternden Tonfall, den sie sich inzwischen angeeignet hat.
– Danke, Schwester. So gut, wie es ist, kann es nur ein einziges Fest werden.

Szene 4

Krankensaal mit elf Betten. Unter lautem Gelächter wird von den Patienten ein Stühlchen mit Rollen kräftig angeschoben, so daß der darauf geschnallte Arm- und Beinamputierte rasant durch den Mittelgang befördert wird. Der hilflose Mann schimpft laut, was aber niemand davon abhält, das Spielchen zu wiederholen.
– Lassen Sie doch Herrn Garbowski in Ruhe!
– Der Bonzo mag das. Stimmt's, Bonzo?
– Nicht die Bohne. Ihr Drecksäcke solltet auf Schwester Rosi hören, die versteht mich.

Szene 5

– Warum nennen Sie mich nicht Bonzo? So nennen mich doch alle.
– Weil...Ich mag nicht, daß man Ihnen so einen Namen anhängt.
– Wenn Sie Bonzo nicht mögen, dann sagen Sie Felix zu mir. Wissen Sie, was mein Name bedeutet?
– Ja, doch. Glücklich, so viel ich weiß. Der Glückliche.
– Und Sie meinen, das paßt nicht für einen wie mich? Ist es nicht ein Glück, dem Vaterland Arme und Beine hinzugeben? Noch

glücklicher würde es mich allerdings machen, ihm auch noch den übrigen Korpus nachzuschmeißen. Haha, nicht ernst nehmen, Schwester.

Szene 6

- Könn' Se mich 'n Selters besorjen, Rosi?
- Schwester Rosi, Herr Hellrich.
- Ick heiße Karl, wenn Se det meenen. Krieg' ick nun 'n Selters oder nich?
- Sobald ich mit Bettenmachen fertig bin. Haben Sie bitte noch einen Augenblick Geduld.
- Jeduld? Durst hab ick.
- Na gut, ich hole ihnen ihren Sprudel.

Nachdem sie die Flasche gebracht, geöffnet und dem beidarmig Amputierten ein Glas Sprudel zum Trinken mehrfach an den Mund gesetzt hat, macht sie sich wieder daran die Wolldecke in der vorgeschriebenen Weise über das Bett zu breiten, wobei die eingewebte Aufschrift OHH genau in der Mitte zu liegen hat. Der Patient wünscht indessen ein Hemd aus seinem Spind, da seine Braut ihn heute besuchen komme. Hätte das nicht bis später Zeit? fragt sie verärgert über die dauernden Unterbrechungen. Während sie ihm das Hemd anzieht, wird aus dem Gang nach ihr gerufen. Zum Verbandswechsel, Schwester Rosi! Da hören Sie es, Herr Hellrich, ich muß zu Schwester Irene. Der Patient droht ihr mit erhobenem Armstumpf: Wat denn nu, soll ick ma selba de Knöppe zumachen an mein Hemde?

- Mach's doch mit die Beene, *tönt eine Stimme aus dem Hintergrund.*

Szene 7

- Können Sie lesen? *fragt die Stationsschwester.*
- Dann lesen Sie, was auf dem Etikett der Flasche steht, die Sie mir soeben gereicht haben. Nun, was?

- Jodtinktur, *stottert sie.*
- Jodtinktur! Ich verlangte aber den Wundalkohol... Was ist los, Sie sind ja käseweiß?
- Nichts,

sagt sie, aber als der Patient beim Entfernen des verkrusteten Mulltupfers leise aufstöhnt, fährt ihr sein Schmerz durch den Körper bis in den kleinen Zeh. Warum mußte Schwester Irene auch in ihrer hastigen Art den Verband ruckzuck herunterreißen? Die Wunde ist vereitert und sieht böse aus.

- Da ham wa den Salat,

sagt der Patient. Der Ausdruck bringt zwar kein Faß, aber beinahe ihren Magen zum Überlaufen.

- Nun gehn Sie schon, sonst kippen Sie mir noch um,

sagt die Stationsschwester. Was schickt man mir auch immer diese DRK-Helferinnen...

Szene 8

In Saal 11, dem größten und unruhigsten der Krankensäle, liegt in einer dunklen Ecke ein ehemaliger Rechtsanwalt, querschnittsgelähmt. Ein unauffälliger Mensch, er spricht nur das Nötigste.

- Meinen Rasierapparat, Schwester. Halten Sie den Spiegel etwas tiefer. Waschen Sie den Pinsel sorgfältig aus.

Weder bitte noch danke. Wie leblos liegt er im Bett, die Augen starr auf die Decke des Saales mit den weißen Kugellampen gerichtet, als sei sein Blick wie sein Unterkörper gelähmt. Nur über seinen Mund, das wirkt bei dem unbewegt Daliegenden geradezu furchterregend, fährt immerfort seine Zunge.

Einmal sagt er doch etwas. Das ist, als sein Bettnachbar vom Osten anfängt, von irgendwelchen Erschießungen. Sie ist gerade mit Abwaschen des Nachtschrankes beschäftigt. Was für Erschießungen? überlegt sie. Daß im Krieg geschossen wird, ist klar, aber erschossen...?

Und sie wundert sich, warum gelacht wird, als handle es sich um

ein Spaßvergnügen. Plötzlich seine Stimme, scharf und in dieser Lautstärke sonst niemals zu hören:
– Haltet euer verdammtes Maul!

EINE SCHWESTER WEISS WIE SCHNEE

Der kleine Mann im Rollstuhl empfängt sie morgens mit einem Ständchen: Eine Schwester weiß wie Schnee, fährt spazieren auf dem See. Den Eindruck eines Kinderstühlchens macht sein rollendes Gefährt, weil der Sitz mit blanken Metallstäben gegen ein Herausfallen gesichert ist. Das ist nötig, denn sein Körper besteht nur aus Rumpf und Kopf, die Arme und Beine sind Stummel. Daß er dennoch in seiner Umgebung Fröhlichkeit verbreitet und die Späße seiner Mitpatienten nicht übel nimmt, macht ihn bei allen beliebt. Auf Schwester Rosi hat er es abgesehen, er bringt sie gern in Verlegenheit. So, wenn er behauptet, sein Puls, den sie ihm wie anderen Armamputierten an der Schläfe messen muß, käme durch sie in den Dreivierteltakt, ob sie das nicht spüre? Er werde sie demnächst zu einem Tänzchen auffordern.

Abgemacht! Lachend spielt sie mit und ein Kloß sitzt ihr im Hals.

Eine Schwester weiß wie Schnee, pflückt 'nen Blumenstrauß im Klee...

Nicht schön, aber laut, murrt sein verschlafener Bettnachbar.

Beim Essen Austeilen schnappt sich Schwester Jutta seinen Teller: Ich füttere heute den Bonzo...und die DRK-Helferin, die das auch vorhatte, kommt zu spät. Der umworbene Patient genießt seine bevorzugte Stellung. Nee, Jutta, heute ist die Rosi dran...

Anfangs empfand sie die Verabreichung des Essens – den Ausdruck füttern hat die Stationsschwester verboten, er wird aber dennoch gebraucht – für die hilflosen Männer als äußerst demütigend. Mit der Zeit gewöhnt sie sich daran, obwohl sie oft denken muß, da zogen sie mit der Waffe in den Krieg, und nun werden sie wie Babys abgefüttert.

Bei ihrem Lieblingspatienten darf sie solchen Gedanken nicht lange nachgehen. Was ist, Schwester Rosi, hängen Sie heute 'n Muffel raus?

Man kann doch nicht immer guter Stimmung sein.
Vom Lachen wird man schön. Schauen Sie mich an, bin ich nicht ein schöner Mann?
Sie bindet ihm die Serviette um.
Sie glauben mir nicht, daß ich ein schöner Mann bin?
Doch, Felix. Natürlich. Sie führt vorsichtig einen Löffel Leipziger Allerlei zwischen seine Lippen. OHH-Pampe, nennt er das suppige Gemüse. Werden meine Augen schwach, Schwester, daß ich das Fleisch nicht entdecken kann? Aber was soll's, ich bin ja schon viel zu dick.
Sie haben zu wenig Bewegung.
Zu wenig? Überhaupt keine. Das hätte mir mal früher einer sagen sollen, als ich für meinen Verein das entscheidende Tor schoß. Zwei zu eins stand es damals für die Kölner, aber wir aus Bottrop...
Sie waren Fußballer?
Nun ja, die Sache ist gegessen.
Sie sind bitter. Das kann ich verstehen.
Ach was. Eine Schwester, hübsch und jung, bringt den alten Kerl in Schwung.
Wie alt sind Sie, Felix?
Da muß ich rechnen. Ich war vor vier Jahren wohl einmal dreiundzwanzig gewesen.
Vor vier Jahren?
Vor diesem lausigen Krieg. Wenn Sie das Photo aus meiner Nachttischschublade holen, können Sie mich bewundern.
Sie nimmt eine Photographie zur Hand, die ihn in gestreiftem Trikot auf einem Fußballplatz zeigt. Damit Sie mir glauben, daß ich mal 'n Mann war. Halb so schlimm, nimm Vim, fügt er rasch einen albernen Werbespruch hinzu. Offenbar hat er bemerkt, daß sie beim Vergleich des drahtigen Sportlers mit dem unförmigen Klotz, zu dem ihn der Krieg gemacht hat, mit den Tränen kämpft.
Was serviert uns denn das feine Haus heute zum Nachtisch? Nee nee, Schwester, wehrt er den Löffel mit glibberigem grünen Pudding ab, da stecken Sie mir lieber 'ne Zigarette in die Futterluke. Von irgendwas muß der Mensch doch leben.

Der rote Pullover

An ihrem ersten freien Tag besucht sie die Schwägerin in Neustrelitz. Erika muß fortwährend liegen, um nach zwei Fehlgeburten Bertis Kind zur Welt zu bringen. Damit was von mir übrig bleibt, hatte er zynisch gesagt, und nun ist der Bruder vermißt. Es nützt wenig, seine Frau damit zu trösten, er sei vermutlich in sowjetischer Gefangenschaft und brauche zum Glück nicht mehr zu kämpfen. Ich bitte dich, Rosali, überlege was du da sagst. Hast du gehört, wie bei uns mit den russischen Kriegsgefangenen umgegangen wird? Warum sollte die Gegenseite menschlicher sein.

Du darfst dich nicht aufregen, Erika, jetzt, in deinem Zustand.

Ich mache mir nur im Gegensatz zu dir keine Illusionen.

Ich will aber daran glauben, daß Berti wohlbehalten zurückkommt und sein Kind vorfindet!

Dann glaube nur, Rosali. Im Glauben bist du ja groß.

Erikas Mutter erscheint mit selbstgemachtem Johannisbeerwein. Wie gut, daß du bei deiner Mutter wohnen kannst, nachdem du ausgebombt wurdest. Wer sollte für dich sorgen, wenn du die nicht hättest?

Sie ist 'n Arbeitstier. Und sie will unbedingt Oma werden, stimmt's?

Keine Antwort, die künftige Oma hat sich wieder in die Küche verzogen. Die Tochter schaut ihr nach. Im Grunde hält sie mich für zickig. Während der Schwangerschaft im Bett zu liegen, paßt nicht in ihr Weltbild. Wäre es nicht für Berti, glaub mir, ich würde die Bettliegerei auch nicht mitmachen. Und nun kriegt das Kleine nicht mal 'n Vater.

So darfst du nicht reden, Erika.

Gut, reden wir von dir. Du bist ja endlich aus der Trauerrobe gekrochen. Der rote Pulli steht dir gut, direkt attraktiv siehst du aus. Du verdrehst den Verwundeten wohl ganz schön die Köpfe?

Wo denkst du hin, ich bin Schwester. Annäherungsversuche würde ich mir verbitten. Auch steht mir nach Ralfs Tod nicht der Sinn danach, das solltest du doch wissen.

In Treue fest. Mein Gott, dein Ralf wäre, wie ich ihn gekannt habe, der letzte, der dir ein Leben als Klosterfrau abverlangte.
Du verstehst mich nicht. Es gibt einen natürlichen Abstand zwischen Schwester und Patient.
Laß die Floskeln, Rosali. Ich kann dir nur eins sagen, genieße dein Leben, solange es dir diese idiotische Zeit erlaubt. Sie nehmen uns die Männer, und wir können zusehen, wie wir über die Runden kommen. Für Gefühle ist die Feldpost da. Bis sie eines Tages nicht mehr eintrifft. Meine fünf letzten Briefe an Berti – Stempel drauf »Vermißt«.
Ich bekam auch noch drei Briefe an Ralf zurück...Das hätte sie lieber nicht sagen sollen, denn die Briefe, die sie damals zurückbekam, waren an einen Toten adressiert.
Nach ihrer Rückkehr aus Neustrelitz nimmt sie sich am gleichen Abend den Packen der Feldpostbriefe vor, die Ralf ihr aus Polen, Holland, Belgien, Frankreich, Rußland und Sizilien geschickt hatte. Bis spät in die Nacht liest sie sich durch die Schauplätze – so heißt es doch: Schauplätze! – dieses Krieges. Das hatte sie bisher vermieden, zu schmerzhaft waren ihr die Liebesworte, die ein lebendiger Mann an seine Frau richtet. Du meine Süße, meine Einzige, ich sehne mich nach dir. Der sich sehnt, liegt seit anderthalb Jahren in sizilianischer Erde. Und sie, der die Worte galten, sitzt mit den Briefen da und weint. Auch weinen konnte sie bisher nicht. Als Mädchen und junge Frau weinte sie oft und heftig, aber nicht nach Ralfs Tod. Vielleicht wären Tränen schon zu viel Zugeständnis gewesen. Sie weigerte sich, diesen Tod anzuerkennen und begegnete ihm eher mit Widerstand als mit Trauer, nicht akzeptierend, daß der Mann, mit dem sie anderthalb Jahre verheiratet war, einfach verschwunden sein sollte. Wie wenig sie einander erst kannten! Das gemeinsame Leben war nicht über den Anfang mit seinen häufigen Mißverständnissen hinausgekommen. In ihre Trauerrobe verkrochen, wie Erika es nannte, hatte sie dann mit dem Nachholen des Abiturs versucht, sich über Wasser zu halten. Über Wasser – und jetzt? Der nasse Brief in ihrer Hand voller verlaufener Tintenflecke. Du meine Süße, meine Einzige... Ausweinen, herausweinen, was an Starre in ihr ist.

Gegen Morgen schreibt sie ein Gedicht, von dem sie nachher meint, es sei wie von selbst entstanden, den Schreibvorgang hatte sie gar nicht wahrgenommen. Ralfs Fliegertod war in früheren Gedichten von ihr als Hingabe an den Beruf und als Dienst am Vaterland gefeiert worden. Mit ihr hatte das nichts zu tun. Diesmal aber schreibt sie über sich:

Die Nachricht fiel mich an,
ich konnte mich nicht wehren.

Unter den Händen fühlte ich Erde,
die ihn bedeckt.
Klee wuchs zwischen meine Finger.

Tiefer schwieg ich mich ein.
Jahre lag ich am Stein,
dunkel von Liebe.

Eine Welt kehrt zurück

Der blinde Herbert hat einen Selbstmordversuch unternommen.

Wie es für ihn möglich war, unbemerkt die Station zu verlassen und sich aus einem Fenster der im zweiten Stock gelegenen Männerstation zu stürzen, ist allen ein Rätsel. Er hat Glück im Unglück gehabt, heißt es, nur Knochenbrüche und eine angebrochene Wirbelsäule. Glück im Unglück, wenn einer seine Behinderungen nicht mehr erträgt und dem Leben ein Ende setzen wollte?

Die Stimmung auf Station ist gespannt. Nicht nur läßt Schwester Irene zwischen klagend geäußerten Vorwürfen, das Herbertchen hätte besser überwacht werden sollen, ihre Erregung an Schwestern und Pflegern aus, auch die Patienten sind ungewöhnlich reizbar.

Bringen Sie Herrn Pokorny das Frühstück auf Zimmer 7, Schwester Rosi, und eröffnen Sie ihm schonend, daß seine Diät gestrichen ist.

Auch das noch! Pokorny ist für seine Wutausbrüche bekannt. Wie befürchtet, beginnt er zu toben, als er das Fehlen des Frühstückseis entdeckt. Er fegt mit dem Armstumpf das Tablett samt Frühstück zu Boden. Was fällt Ihnen ein! Sie vergißt ihre Schwesternfreundlichkeit: Kann ich etwas dafür, wenn der Arzt Ihre Diät abgesetzt hat? Es gibt weiß Gott Schlimmeres als eine solche Kleinigkeit, denken Sie an den armen Herbert!

Damit bringt sie den Mann erst recht in Rage. Kleinigkeit?

Er macht Anstalten, trotz seiner kürzlich erfolgten Operation aus dem Bett zu springen. Ein Mitpatient steht ihr bei. Mensch, Pokorny, das mußt du mit dem Doktor besprechen und nicht mit unserer Rosi.

Sie überhört »unsere Rosi« und ist dankbar, daß ihr beim Aufsammeln der Scherben geholfen wird.

Die Stationsschwester hat wieder Grund, außer sich zu geraten. Mit dem Pokorny werde ich ein Wörtchen reden! Und Sie, Schwester Rosi, richten auf Zimmer 9 das gestern freigewordene Bett, wir erwarten einen Zugang.

Zimmer 9 ist mit nur zwei Betten den Offizieren vorbehalten. Gern läßt sie sich nicht dorthin schicken. Der arrogante Hauptmann Rheinshagen bezeichnet die Schwestern als Personal und hat ständig etwas auszusetzen. Heute ist es sein Zahnglas, es sei nicht gesäubert worden. Das ist nicht Schwesternarbeit, wehrt sie sich. Während sie das Gestell des zweiten Bettes mit einer Desinfektionslösung abwäscht, muß sie an sich halten vor Wut. Wut und Trauer um den kleinen Herbert – der Tag hat es in sich.

Auf dem Flur, sie will gerade in den Waschraum, sieht sie den neuen Patienten in Begleitung von Schwester Jutta bereits durch die Glastür kommen. Sie macht, daß sie mit ihrem Putzeimer wegkommt. Doch beim Anblick des sich an Krücken rasch auf sie zu bewegenden Hauptmanns, nein, Majors, setzt sie den Eimer so hart zu Boden, daß die Sagrotanbrühe überschwappt. Die graublaue Luftwaffenuniform. Die roten Kragenspiegel der Flak. Das längliche Pferdegesicht...

Ähnlich heftig stößt der Herankommende die Krücke auf. Juttas munteres: Das ist Schwester Rosi! trägt noch zur Verwirrung bei. Nur grollend hat sie ihren Namen Rosali in Rosi verkürzen lassen und fühlt nun ihr Gesicht aufflammen vor Verlegenheit.

Sie hier? Ja, was tun Sie hier?

Ich mache beim Roten Kreuz mein praktisches Halbjahr.

Du hättest mir sagen können, daß du ihn schon kennst, murrt Jutta mit beleidigtem Augenaufschlag, nachdem der Zugang in Zimmer 9 untergebracht ist.

Ich hatte doch keine Ahnung...

Sie flüchtet vor der neugierigen Schwester in die Wäschekammer, das Bett auf Neun ist noch zu beziehen. Doch bevor sie die Wäsche aus dem Schrank nimmt, muß sie sich einen Augenblick auf den Hocker setzen, der dem Erreichen der höheren Schrankfächer dient. Der Schreck über das unvermutete Wiedersehen ist ihr in die Beine gefahren. Der Lippizaner! So hatte sie ihn insgeheim genannt, als sie gemeinsam den Jahresanbruch 1942 feierten. Zwei lose befreundete Ehepaare. Das war im Fliegerkurheim in Berwang. Keine vier Wochen später war Ralf tot. Vielleicht ist es dies, was sie so fassungslos macht.

Ich muß mich zusammenreißen. Hundertmal kommt es vor, daß sich Urlaubsbekanntschaften wiederbegegnen, besonders wenn sie in der gleichen Stadt zu Hause sind.

Schwester Rosi, wo bleiben Sie denn?

Die Stationsschwester. Ich hole nur die Bettwäsche! Fahrig greift sie in den Schrank, wobei ihr einige Stücke entgegenfallen. Zum Glück ist Schwester Irene zu anderen Patienten enteilt, so wird sie das Bett des Neuzugangs unbeaufsichtigt beziehen können. Zögernd tritt sie ein.

Er erhebt sich vom Bett des Hauptmanns, mit dem er sich gerade unterhält. Bleiben Sie doch sitzen! Trotz seines Kniegipses zieht er sich am Bettgestell hoch: Sie müssen mir erlauben, Sie erst einmal richtig zu begrüßen.

Der Handkuß. Mit der leichten Berührung kehrt etwas von Ralfs Welt zu ihr zurück. Damals ließ sie die förmliche Geste mehr über sich ergehen, als sie schön zu finden. Bei Offizieren gehört der angedeutete Handkuß zum Ritual, doch die übertriebene Ehrerbietung hatte sie immer gestört. Jetzt aber fühlt sie eine unangemessene Erschütterung. Dennoch entgeht ihr nicht der erstaunte Blick des Hauptmann Rheinshagen, der sich vorhin herausnahm, sein Zahnglas zu beanstanden.

Sind Sie verwundet? fragt sie, bemüht ihr inneres Gleichgewicht wiederherzustellen.

Verwundet? Ich? er lacht. Nein, Sie kennen mich doch. Verwundet – paßt das zu mir? Ich bin lediglich auf einen fahrenden Omnibus aufgesprungen und knacks... Er tippt auf sein Knie. Das Vaterland wird von mir immer an der falschen Stelle bedient, aber der Himmel scheint es trotzdem gut mit mir zu meinen.

An Deutschland sterben

Jetzt schicken sie uns auch noch die Polen!

Die aufgeregte Stationsschwester löst wieder einmal hektische Betriebsamkeit auf der Station aus. Dem Zwangsarbeiter sei bei der Forstarbeit die halbe Hand abgehackt worden. Die denken sich wohl, Hand ab, also ein Fall fürs OHH. Daß der Mann halb hinüber ist, bis man ihn uns bringt, scheint niemand zu scheren.

Der Verletzte liegt auf Saal 11, wo sonst die leichteren Fälle untergebracht sind. Die Leute wollen Skat spielen oder vertreiben sich auf andere Art die Zeit. Einen stöhnenden Schwerverletzten wollen sie nicht neben sich haben, sie beschweren sich lauthals.

Mittagspause. Eine Schwester muß auf Station bleiben, heute trifft es die DRK-Helferin. Schwester Irene gibt ihr letzte Anweisungen, bevor sie sich in ihr Privatzimmer zurückzieht. Stauchen Sie die Leute zurecht, wenn sie am Maulen sind. Der Pole wird nach der Injektion hoffentlich Ruhe geben. Sollte etwas sein, so holen Sie mich, aber bitte nur im Notfall.

Damit bleibt sie allein. Nach einem Blick auf den neu Eingelieferten, der zu schlafen scheint, beginnt sie auf Saal 7 mit dem Fiebermessen und Pulsfühlen; pulsen heißt es auf Station. Der Saal ist mit rumänischen Wehrmachtsangehörigen belegt, die ihr mit den Armstümpfen allerlei Kunststücke vorführen. Auch sie haben den »Kruckenberg« erhalten, jene Riesenfinger, für die Elle und Speiche des Armstumpfs operativ gespalten und mit Bauchhaut umhüllt werden. Daß sie damit Streichhölzer anzünden und Kartenkunststücke vollbringen können, wird von ihr gehörig bewundert. In Saal 8 liegen Frischoperierte. Sie kommen mit allerlei Bitten, sich selbst zu helfen sind nur wenige imstande. Nach der Operation liegen ihre Oberkörper in Gips, während die Haut des Bauches an den »Riesenfingern« anwächst, um sie in einer weiteren Operation zu umhüllen. Über die Einzelheiten der Operationen wurde sie von Schwester Jutta mit der Bemerkung aufgeklärt, einer solchen Operation beizuwohnen gehöre zur Ausbildung einer DRK-Helferin. Davor graut sie sich und muß daran denken, wenn sie den bis zum Hals in Verbandszeug eingehüllten Patienten das Thermometer unter die Zunge schiebt.

Zimmer 9. Dort möchte sie ihre Aufgabe möglichst schnell hinter sich bringen. Den Major pflegerisch zu behandeln, vermeidet sie, so gut es geht. Für ihn ist sie die Frau eines gefallenen Kameraden. In den ersten Tagen seines Aufenthalts im Oskar-Helene-Heim erhielt sie von ihm einen Brief: »Sehr verehrte gnädige Frau! Da ich Oberleutnant Bahlke gekannt und geschätzt habe, glaube ich ermessen zu können, was dieser Verlust für Sie bedeutet. Jedes Wort des Trostes muß demgegenüber banal klingen. Nehmen Sie mein Schweigen als Ausdruck tief empfundener Anteilnahme. Meine Frau schließt sich meinen Worten an.« Kühl. Korrekt. Was sonst hätte sie erwartet? Meine Frau schließt sich meinen Worten an. Sie erinnert sich gut an die kleine elegante Dame mit dem dunklen Pagenhaarschnitt und dem rollenden R, das ihrer Stimme etwas Theatralisches gab. Im Fliegerkurheim hatte sich Ralf auf gemeinsamen Spaziergängen angeregt mit Frau Burkhart unterhalten, während sie mit dem Lippizaner – mit Herrn Burkhart, korrigiert sie sich – in einigem Abstand folgte. Meistens bestritt er die Unterhaltung, er wußte viel über Literatur, Kunst, Musik; Gebiete, auf denen sie sich unsicher fühlte und dankbar seinen Ausführungen lauschte. Und einmal tanzten sie miteinander. »Ich möchte jede Nacht von Ihnen träumen, Ihr Anblick wird mir unvergeßlich sein...« Den Schlager kaufte sie später als Schallplatte. Aber hier ist er Patient und der harmlose Urlaubsflirt vorbei und vergessen.

Auf Zimmer 9 findet sie die beiden Offiziere in ein Schachspiel vertieft, sie blicken kaum auf, als sie ihnen die Thermometer aushändigt. Auch das Pulszählen wird in der Endphase des Spiels nur als unliebsame Unterbrechung wahrgenommen. Muß das sein? fragt Rheinshagen mürrisch, er scheint im Zugzwang mit seiner Dame zu stehen. Gleich sind Sie matt, frohlockt sein Gegner und streckt der Schwester den Arm hin, während er mit der andern Hand den entscheidenden Zug macht. Sie faßt das Handgelenk seines dicht behaarten Armes und blickt, ohne etwas anderes zu fühlen als das Stolpern ihres eigenen Herzschlags, angestrengt auf die Uhr. Schach matt! ruft der Patient. Eilig trägt sie eine ihr passend erscheinende Zahl ins Stationsbuch ein und verläßt den Raum.

Eine Schwester weiß wie Schnee, fällt kopfüber in den See... Felix mit seiner rostigen Stimme. Während sie in Ermangelung eines Handgelenkes an seiner Schläfe nach dem Puls sucht, schließt er genießerisch die Augen. So zärtlich möchte ich auch mal gepulst werden, sagt sein beinamputierter Bettnachbar, der schon Wochen mit dem Reparieren eines in seine Einzelteile zerlegten Radios verbringt. Der Bonzo ist eben Schwester Rosis Liebling.

Du Idiot, willst du mit mir tauschen?

Mit dir tauschen? Nicht ums Verrecken.

Die durch den Krieg verkrüppelten Männer gehen miteinander nicht gerade zartfühlend um. Noch weniger Takt zeigen sie gegenüber dem Fremdarbeiter, der sich in seinem Bett unruhig von einer Seite zur anderen wirft.

Geht es Ihnen schlechter?

Mit dem können Sie nicht reden, Schwester, der versteht nur polackisch.

Es heißt polnisch, weist sie den Mann zurecht, und ich rede mit wem ich möchte.

Reden Sie auch mit'm Blumentopf?

Was soll das!

Aber es verschlägt ihr die Sprache, als sein Thermometer 41,4 anzeigt. Ob sie die Stationsschwester holen soll? Nur im Notfall, hatte die ihr aufgetragen. Ist dies ein Notfall? Ihr fällt ein, daß sie als Kind zum Senken des Fiebers immer einen kalten Wadenwickel bekam. Ob ihm das helfen würde? Eilig holt sie eine Schüssel mit kaltem Wasser und Tücher für den Umschlag und will gerade in Saal 11 zurückkehren, als sie auf dem Flur Frau Burkhart begegnet. Um die Mittagszeit sind Besucher nichts Ungewöhnliches, fast wäre sie an ihr vorbeigelaufen.

Kennen Sie mich nicht mehr, Frau Bahlke?

Die Stimme mit dem theatralischen Akzent. Die zierliche Dame mit der dunklen Pony-Frisur. Aufrecht, elegant, wie sie sie in Erinnerung hat. Neben ihr hatte sie sich im Kurheim immer ein wenig schulmädchenhaft gefühlt und auch jetzt will sich dieses Gefühl wieder einstellen.

Ich sehe, Sie haben es eilig, Frau Bahlke. Ich möchte Ihnen nur meinen Dank aussprechen für die pflegerische Betreuung, die Sie meinem Mann angedeihen lassen, er hat es mir erzählt.

Das ist doch selbstverständlich.

Das ist alles, doch sie braucht Zeit, sich wieder auf ihren fiebernden Patienten einzustellen, der unverständliche Worte vor sich hinmurmelt. Da die Tücher um seine Waden nach kurzer Zeit warm werden, ist sie damit beschäftigt, sie alle paar Minuten in Wasser zu kühlen. Warum tun Sie das? hört sie ihn plötzlich sagen.

Er spricht deutsch! Er hat also verstanden, was die Mitpatienten an Unfreundlichkeiten über ihn verlauten ließen.

Meine Mutter machte mir, wenn ich Fieber hatte, immer solche Umschläge, beantwortet sie seine Frage.

Mutter, sagt der junge Pole. Eine Mutter ist gut.

Wie er das sagt, muß sie an Milli denken, über deren Verhalten sie sich oft ärgerte. Und er sagt einfach, eine Mutter ist gut.

Werden Sie schnell gesund, damit Sie zu Ihrer Mutter nach Hause zurückkehren können, versucht sie ihm etwas Erfreuliches vor Augen zu stellen.

Ich werde nicht zurückkehren. Ich werde sterben an Deutschland.

Müßte es nicht in heißen: in Deutschland? Doch sie ahnt, daß es nicht seine mangelnden Sprachkenntnisse sind, und daß sie sich nicht verhört hat. Das heilige deutsche Vaterland, an das inbrünstig zu glauben für sie als Jungmädel Religion war, für diesen Mann hier hat es ein unheiliges Gesicht. Über seinen Worten ist ihr das blitzartig zu Bewußtsein gekommen, und es hilft ihr nicht, sich zu wünschen, daß es nicht so wäre.

Schöne Pfingsten

Auch wenn es ein Pole ist, Schwester Rosi, hätten Sie Ihrer Sorgfaltspflicht nachkommen müssen. Da hat der Mann eine Sepsis, und ich werde nicht geholt.
 Sie sagten doch... ich wußte ja nicht...
 Was eine Blutvergiftung ist, wußten Sie nicht? Was haben Sie denn gelernt. Die Rötung zog sich bis unter seine Achseln. Und was haben Sie unternommen? Wadenwickel!
 Ich dachte, damit bringe ich zunächst einmal das Fieber runter.
 Mein Gott, Rosi! Der Stationsschwester reißt die Geduld. Mit Hausmitteln einen lebensgefährlich verletzten Mann zu behandeln!
 Bei dem Wort lebensgefährlich hört sie ihn sagen: Ich werde sterben an Deutschland. An mir wird er sterben, jammert sie in sich hinein, warum habe ich Schwester Irene nicht sofort benachrichtigt! Die Selbstvorwürfe lassen sie in der folgenden Nacht kaum schlafen, unaufhörlich drehen sich die Gedanken um ihre Nachlässigkeit. Dabei wollte ich ihm helfen! Auch wenn es ein Pole ist... wie konnte die Stationsschwester ihr zutrauen, auf einen Polen herabzublicken!
 Mit vom Weinen verschwollenem Gesicht erscheint sie am nächsten Morgen zum Dienst und erfährt, der Fremdarbeiter sei noch in derselben Nacht verlegt worden. Trotz seines Zustandes? Die Nachricht ist ein neuer Schlag, zumal niemand zu wissen scheint, wohin der Mann gebracht wurde. Ich sage dir, – die augenrollende Jutta – wenn der gesund wird, hat er einen Prozeß am Halse.
 Wieso, er hat doch nichts verbrochen!

Glaubst du wirklich, die Verletzung seiner Hand war ein Unfall? Ist dir bekannt, was auf Selbstverstümmelung steht? Ich sage dir, Mitleid verdient der nicht, warum regst du dich auf.

Vor weiteren Enthüllungen flüchtet sie in die Wäschekammer, unfähig, der Panik Herr zu werden, die ihren ganzen Körper erfaßt hat. Die Schwesternschülerin kommt ihr bald nach. Heulst du immer noch? Sie streckt ihr drei mit Birkenlaub zum Strauß gebundene Röschen entgegen. Soll ich dir geben, rat mal von wem?

Ein neuer Tränenausbruch.

Also mir sind Pralinen auch lieber.

Vor ihrem verschwommenen Blick wird eine Schachtel mit Goldaufdruck geschwenkt, wobei die geschwätzige Jutta die weiteren von dem spendablen Major auf Station verteilten Geschenke aufzählt. Er habe ihnen schöne Pfingsten gewünscht und Schwester Irene mit Briefkarten, Schwester Mara mit einem bestickten Taschentuch und Karla mit einem Keramikväschen beglückt. Einfach so, stell dir vor! Dich fand er nicht, darum bringe ich dir die Blumen. Hast du neulich seinen Sohn gesehen? Wie 'n kleiner Gelehrter, so'n Bleichgesicht mit Brille. Weshalb flennst du schon wieder? Der Pole ist weg, also hör mit dem Theater auf. Putz dir die Nase und geh' erstmal Instrumente sterilisieren. Bei dem Dragoner kannst du dich so verheult nicht blicken lassen, und auf unsere Jungens wirkst du auch nicht gerade anziehend mit deiner roten Nase.

Die Einladung

Warum hat sie erst jetzt und durch Jutta erfahren, daß Major Burkhart einen Sohn hat? Es gibt keine Veranlassung, sich darüber Gedanken zu machen. Ihre Stimmung ist so oder so gedrückt, und auch die ihr zu Pfingsten übermittelten Röschen lassen die Köpfe hängen. Zu lange hatten sie in ihrer Mappe gelegen, es nützt nichts, sie zu Hause im Wasserbad wieder auffrischen zu wollen.

Ein paar Tage später lädt er sie zu einem Konzert in der Philharmonie ein. Er brauche Begleitung: Sie wissen ja, mein Knie.

Umständlich stellt sie das Tablett mit dem Mittagessen ab, für Zimmer 9 in Schüsseln serviert, während den Mannschaften mit der Schöpfkelle ausgeteilt wird. Ins Konzert?

Ich will Sie nicht drängen, es ist nur so – meine Frau besucht ihren Sohn im Internat und wird erst in drei Wochen zurückkommen. Wir haben zwei Abonnementplätze, es wäre bedauerlich, wenn sie verfallen. Beethoven und Dvorák, ich glaube mich zu erinnern, daß Sie für Klassik viel übrig haben.

Ja, schon, sagt sie zögernd, aber ich bin nicht an der Reihe. Auf seine erstaunte Frage erklärt sie, die Schwestern wechselten sich mit der Begleitung von Patienten ab. Da sie erst vor kurzem mit drei Leuten aus Saal elf in der Operette war, sei Schwester Jutta diesmal dran.

Nun gut, dann verschenke ich eben die Karten.

Er sagt es in einem verletzten Ton, so daß sie erschrocken einlenkt. Ich könnte mit Schwester Jutta sprechen, vielleicht... Die Begeisterung, die ihre Worte bei ihm auslösen, erschreckt sie nicht weniger. Seine verschlossenen und durch tiefe Falten vor der Zeit alt wirkenden Gesichtszüge – er wird doch wohl noch keine vierzig sein? – werden beim Aufleuchten seiner Augen plötzlich jung. Zu spät, noch einen Rückzieher zu machen, er nimmt ihr Angebot bereits als Zusage.

Tatsächlich ist es nicht schwierig, mit Schwester Jutta zu tauschen. Dann komme ich nächstens eben zweimal dran, der Major ist sowieso nicht meine Schuhgröße. Ist dir übrigens bekannt, fragt sie augenrollend, weshalb wir unsere Patienten auf ihren abendlichen Ausgängen begleiten sollen? Die liebe gute Stationsschwester legt größten Wert darauf. Du weißt nicht, weshalb?

Ihr Kichern schüttelt die üppig unter der Haube vorquellenden Löckchen. Damit sie nicht im Puff landen, unsere Patienten. Tripper, verstehst du?

In den Farben des Regenbogens

Auf dem Weg zur U-Bahn hofft sie, keinem Patienten der Station Dora zu begegnen. Wie sie in Schwesterntracht mit Abendmantel und auf hohen Absätzen neben dem Major herstöckelt, wäre bald Stationsgespräch. Sie hatte es nicht über sich bringen können, den zur DRK-Ausstattung gehörenden Kapuzenmantel aus grauem Loden zum Konzert zu tragen. Wenigstens zeugt die Haube und die Binde mit dem Roten Kreuz am Ärmel ihres eleganten cremefarbenen Mantels davon, daß sich hier eine Schwester im Dienst befindet. Mit ihrem sich flott auf seinen Krücken fortbewegenden Patienten kann sie allerdings kaum Schritt halten. Ein merkwürdiger Anblick auch er. Der weite, von zwei Adlerköpfen über der Brust gehaltene Fliegerumhang und die stelzenhafte Gangart geben ihm etwas Raubvogelartiges, seine starke gekrümmten Nase der Schnabel...

Sie lächeln? unterbricht er ihre geheimen Betrachtungen. Sie haben recht, der Umhang der sogenannten Ausgehuniform müßte dem Fundus eines Theaters gestiftet werden. Ich trage ihn nur, weil er wegen dieser Apparate hier – er deutet auf seine Krücken – praktisch ist.

Solch einen Umhang trug mein Mann bei unserer Hochzeit, sagt sie und beißt sich auf die Lippen. Er geht zum Glück nicht darauf ein.

In der U-Bahn besinnt sie sich auf ihre Schwesternrolle und bietet ihm den einzigen freien Platz an. Der Platz ist für die Dame, sagt er galant, worauf sie auf ihre Dienstpflicht verweist. Darf ich Ihnen einen Vorschlag machen? Wir lassen die Schwester-Patient-Beziehung heute abend außer acht und nehmen Urlaub vom Oskar-Helene-Heim. Einverstanden? Nicht ganz, antwortet sie, hält aber die Gesten schwesterlicher Fürsorge nach Möglichkeit zurück.

Der hell erleuchtete Konzertsaal zeigt mit seinem festlich gekleideten Publikum trotz der vielen Uniformen ein fast friedensmäßiges Bild. Wieviel lieber säße sie hier in ihrem bodenlangen Samtkleid statt in Schwesterntracht!

Nach dem Stimmen der Instrumente und der darauf folgenden erwartungsvollen Stille macht sich der knarrende Parkettboden der Philharmonie bemerkbar, sobald verspätete Besucher ihre Plätze aufsuchen. Bald aber übertönt das Furioso der Egmont-Ouvertüre die störenden Geräusche.

Noch hat sie nicht genügend Abstand vom Tagesgeschehen und fühlt sich von der Musik mehr überfallen, als daß sie darin aufgehen könnte. Auf Station nimmt jetzt die Nachtschwester ihren Dienst auf. Eine einzige Schwester für Dora I und II. Das Herbertchen bräuchte nach seinem Selbstmordversuch eine Schwester ganz für sich allein. Wo sie den Polen wohl hingebracht haben? Nein, an ihn will sie jetzt nicht denken, sonst quält sie sich den Abend über mit Selbstvorwürfen, die ihm auch nicht helfen können.

Sie versucht sich auf die Musik einzustellen und senkt den Blick auf ihre weiße Schwesternschürze, wobei ihr unvermeidlich auf dem Nebenplatz zwei über ein Gipsknie gekreuzte Handrücken in die Augen fallen, dunkel behaart bis unter die Manschette. Zu dem kultivierten Herrn Burkhart will der urzeitliche Bewuchs nicht passen, schon beim Pulszählen hatte es sie erheitert und irritiert. Eine ungehörige Abschweifung bei Beethovens grandioser Ouvertüre, sie schaut schnell woanders hin.

Beim Violinkonzert muß sie sich nicht erst um Aufmerksamkeit bemühen. Hier zeigt sich der Komponist von einer anderen Seite, kraftvoll und zärtlich zugleich, und kommt damit ihrer Gemütslage entgegen. Um die allzu helle Saalbeleuchtung zu dämpfen, kneift sie die Augen ein wenig zusammen und läßt sich in einen Flor von Regenbogenfarben und Tönen einspinnen. Daß Beethoven heiter sein kann, hätte sie ihm nicht zugetraut. Die Geige setzt kühn und manchmal schneidend an, um dann im Dialog mit dem Orchester geradezu Späße zu treiben. Ob ihr Nachbar ähnlich empfindet? Er wirkt ernst und konzentriert, ihren kurzen prüfenden Blick scheint er nicht wahrzunehmen.

In der Pause klärt er sie über die große Kadenz auf. Schneiderhan habe seine eigene gespielt, nicht die von Joachim, die meistens zu hören sei. Sie nickt, als wüßte sie, wovon die Rede ist. Auch von der Sinfonie, die als letztes auf dem Programm steht und deren Titel »Aus der Neuen Welt« sie neugierig macht, hört sie zum ersten Mal.

Sie kennen Dvorák nicht? Das Lautmalerische ist vielleicht nicht jedermanns Sache, doch wie er Motive aus der amerikanischen Volksmusik, etwa die Gesänge der Holztreiber auf dem Mississippi, mit solchen aus seiner slawischen Heimat verbindet, macht die Neue Welt zu einem Kunstwerk ersten Ranges. Achten Sie auf das Englisch-Horn im zweiten Satz. Die elegische Melodie drückt vermutlich das Heimweh des Komponisten aus.

Die Sinfonie hebt wie aus weiter Ferne mit einer fröstelnmachenden Schwermut an. Das darin ausgedrückte Heimweh des tschechischen Komponisten erinnert sie wieder an den polnischen Fremdarbeiter. Ob es wirklich stimmt, daß er sich bei der Waldarbeit absichtlich mit der Axt verletzte? Eine grauenvoller Vorstellung. Wie mußte er gelitten haben, um dazu fähig zu sein. Inständig wünscht sie, es sei nicht wahr, und er wäre nur zur besseren Versorgung in ein anderes Krankenhaus verlegt worden. Aber so einfach, das spürt sie, kommt sie nicht davon.

Ist es nicht absurd, wenn zu gleicher Zeit, da solche Dinge geschehen, im geschützten Rahmen des schönen Konzertsaals eine Anzahl schwarz gewandete Männer mit dem Produzieren von Musik beschäftigt sind? Vom Taktstock des Dirigenten mal gebremst, mal angefeuert, hantieren sie an ihren Instrumenten, als gebe es auf dieser Welt nichts Wichtigeres als die Hervorbringung von Tönen. Und das Publikum mit den unterschiedlich gespannten oder gelangweilten Ohren sitzt nur hier, um sich von den eifrigen Musikarbeitern bedienen zu lassen. Darunter eine Schwester... An dieser Stelle fällt ihr ein, daß sie den Abonnementplatz der Frau Burkhart einnimmt, und ob die davon weiß, daß sie ihrem Ehemann heute abend – wie sagte sie doch – pflegerische Betreuung angedeihen läßt?

Jetzt, sagt er. Die leise Bemerkung reicht aus, sie aus ihren abirrenden Gedanken wieder in Dvoráks Sinfonie zurückzuholen. Zwar will ihr nicht gelingen, die Hörner von anderen Blasinstrumenten zu unterscheiden, doch überläßt sie sich den Sehnsuchtsklängen des zweiten Satzes. Sie fühlt sich an den Mississippi versetzt. Ein im Abendlicht sich wälzendes unbegrenztes Gewässer, und der Gesang der Holztreiber, von dem er erzählte, erhält den Messington der Heimatferne.

Im dritten Satz, molto vivace laut Programm, und im Allegro des vierten besinnt sie sich wieder auf ihr Regenbogenspiel und bringt die Trompeten, Tuben, Posaunen, Becken und Triangeln zu immer ekstatischerem Funkeln. Die Musiker sind für sie zu Schatzsuchern geworden, unermüdlich schleppen sie Armreifen, Halsketten, gleißende Schmuckstücke herbei, in der Schlußapotheose ganze Goldbarren, die der Dirigent mit ausgebreiteten Armen zu fassen sucht, kaum vermag er der Wucht der Töne standzuhalten. Beim Verbeugen in den aufbrandenden Applaus ist zu befürchten, er werde vornüber ins Publikum stürzen.

Schade, sagt der Mann an ihrer Seite, der Einsatz der Hörner war nicht ganz rein. Bei den Berliner Sinfonikern dürfte das nicht vorkommen.

Davon habe ich gar nichts bemerkt.

Aus ihrem Musikrausch abrupt erwacht, folgt sie ihm in die Garderobe und läßt sich in den Mantel helfen, bis ihr einfällt, daß eigentlich sie ihm in den Mantel helfen sollte. Er lacht. Beruhigt es Ihr schwesterliches Gewissen, wenn Sie mir die Krücken für einen Augenblick halten würden? Mit dem Mantel komme ich schon zurecht.

Ein Schlüssel bürgt für Sicherheit

Benommen geht sie auf regennasser Straße neben ihm her, lauscht seinen Bemerkungen über das gehörte Konzert, stellt fest, daß sein Musikempfinden nichts mit ihrem Regenbogen-Lichterspiel gemein hat und schweigt, um sich keine Blöße zu geben. Beim Einsteigen in die U-Bahn erinnert sie sich an ihre Schwesternpflicht und bietet ihm ihre Hilfe an. Ich lasse mir gern von Ihnen helfen, meint er lächelnd, nimmt die Krücken in die eine Hand und mit der andern ihren Arm. Als seien die Rollen vertauscht, schwankt sie beim Anfahren des Zuges und wird von ihm gehalten. Wer bedarf hier wohl wessen Hilfe? Seine Stimme klingt belegt, als er das fragt, und von nun an gibt es auf der langen Fahrt keine Worte, die dem Verstummen entgegenwirken könnten. Nicht einmal auf dem Weg vom U-Bahnhof Oskar-Helene-Heim zum gleichnamigen Gebäude ist das lastende Schweigen zwischen ihnen aufzuheben.

Am Pförtnerhaus rafft sie sich auf und erkundigt sich, langsam Sprache gewinnend, ob der Ausflug seinem Knie auch nicht geschadet habe. Kennen Sie das: »Ein Knie geht einsam durch die Welt«? fragt er an Stelle einer Antwort. Nein, sagt sie verwirrt, aber ich möchte Sie noch zum Haupteingang bringen.

Dann liefern Sie mich mal schön ab.

Der Pförtner scheint zu schlafen, als die Schwester den späten Patienten durchs Tor führt, und er wacht auch nicht auf, als der Patient sich umwendet und die Schwester wieder auf die Straße hinaus begleitet. Ihre Mission ist erfüllt, sagt er, jetzt beginnt die meine. Sie haben doch wohl nicht angenommen, ich ließe Sie in der Dunkelheit allein nach Hause gehen?

Ungeachtet ihres Protestes zurück zum U-Bahnhof. Auch dort ist er nicht zur Umkehr zu bewegen: Erst wenn ich Sie sicher vor Ihrer Haustür weiß.

So ein Wahnsinn!

Nur ein bißchen Wahnsinn mehr in unserer wahnsinnig gewordenen Welt. Über den nicht unbedingt heiter gemeinten Satz und über die Verrücktheit dieses Raubvogel-Lipizzaners überkommt sie eine Lust zu lachen wie seit Jahren nicht mehr. Der Herr Major läßt sich anstecken und zitiert zwischen dem U-Bahnhof Heidelberger Platz und ihrem Wohnhaus ein weiteres der Galgenlieder: »Zwei Trichter wandeln durch die Nacht...«

Auf der ihrem Haus gegenüberliegenden Straßenseite verabschiedet er sich. Mission erfüllt? fragt sie. Jetzt bin ich wieder an der Reihe. Als Schwester kann ich den Patienten unmöglich ohne Betreuung zur Klinik zurückkehren lassen.

Wenn Sie in Kauf nehmen, daß ich Sie daraufhin wieder hierher begleite? Und so wandelten sie und wandelten sie durch die Nacht...

...im weißen Mondlicht still und heiter...

...auf ihrem Waldweg und so weiter.

Daß man mit Ihnen lachen kann! Wie er das nach der gemeinsamen Morgenstern-Rezitation vorbringt, meint sie ein ungläubiges Staunen herauszuhören. Dann ist die Sprachlosigkeit von vorhin wieder da. Seine Augen, sehr groß und sehr hell, sie kann ihren Blick nur mit Anstrengung lösen und in der Tasche nach dem Hausschlüssel kramen, wo habe ich ihn nur? Ach hier... Er zieht ihre Hand samt dem Schlüssel an seine Lippen. Ein Schlüssel, sagt er in ihren Handrücken hinein, bürgt für Sicherheit.

Wie sie es geschafft hat, zur anderen Straßenseite zu wechseln, weiß sie nachher nicht. Ins Haus hinein, ohne sich noch einmal umzublicken. Dort läßt sie sich auf der ersten Treppenstufe nieder, zu erschöpft, um zu ihrer Wohnung hinaufzusteigen. Als Kind las sie einmal von einer Zauberin, die alles, was ihr Stab berührt, in Lähmung versetzt. Doch auch einen Gegenzauber gab es da, einen erlösenden.

Sanssouci

Daß an Umfang zunimmt, was kaum Gestalt gewonnen hat – ein Wölkchen, leicht wegzupusten, komm, lieber Wind, und ist schon dunkel und unverrückbar zur Wetterwand geworden. Verhängnis. Sie denkt das Wort Verhängnis immerzu. Findet kein anderes Wort für das, was sie nicht schlafen, nicht essen, nicht mehr klar denken läßt. Abwesend. Benebelt. Sind Sie schwerhörig, Schwester Rosi? Schwer. Hörig. Verhängnis. Es müßte hellere Worte geben, Dichterworte für ihren Zustand. Für meine Krankheit. Etwas nimmt seinen Lauf.

Nicht lange nach dem Konzertbesuch lädt er sie zu einem Ausflug nach Sanssouci ein. Warum nicht, es ist ihr freier Tag, und er kann jetzt besser gehen, nachdem der Gips durch einen Leimverband ersetzt wurde. Er könne eine Begleitung dennoch sehr gut gebrauchen, aber nicht unbedingt in Schwesternrobe, abgemacht?

Abgemacht. Etwas nimmt seinen Lauf. Das Kleid mit den Mohn- und Kornblumen? Zu auffallend. Das graue Flanellkostüm? Zu streng. Das Hellblaue mit dem schwarzen Spitzeneinsatz?

Du könntest den Lauf noch aufhalten. Dich entschuldigen, du fühlst dich heute nicht wohl für einen Ausflug, hast Kopfschmerzen, eine Erkältung, bist...

Wozu der Einladung so viel Gewicht geben. Man verbringt einen angenehmen Nachmittag im Schloßpark des Königs Friedrich. Die Wasserbecken, die Rabatten, die musikalische Architektur von Schloß und Park bringen leichthin Ordnung, eine französisch heitere und noble, in dein deutsches schwerfälliges Gemüt.

Da wollte ich Ihnen Sanssouci zeigen, und nun hat es von seinem Flair verloren.

Arnim Burkhart sieht wie ein enttäuschter Junge aus. Jetzt fällt auch ihr auf, daß der Krieg Sanssouci eingeholt hat. Keine Karyatiden beleben mehr die Fassade. Im Park stehen an Stelle der Skulpturen kistenartige Gehäuse. In den Springbrunnen springt kein Wasser, die Becken sind trocken. Und am Torflügel des Schlosses hängt ein Schild »Vorerst keine Besichtigung der Innenräume«.

Der Krieg macht alles grau, sagt Burkhart.

Aber es gibt noch Blumen.

Eine simple Bemerkung ihrerseits, die sein Gesicht aufleuchten läßt: Ja, es gibt noch Blumen.

Sentimental wie ein Kinostück. Marika Rökk mit ihrem Galan die Stufen zum Rondell hinabtänzelnd, nur geht der Galan am Stock. Auch der Alte Fritz ging am Stock, gichtbeinig, und ohne eine Marika Rökk. Jeder in seiner Rolle, und alles spielt mit. Der Wind im Laub. Die buchsbaumgesäumten Rosenbeete. »J'attendrai. Le jour et la nuit j'attendrai toujours...« Kein Film ohne Schlager. Zu Friedrichs Zeiten waren hier Flötenkonzerte zu hören. Auf den Seitenwegen läßt der Eifer der Gärtner nach. Ein bemooster Faun, den sie vergessen haben einzuschalten. Kugelig geschnittene Büsche wie dicke Köpfe. Wie die einen anglotzen! Eine Parkbank.

Müde? fragt ihr Begleiter. Ja, müde irgendwie.

Nebeneinander auf der Bank. Wie auch anders als nebeneinander. Wie auch anders als auf einer Bank zwischen gestutzten Hecken im Schloßpark zu...

Er nimmt ihre Hand. Ich muß mit Ihnen sprechen. Ja?

Kaum fähig, aufzunehmen, was er sagt. Von seiner Erschütterung, ihr wieder begegnet zu sein. An Zufall glaube er nicht. Nicht, wenn sich etwas zu fügen scheint, als sei es so bestimmt. Kein Zufall, Geschick. Kann man seinem Geschick ausweichen? Man kann es versuchen. Wir könnten versuchen, die freundschaftliche Begegnung unseres gemeinsamen Kuraufenthaltes fortzusetzen. Aber wird uns dies möglich sein?

Eine Frage. Was fragt er? Dieses Rauschen in ihren Ohren!

Sie schüttelt den Kopf.

Das Wort Trennung fällt. Dunkle Wolke Verhängnis. In welchem Zusammenhang, was meint er mit Trennung? Sie sitzen nebeneinander auf einer Bank im Schloßpark zu Sanssouci, jetzt und immer und in Ewigkeit.

Trennung? Nähe. Einander fühlen, nah fühlen. So nahe, daß der lange Weg der Worte kurz geschlossen wird. Ich kann nicht dagegen an, sagt sie in lautlosem Sprechen. Auch er spricht kaum hörbar. Zu spät, uns zu trennen, wir hätten gar nicht erst zusammenkommen dürfen.

Beim Verabschieden vor ihrer Haustür steht sie ratlos, bis ihr einfällt, ihn noch zu einer Tasse Tee hinauf zu bitten. Uralter Trick, sie wußte nicht, daß sie ihn kannte. Kaum in ihrer Wohnung, fallen sie sich in die Arme. Nähe, mehr Nähe, mehr. Ein übermächtiges Mehr hat die Regie übernommen. Mehr wollen. Einander umklammern, noch mehr, noch enger. Nicht mehr loslassen können. Etwas nimmt seinen Lauf. Die immer gleiche Geschichte, alt wie die Erfahrung, daß Vernunft keine Chance hat, wenn nicht sein darf, was einfach geschieht.

KLEINE EWIGKEIT

Ich bin verrückt, süchtig, habe Gift gefressen.

Beim Schwesternfrühstück hängt ihr Blick an der Glastür, durch deren Tüllgardine vorbeigehende Patienten undeutlich sichtbar werden. Ein dunkelblauer Bademantel, das muß er sein.

Ich habe etwas zu Ihnen gesagt, Schwester Rosi.

O Entschuldigung, ja?

Sie werden mir heute das Bad scheuern, aber gründlich.

Infam. Typisch Schwester Irene. Das Badezimmer besitzt keine Glastür und die Wanne eine alte Kalkschicht, der mit Bürste und Scheuerpulver nicht beizukommen ist.

Am Abend versucht sie die rauhen geröteten Hände vor ihrem Liebhaber zu verbergen. Zeig her! Er küßt sorgfältig jeden einzelnen Finger. Besser jetzt? Du kannst jederzeit zu mir in Behandlung kommen.

Jederzeit? Wie lang ist jederzeit?

Nicht rechnen. Halten wir die uns verbleibende Zeit für eine kleine Ewigkeit, schlägt er vor.

Die Ewigkeit bis zur Rückkehr seiner Frau zählt gerade noch zehn Tage. Trennung, steht in unsichtbaren Buchstaben über der alten blauen Couch, die sie aus der Abstellkammer geholt und ins Wohnzimmer geschoben haben. Das Schlafzimmer mit den Ehebetten bleibt unbenutzt. Die moderne niedrige Couch zu den altdeutschen Möbeln ist ein Stilbruch. Direkt wohltuend, stellt sie fest, das Zimmer war mir immer zu bieder. Jetzt hat es was von meiner Mädchenzeit. Stundenlang konnte ich hier liegen und Zarah-Leander-Platten hören. Soll ich eine auflegen?

Verschone mich.

Du magst sie nicht?

Was soll mir die schmachtende Zarah, wenn ich dich habe! Sie an sich ziehend, flüstert er an ihrer Schulter: Löwe, einen Puma verspeisend. Im Spiegel betrachtet sie später die rotunterlaufenen Stellen an ihrem Arm. Ich habe nicht geahnt, wie freßsüchtig die Liebe ist!

Unersättlich, sagt er. Bald ist von Schwester Rosi nichts mehr vorhanden.

Die ist schon jetzt nur noch zur Hälfte vorhanden. Auf Station beklagen sich die Patienten. Eine Schwester, die fährt Ski, und die Bäume sieht sie nie, singt in Saal 11 der auf seinen Rollenstuhl geschnallte Felix. Unsere Rosi ist verliebt, stimmt's?

Sie erschrickt. Hat sie es merken lassen? Fühlt er sich vernachlässigt? Schuldbewußt zündet sie eine Zigarette an und steckt sie dem hilflosen Mann zwischen die Lippen.

Schwester Jutta macht ihre augenrollenden Bemerkungen. Unser Major ist neuerdings aushäusig. Weißt du, wo er immer steckt?

Wieso fragst du mich?

Es bleibt nicht verborgen, wie oft der Major erst eine halbe Stunde vor dem Dienstbeginn der DRK-Helferin auf der Station eintrifft. Sie läßt es sich dann nicht nehmen, auf Zimmer 9 die Verdunkelung hochzuziehen und dem im Bett Liegenden schwesterlich munter einen guten Morgen zu wünschen. Haben Sie gut geschlafen, Herr Burkhart?

Ach Schwester, ich hatte so einen schönen Traum.

Rheinshagen brummt aus dem Nachbarbett etwas Unverständliches herüber.

Je mehr ihre kleine Ewigkeit dem Ende zu geht, desto unvorsichtiger werden beide. Erscheint sie in 9 mit dem Essenswagen, liegt nachher ein Blumenstrauß auf der unteren Ablage. Seit wann gibt es Grünzeug zu Mittag? fragt Schwester Irene mit gespieltem Ärger. Komischerweise scheint sie die Situation mehr zu genießen, als erbost zu sein. Wenn sie Schwester Rosi mit einem Auftrag ins Kellergeschoß schickt, und gleichzeitig der Major auf Station vermißt wird, droht sie bei ihrem Wiederauftauchen nur neckisch mit dem Finger, jagt sie dann aber in ihrer hinterhältigen Art zum Desinfizieren der Bettleisten und Nachttische durch die Patientenzimmer. Daß auf 9 Erdbeeren für sie bereit stehen, weiß die Stationsschwester nicht, noch daß Rheinshagen sich zur Gymnastik begeben hat, was für die besonders gründliche Reinigung dieses Raumes von Vorteil ist.

Dem Ende zu

Es geht dem Ende zu, sagt Arnim Burkhart.

Ja, es geht dem Ende zu, bestätigt sie und begreift erst nach einer Weile, was er damit meint. Er ist dabei, ihr den Wehrmachtsbericht aus der Zeitung vorzulesen. Schwere Kämpfe bei Brjansk und Kursk. Partisanenkämpfe in Griechenland. Der Krieg in Afrika verloren. Jetzt schlägt auf uns zurück, was der Größenwahn der Herren angerichtet hat.

Das mögliche Kriegsende, über das er spricht, liegt für sie in diesen Tagen außerhalb der eigenen Zeitrechnung. Ihre Zeit hat nur einen Inhalt und ein Zuendegehen, und es befremdet sie, daß ihr Liebhaber keineswegs die Kriegslage außer acht läßt. Seine distanzierte Meinung zu Hitler und dessen Befähigung zum Oberbefehlshaber der Wehrmacht ließ er schon bei ihrer ersten Begegnung durchblicken. Sie fragt sich, wie er trotzdem in der Wehrmacht eine verantwortungsvolle Aufgabe zu erfüllen vermag. Als Wissenschaftler mit Projekten für eine effektive Luftabwehr betraut, diene seine Arbeit in erster Linie der Sicherheit der Zivilbevölkerung, so hatte er es ihr erklärt. Im übrigen spricht er nicht über sein Arbeitsgebiet, nur daß es ihn zum Glück vom blutigen Kriegshandwerk fernhalte, wobei er gewöhnlich mit dem zynischen Zitat aufwartet: Heiliger St. Florian, verschon mein Haus, zünd' andre an.

Noch drei Tage. Noch zwei. Das Geizen mit der Zeit hat sie noch aus Ralfs letztem Urlaub in schlimmer Erinnerung. Wie die Stunden davonlaufen, und eine ist die letzte. Einmal erzählt sie ihm davon. Es war, als ahnte ich, daß ich meinen Mann nicht wiedersehen würde. Er war nach Sizilien versetzt worden – eigentlich ein Anlaß zur Freude. Und dann...

Dein Mann war ein begeisterter Flieger. Er hat vermutlich schon vor dem Krieg das Risiko in seine Lebensplanung mit einbezogen.

Lebensplanung? 1939 wurde er Leutnant und bald mit dem Eisernen Kreuz ausgezeichnet. Es folgte eine ganze Reihe von Auszeichnungen. Die Frontflugspange in Gold. Der Ehrenpokal für besondere Leistungen im Luftkampf. Der Krieg kam ihm, glaube ich, gerade recht. Ich solle stolz darauf sein, wenn er für Führer und Vaterland sein Leben hingegeben habe – so ähnlich stand es in seinem Nachlaß.

Und warst du stolz?

Ich bemühte mich, doch ich schaffte es nicht. Seit ich anfange, nicht mehr an die hohen Ziele zu glauben, für die ich mich als Kind begeistert habe, ahne ich, daß es das Deutschland nicht gibt, für das Ralf sein Leben einsetzte.

Es gibt es nicht nur nicht, sondern es wird ein böses Erwachen geben, wenn einmal offen gelegt ist, wofür in diesem Krieg gestorben wurde.

Er sagt es heftig und nimmt sich gleich darauf zurück. Sehen wir zu, daß wir in der Primitivität des Hauens und Stechens moralisch nicht verkommen.

Er spricht von Moral, denkt sie, ist etwa das, was wir tun moralisch? Vielleicht ist Ehebruch eine andere Art der Moral. Ehebruch. Mit Schrecken sieht sie der Rückkehr seiner Frau entgegen.

Noch drei Tage. Noch zwei.

Übermorgen kommt Carola zurück.

Sie hat den Satz erwartet, nun ist er Fremdsprache. Was hast du gesagt?

Am letzten Tag bekommt sie ihre Periode. Sie war seit Ralfs Tod vor anderthalb Jahren ausgeblieben und erfolgt nun mit einer Heftigkeit, der die Monatsbinden nicht gewachsen sind. Auf Station fragt Schwester Jutta: Was hast du denn für'n hübsches Muster da auf deinem Kittel? Als sie vor krampfartigen Schmerzen nicht mehr arbeiten kann, wird sie nach Hause geschickt.

Am Abend findet ihr Liebhaber sie mit einer Wärmflasche im Bett vor. Besorgt erkundigt er sich nach ihrem Zustand. Du wirst doch nicht... Es kann doch nicht sein, oder doch?

Nicht was du meinst. Ich bekomme keine Kinder, sonst hätte ich mit Ralf eines gehabt. Und sie erzählt ihm, was sie keinem Menschen glaubte anvertrauen zu können. Wie sie sich als Versager gefühlt hatte. Die stummen Vorwürfe der Schwiegereltern. Und wie sie zuerst, als nach Ralfs Tod die Monatsregel ausblieb, noch hoffte, er würde in Gestalt eines Kindes bei ihr bleiben. Bis sich diese Hoffnung zerschlug. Ich fühlte mich doppelt minderwertig, nicht Mutter, und ohne Periode nicht einmal mehr Frau. Sie sagt es unter Tränen, was ihn hilflos zu machen scheint. Wir haben aus einer solchen Not zusammengefunden, beginnt er schließlich und bricht nach dem halben Satz ab.

Ob er seine Ehe damit meint? Dies wäre eine Gelegenheit, über das bisher ausgesparte Thema zu sprechen. Sie stützt sich im Bett auf: Bitte, erzähl auch du von dir.

Er weicht aus. Genügt es dir, wenn ich sage, daß ich mit dir zum ersten Mal seit Jahren glücklich gewesen bin? Eine gute Fee hat in drei Wochen alles an Gaben ausgeschüttet, was in diesem Leben für mich vorbehalten war. Darf man mehr begehren?

Mit Vernunft und Segen

»Trennen wollten wir uns? Wähnten es gut und klug?/ Da wir's taten, warum schröckte, wie Mord, die Tat.« Mit Zeilen aus einem Hölderlin-Gedicht im Kopf fährt sie zum Oskar-Helene-Heim. Nicht »schreckte« – »schröckte«! Das reißt noch gewalttätiger durchs Gemüt. Wie mußte der Dichter seine Suzette geliebt haben, daß er die Trennung von ihr als Mord empfand. Sie war eine verheiratete Frau. Die Konvention der Ehe verbietet den Betrug, als unterlägen Gefühlsdinge der Berechnung wie ein Scheckbetrug. Heutzutage wird so viel gestorben, denkt sie, daß eigentlich nur noch die Liebe zählen dürfte.

Auf Station ist sie erstaunt, Arnim nicht anzutreffen, bis ihr einfällt, daß er heute Urlaub genommen hat, um seine Frau vom Bahnhof abzuholen. Plötzlich wird ihr die Situation in vollem Umfang bewußt. Wenn Frau Burkhart zurück ist, wird sie ihn besuchen, womöglich mit Sohn, und sie könnten einander begegnen. Vielleicht wird Frau Burkhart ihr dann wieder für die pflegerische Betreuung ihres Mannes danken...

Der Gedanke löst Panik aus. Kurz vor der Mittagsfreizeit bittet sie Schwester Irene, sie zu einem Gespräch bei der Oberin anzumelden. Die reagiert ungehalten. Muß das sein? Was wollen Sie denn da? Ich kann Sie heute absolut nicht entbehren. Doch noch am gleichen Tage wird sie ins Büro der Oberin gerufen.

Was führt Sie zu mir? Der harsche Tonfall scheint die Eingetretene aufzufordern, sich kurz zu fassen. Die faßt sich gar nicht, sondern bringt mit Mühe heraus, sie wolle die Station wechseln.

Warum, fühlen Sie sich auf Dora II nicht wohl?

Doch. Es ist nur so – einer der Patienten sieht in mir mehr als die Schwester.

Die Oberin nimmt die Brille ab und reinigt sie umständlich. Es ist eine dicke Hornbrille, die ihr ein unnahbares Aussehen gibt, doch jetzt wird sie ins Futteral geschoben. Ich verstehe, und ich achte Ihren Entschluß, sagt sie nach einer Weile. Aber unter uns, es ist nicht das erste und wohl auch nicht das letzte Mal, daß sich zwischen Patient und Schwester etwas anspinnt, namentlich auf den Lazarettstationen. Wenn alle meine Schwestern sich dann versetzen ließen...

Ja, bloß –

Nun?

Er ist verheiratet.

Das ist etwas anderes.

Die Brille wird wieder aufgesetzt. Kreisrunde Gläser, die dem grauen Gesicht mit der steifen Haube etwas Eulenhaftes geben. Es ist sehr vernünftig, daß Sie zu mir gekommen sind. Sie werden von mir hören.

Das Eulengericht hat gesprochen.

Als sie sich vom Stuhl erhebt, muß sie sich wegen eines Schwindelgefühls an der Lehne halten.

Ist Ihnen nicht gut?

Es geht schon wieder.

Ich werde Sie im Waldhaus unterbringen, sagt die Oberin. Dort sind Sie fürs erste aus der Schußlinie.

Hat die Frau Humor? Sie bedankt sich.

Heil Hitler, sagt die Eule, und fügt unpassenderweise hinzu: Gott segne Sie, mein Kind.

Die unmögliche Trennung

Kaum lernt man euch DRK-Helferinnen an, da verschwindet ihr wieder. Schwester Irene ist ärgerlich. Man verlasse nicht einfach die Station, bekommt sie zu hören. Privates und Krankenpflege seien auseinanderzuhalten, das könne man wohl erwarten. Sie sind doch ein erwachsener Mensch, Schwester Rosi.

Es ist, als habe sie Fahnenflucht begangen. Die aufgeregte Stationsschwester scheint nicht nur verärgert, sondern auch bekümmert. Sie hätte zuerst zu ihr kommen sollen, vielleicht hätte man einen anderen Weg gefunden. Dabei hatte sie ständig etwas an ihr auszusetzen.

Zum letzten Mal in Saal 11 zum Austeilen des Abendessens. Es hat sich bereits herumgesprochen. Eine Schwester, weiß wie Schnee, ach die sehn wir nimmermeh, singt Felix mit einem erbarmenswerten Gesichtsausdruck. Auch andere Patienten versuchen sich im Gesang. »In fünfzig Jahren ist alles vorbei..« Wollen sie ihr damit Trost spenden? In fünfzig Jahren ist das Leben weiß Gott vorbei, aber bis dahin? Ich werde euch besuchen, verspricht sie.

Versprechen Sie nichts, Schwester Rosi.

An Zimmer 9 will sie rasch vorüber, hat aber nicht mit Schwester Jutta gerechnet, die plötzlich die Tür aufreißt und mit anzüglichem Augenrollen hineinruft: Hier will sich jemand verabschieden.

Will ich doch gar nicht!

Es hilft nichts, sie wird von der aufdringlichen Schwester ins Zimmer geschoben. Hinter ihr schließt sich die Tür.

Du verläßt die Station?

Ich hoffte, du würdest es erst hinterher erfahren. Das hat mir Jutta eingebrockt, dieser Trampel.

Hauptmann Rheinshagen ist abwesend, so können sie die Schwester-Patient-Rolle außer acht lassen.

Warum tust du das?

Weil es die Vernunft gebietet. Deine Frau...

Er steigt mitsamt einem feuchten Wickel um das kranke Knie aus dem Bett. Meine Frau, sagt er, heute morgen auf dem Bahnhof – sie hat es sofort gemerkt. Ich konnte es einfach nicht verbergen.

Was – konntest du nicht verbergen?

Daß ich dich liebe.

Er sagt es zum ersten Mal und gleicht doch in diesem Moment in seinem Schlafanzug und mit dem über den Ohren schon ergrauten und vom Kissen verwühlten Haar niemandem weniger als einem Romanhelden, dem diese klassischen Worte in den Mund gelegt sind.

Gesegnet sei Schwester Jutta, flüstert sie und läuft aus dem Zimmer, bevor sie einander in die Arme und der Vernunft in den Rücken fallen können.

Sommerblumen

Das Waldhaus, ausgestattet mit Fichtenholzmöbeln, rot-weiß karierten Gardinen, trautes Heim, Glück allein. Oh, lieblicher Ätherbohnerwachsgeruch auf Dora II! Liebliche Kachelwände! Lieblicher Dragoner Irene, lieblicher Trampel Jutta! Auch die Patientenzimmer und -säle sind eingeschlossen in ihre rückblickende Litanei, besonders die Zimmernummer 9. Während sie die blaukarierten Kissen in dem ferienartig ausgestatteten Domizil für genesende Soldaten aufschüttelt, fühlt sie sich wie strafversetzt. Auf eigenen Wunsch strafversetzt! Hätte ich doch nicht. Wäre ich doch.

Die Trennung mußte sein. Ich habe vernünftig gehandelt. Wir hatten das Ende der Beziehung vereinbart, und ich habe mich daran gehalten, ruft sie sich zur Ordnung.

Blumensträuße eines unbekannten Spenders werden abgegeben, für jedes Patientenzimmer einer. Da reißen ja ganz neue Sitten ein, wundert sich die Stationsschwester Frieda, während die neue DRK-Helferin, die Arme voller Sommerblumen, in der Küche nach Vasen oder passenden Marmeladenbehältern sucht. Sie müssen ja nicht den ganzen Garten an sich drücken, weist die Schwester sie zurecht. Schauen Sie Ihre Haube an!

Nachdem die Blumen ihren Platz gefunden haben und sie von jedem Strauß noch einmal den Duft – Duft, die Seele der Blumen – eingeatmet hat, nimmt sie die Haube ab und pustet den gelben Blütenstaub vorsichtig weg.

Zu den Mahlzeiten kehren die Patienten vom Sportplatz und aus den Gymnastikräumen zurück. Das Waldhaus ist die letzte Station vor der Entlassung der Kriegsversehrten und dient dem Erlernen des Umgangs mit Prothesen. Der Ton ist ein anderer als im Haupthaus, familiärer. Schwester Frieda als Mutti, mal derb, mal zärtlich. Die anfallende pflegerische Arbeit besorgt sie allein. Nicht einmal das Austeilen der Mahlzeiten läßt sie sich nehmen, wobei sie mit einem Schlag Nudeln oder Kartoffelbrei deftige Sprüche von sich gibt. Die DRK-Helferin wird zu Hilfsdiensten gebraucht. Geschirr abräumen, Tische säubern – bin ich hier die Putzfrau?

Solange die Patienten beim Training sind, sitzt die behäbige Frieda strickend im Schaukelstuhl und gibt von dort ihre Anweisungen. Räumen Sie die Bierflaschen weg und säubern Sie die Aschbecher, Schwester Rosali, die Kerle lassen ja alles stehn und liegen! Wenigstens bin ich hier Rosali, das ist aber auch der einzige Vorteil, denkt sie, während sie verstreute Kippen aufsammelt. Aber lieber Rosi auf Dora II, als hier Schwester Rosali! Wie zum Hohn tönt aus den über jeder Zimmertür angebrachten Lautsprechern Schwester Friedas Lieblingsschlager vom Dompfaffenpärchen: »Schau nur, wie glücklich die beiden sind, sie fliegen hin und her...«

Wann immer die Arbeit es zuläßt, steht sie am Fenster und schaut zum Haupthaus hinüber, dessen Rückfront durch die Bäume schimmert. Einmal erkennt sie bei ihrem sehnsüchtigen Schauen einen blauen Bademantel und fühlt ihren Herzschlag aussetzen. Auf dem Rasenstück am hinteren Eingang sind Stühle aufgestellt, wohl des schönen Wetters wegen. Die Krankengymnastinnen scheinen dort mit einigen Patienten zu arbeiten. Der blaue Bademantel – ist er es wirklich? Die Entfernung zu groß, um sicher zu sein. »Ach Mutter, wär' ich ein Vogelkind, wie schön, wie schön das wär'...« dudelt es aus dem Lautsprecher. Bin ich noch ich selbst? Was ist aus Frau Bahlke geworden – ein verliebtes Schulmädchen ohne Sinn und Verstand. Und am Haupthaus das dritte Fenster von rechts müßte Zimmer Neun sein...

Märchenstunde

Auch im Waldhaus gewinnt sie unter den Patienten bald Freunde. Sie vertrauen ihr Probleme an und übernehmen die Beschützerrolle, wenn einer der Kameraden zudringlich wird, was hier öfter der Fall ist. Unsre Leute sind eben nicht mehr krank, meint Schwester Frieda, ungerührt von ihrer Klage, ein Patient tätschle sie mit dem Kruckenberg, wenn sie ihm beim Anziehen helfe. Ein anderer, dem sie morgens das Glasauge einsetzen muß, was sie anfangs große Überwindung kostet, zeigt ihr seine Liebe, indem er seine Nachspeise für sie aufhebt. Dafür hat die Stationsschwester weniger Verständnis, läßt sich aber ihrerseits gern mal einen Pudding abtreten. Außerdem schleckt sie in der Küche die Essenskübel leer, bevor sie abgeholt werden. Hat es Gemüse oder Eintopf gegeben, was sie nicht besonders schätzt, erlaubt sie der DRK-Helferin großzügig, sich auch an die Essensreste zu halten. So sparen wir Lebensmittelmarken und für den Schweineeimer ist es zu schade.

Bald gewöhnt sich an die Reste. Sie braucht in der Mittagspause nicht nach Hause zu fahren, um etwas zu essen, sondern kann die Freizeit in den Krankenhausanlagen verbringen. In der Nähe des Haupthauses hat sie eine von Büschen umgebene Bank entdeckt, von der sie einen Ausblick auf die rückseitige Front hat. Vielleicht zeigt sich jemand am Fenster?

Vor einem der Kellereingänge sieht sie oft einen Rollstuhl stehen. Die Gestalt darin wirkt klein wie ein Kind, erst in der Nähe ist zu erkennen, daß es sich um einen Erwachsenen mit merkwürdig verkrümmtem Körper und unablässig zuckenden Gliedmaßen handelt. Ob sich ein derart behinderter Menschen ansprechen läßt?

Eines Tages ergibt es sich von selbst. Der Rollstuhl, sonst im Schatten eines Baumes, steht plötzlich in der prallen Mittagssonne. Ihre Scheu überwindend, läuft sie zu dem Behinderten hinüber. Hier ist es Ihnen doch sicher zu heiß? Seinen schwer verständlichen Lauten entnimmt sie Zustimmung und schiebt den Rollstuhl an das schattige Plätzchen neben ihrer Bank. Besser so?

Wenig später erscheint ein Sanitäter und schaut sich nach seinem Patienten um. Auf ihr Winken kommt er näher. Man kann die Augen ja nicht überall haben, meint er entschuldigend. Auf der Männerstation hätten sie alle Hände voll zu tun und niemanden verfügbar, den Patienten im Rollstuhl herumzuschieben.

In der Mittagspause könnte ich das übernehmen..

Sie wundert sich selbst über ihr rasches Angebot. Vorbei das Träumen auf ihrer Bank. Von nun an wandert sie mit dem spastisch gelähmten und nach Auskunft des Sanitäters blind geborenen Mann durch die Parkanlagen, und lernt ein aufs Äußerste reduziertes Dasein kennen. Dennoch empfindet er seine Umwelt sehr genau. Und er trägt sein Schicksal gelassener als die durch den Krieg Verstümmelten, mit denen sie bisher zu tun hatte. Auf ihren Wegen erfährt sie die Natur auf eine neue Weise. Sie muß ihm beschreiben, was sie sieht, und erzählt ihm von den rötlichen Stämmen der Kiefern und dem schüchternen Birkengrün am Wegrand.

Ist der Vogel, der eben auffliegt, eine Amsel?
Woran erkennen Sie das?
Am Flug. Größere Vögel flattern anders als kleinere, und die Taube schwirrt wie schlecht geölt, haben Sie es bemerkt, Schwester?
Sie wollen mich aufziehen, Mohr.

Den Namen Mohr, der kein Name ist, hat sie von dem Sanitäter übernommen. Warum nennt man Sie so? Er heiße Moritz, erklärt er, aber er sei für alle der Mohr. Es gibt ein Buch, Struwl... Struwelpeter, hilft sie weiter, und sogleich fallen ihr die Zeilen ein: »Was kann denn dieser Mohr dafür, daß er so weiß nicht ist wie ihr?« Ist es Häme, ihn Mohr zu nennen? Aber in dem Kinderbuch taucht ein gerechter Niklas die spottende Kindergesellschaft in ein riesiges Tintenfaß, um sie ebenso schwarz zu machen.

Ein lustiges Buch, nicht wahr, Schwester?
Die schlagenden Gliedmaßen. Die verdrehten Augen, das Weiße darin. Der übergroße Kopf auf dem zurückgebliebenen Körper. Ja, der Struwelpeter ist lustig.

Mit der Zeit weicht ihre Scheu. Sie lernt ihn zu verstehen und sein Anblick wird ihr natürlich. Oft gibt sie ihm einen Zweig oder einen besonders geformten Stein in die verkrampften Hände. Dabei wird sie auf Einzelheiten aufmerksam, für die sie früher keinen Blick hatte. Sie kann es jetzt gut brauchen, daß sie als Kind die Namen verschiedener Kräuter und Pflanzen auswendig lernte, um ihrem Vater zu imponieren.

Manchmal stellt sie nur den Rollstuhl neben ihre Bank und erzählt dem jungen Mann erdachte Geschichten oder die Sage von der schönen Lau im Blautopf.

Heute will ich auch mal eine Geschichte erzählen, Schwester.
Ja?
Von Jesus. Wissen Sie, wer das ist?

Natürlich, sagt sie.

Ich will Ihnen Jesus beschreiben, fährt er fort, bringt aber aufgeregt krampfend kein weiteres Wort zustande. Sie wartet geduldig, bis er sich beruhigt hat.

Jesus – er hat eine rosa Haut, verstehen Sie?

Eine rosa Haut, bestätigt sie.

Und blonde Locken. Und feine Finger und Zehen. Und er kann fliegen.

Fliegen?

Der Mann im Rollstuhl verstummt. Kein Gliederschlagen mehr, kein Augenflackern. Sie glaubt schon, seine Seele habe sich, ein rosiges Kind im Lockenhaar, aus dem armseligen Körper befreit, doch bald fällt er in seine ruckartigen Bewegungen zurück, und sie schiebt ihn zum Kellereingang, wo ihn der Sanitäter schon erwartet.

Auf Füssen des Gedichts

Zeitungen schaut sie kaum an, der Juli bringt wenig Neues. Im Wehrmachtbericht ist seit Wochen von Frontbegradigungen im Raum Wjasma die Rede. Großoffensive im Frontabschnitt Kursk und Orel – von uns oder von den Russen? Reichshauptstadt Berlin: Einmalige Abgabe von kakaohaltigen Erzeugnissen an Kinder und Jugendliche auf die Abschnitte d29 der Lebensmittelkarten...

Dem Behinderten liest sie bei der Rast auf der Parkbank nicht die Zeitung, sondern Gedichte vor. Ihre Lieblingsdichter scheinen eine beruhigende Wirkung auf ihn zu haben. Verse von Rilke und Hofmannsthal, von Ricarda Huch und Mörike. »Lebe wohl – du fühlest nicht/Was es heißt, dies Wort der Schmerzen...« Er fragt, warum sie nach dem Lesen die Nase putze. Ich bin ein wenig erkältet.

Daß es Liebesgedichte sind, die sie für ihn heraussucht, fällt ihr nicht weiter auf, sind doch die meisten Dichter von der Liebe inspiriert. Eines Tages mischt sie ein von ihr selbst geschriebenes Gedicht darunter:

Liebe treibt im nassen Wind.
Regenlicht im Spinnennetz,
heute bin ich blind.

Ja, sagt der Mann im Rollstuhl, ich bin blind.
Er bezieht die Zeilen auf sich! Sie versucht ihm zu erklären, es handle sich bei Gedichten um Bilder, die für etwas anderes stehen, bis ihr einfällt, daß es Bilder in seiner Welt nicht gibt. Auch die nächste Strophe nimmt er direkt:

Liebe stürzt ins Ahornlaub.
Sperberschrei und Natternhusch,
heute bin ich taub.

Taub bin ich nicht, Schwester. Ich höre sehr gut, daß Sie weinen.
Ich weine doch gar nicht!
Tatsächlich war ihr beim Lesen bewußt geworden, daß ohne ihn, dem diese Verse gewidmet sind, ihr Leben nur noch ein halbes ist. In weiteren Versen vergleicht sie sich sogar mit den »Ohnhändern«:

Liebe war mir so verwandt
daß ich Krüppel bin,
so, als hätt' ich keine Hand.

Von wem ist das Gedicht, Schwester?
Verlegen gesteht sie, daß sie selbst die Urheberin sei.
Ob sie auch einmal ein Gedicht für ihn schreibe? Eines, das nur ihm gehöre?
Da habe ich mir etwas eingebrockt, denkt sie. Auf Bestellung schreiben kann ich nicht, und schon gar nicht für eine so empfindliche Seele.
An Abend sitzt sie lange und sucht nach Worten. Was weiß sie von seiner Welt? Sie kann nur ihre Vorstellung davon schildern und kommt sich recht vermessen vor, als sie ihm am nächsten Tag das Resultat ihrer Bemühungen vorliest.

Der blinde Sänger

Es geht ein Blinder mit gestrecktem Arm,
ertastend eine Welt, die er nicht kennt.
Da ist kein Mund, der ihm die Straße nennt,
und keiner, der ihm Schwellen zeigt und Brücken.

Er geht wie einer, der von Anbeginn
die Richtung findet, und der jeden Stein,
jede Vertiefung spürt, sie zu umgehen,
und jeden Baum weiß, ohne ihn zu sehen.

Ich kann gehen, unterbricht er sie unter aufgeregtem Gliederschlagen. Diese Reaktion hatte sie vorausgesehen. Gerade will sie wieder anheben zu erklären, daß Gedichte nicht unbedingt mit der Realität zu tun haben, doch er hat sehr gut begriffen, was sie mit Bildersprache gemeint hatte. Auf Füßen des Gedichts, sagt er, stimmt's Schwester?

Es stimmt genau. Gedichte haben wirklich Füße, Versfüße. Sie demonstriert ihm mit lalala die Hebungen und Senkungen. Daraus entsteht ein Spiel. Jeden Vers, den sie ihm vorliest, wiederholt sie mit lalala, außer dem letzten, von dem sie wieder einen Vergleich mit seiner Person befürchtet.

Die Sehenden am Straßenrand,
sie gäben Gold für die Gesänge,
die einer dort im Dunkeln fand,
doch nicht für eines Atems Länge
vertrauen sie ihm ihre Hand.

Er nimmt es nicht krumm. Die Erfahrung des blinden Sängers ist offenbar seine eigene leidvolle Erfahrung. Schenken Sie mir das Blatt, Schwester? Erst müsse sie das Gedicht abschreiben, sie habe so viel darin verbessert. Sie vergißt, daß er es so oder so nicht wird lesen können und gibt sich besondere Mühe, schön und deutlich zu schreiben. Als sie ihm das Blatt bringt, glaubt sie in den verspannten Gesichtszügen Freude zu entdecken. Stolz hält er es dem Pfleger hin, als der ihn abholen kommt. Verse? Davon versteh' ich nichts. Aber wenn sie dem Mohr gefallen –?

Juliwochen. Heuduft über dem gemähtem Anstaltsrasen. Flirrende Baumschatten. Dahlienparade in Rosa. Zinnien in allen Farben des Tuschkastens, man sollte malen können. Sie zählt dem Blinden die Farben auf und vergißt, daß er Farben nicht kennt. Sie vergißt auch den Krieg, an den nur selten Sirenen erinnern. Ein versponnener Sommer. Mehr Gedichte entstehen, Liebesgedichte, Lalala-Gedichte zum Singen, zum Träumen. Vom Blätterrascheln des Windes eingegeben für den Zuhörer im Rollstuhl. Für einen Unsichtbaren hinter den Fenstern von Dora II. La lalala lalala. In die Idylle platzt die Bombe.

Rettenswertes

Am 24. Juli 1943 brennt Hamburg.

Als sie davon hört, ist ihr erster Gedanke, welch Glück, daß Carmen und die Kinder nicht in der Stadt waren! Carmens Einweisung ins Lungensanatorium und die Verschickung der drei Mädchen, erst ein Unglück, jetzt die Rettung. Denn als nach dem dreitägigen Bombardement wieder Nachrichten durchkommen, berichtet ihr die Schwester von der totalen Zerstörung ihres Wohnhauses. Leo sei zum Glück gerade bei seinen Eltern in Ohlsdorf gewesen. Als es ihm endlich möglich war, nach Eppendorf zu gelangen, habe er von der Wohnung nichts mehr vorgefunden, doch rechts und links hätten die Häuser noch gestanden. Und stell dir vor, Nachbarn erzählten Leo, mein Flügel hätte am längsten gebrannt. Die Schwester kann nicht weitersprechen. Ihr Bechstein-Flügel, das war das Klavierkonzert von Grieg, das war die Appassionata von Beethoven, das waren die Préludes von Chopin. Darf man bei so vielen Toten um einen Flügel trauern? Für Carmen war er ein lebendes Wesen. Unvergeßlich, wie sie vor ihrer Abreise den Deckel über den Tasten schloß, als brächte sie ein Kind zur Ruhe.

Die ersten Flüchtlinge aus Hamburg treffen in Berlin ein. Es sind nicht brennende Flügel, von denen sie berichten, sondern brennende Menschen. Lebende Fackeln, in kochendem Asphalt steckengeblieben oder von den Brücken in die brandheißen Fleets gesprungen – aus dem Zentrum des Feuersturms war kein Entkommen möglich.

Die Berliner ergreift Panik. Was Hamburg geschah, kann auch die Reichshauptstadt treffen. Gerüchte sind in Umlauf, es würden bereits Kalkgruben vorbereitet, um die möglichen Bombenopfer aufzunehmen. Und Teile der Wehrmacht würden in die Stadt verlegt, um bei Unruhen unter der Bevölkerung durchzugreifen.

Anfang August erscheint ein Aufruf an die Berliner Bevölkerung. Der Reichsverteidigungskommissar für den Reichsverteidigungsbezirk Berlin Dr. Goebbels fordert Frauen, Kinder, Pensionäre und Rentner auf, die Stadt unverzüglich zu verlassen und sich in weniger gefährdete Gebiete zu begeben. Rette sich wer kann, lesen die Berliner im Aufruf des »Reichsverteidigungkommissars«. Sein neuer Titel trägt dazu bei, vor dem bejubelten totalen Krieg in blinder Hast davonzulaufen. Die Folge sind überfüllte Bahnhöfe und lange Schlangen vor den Postämtern. Wer in Berlin bleibt, schickt Pakete mit Wertsachen in weniger gefährdete Gebiete. Wann und ob sie je dort ankommen ist fraglich.

Wo gedenkst du, deine Sachen unterzubringen?

Auf die gutgemeinte Frage ihres Bruders Gunther sieht sie ihn verständnislos an. Meine Sachen?

Hast du noch nicht überlegt, was du aus der Stadt auslagern willst?

Nein, hat sie nicht. Doch als Gunther ihr anbietet, eine Kiste mit den ihr wichtigsten Dingen auf das Fuhrwerk zu laden, mit dem er die eigenen Wertgegenstände zu einem Landwirt in der Uckermark bringen läßt, wird auch sie von den allgemeinen Rettungsaktionen angesteckt. Auf der Suche nach dem ihr Wertvollen durchwandert sie die Wohnung. Unentbehrlich sind ihr Schallplatten und Bücher, aber auf die kann sie nicht für unbestimmte Zeit verzichten. Was sonst ist rettungswert? Sie streift die von langem Gebrauch liebgewordenen Dinge mit abschiednehmendem Blick. Alle sind ihr kostbar, sogar der verbeulte Teekessel, der noch aus ihrem Elternhaus in Klein-Flottbek stammt.

Am Ende packt sie ein, was Ralf einst für den gemeinsamen Haushalt in Belgien eingekauft hatte. Nie benutzte Dinge verschwinden in Zeitungspapier und Holzwolle. Bei der Vorstellung, sie werde nach dem Krieg in einem total zerstörten Berlin die wohlbehaltene Kiste öffnen, muß sie beinahe lachen. Sie sieht sich in einer rauchenden Trümmerlandschaft die kristallenen Kompottschalen auspacken, das Goldrand-Geschirr Marke Parsifal, den Aschenbecher aus Muranoglas, nicht zu vergessen das Tafelsilber einschließlich Zuckerzange und Spargelheber.

Konsequenzen

Die Zerstörung Hamburgs und die panikartige Angst vor einem ähnlichen Flächenbombardement auf Berlin, zeigt auch im Oskar-Helene-Heim Konsequenzen. Das Waldhaus wird aufgelöst! Mit dieser Neuigkeit eilt eine nicht mehr behäbig strickende Schwester Frieda durch die Patientenzimmer und ordnet sinnlose Räumungsarbeiten an, wobei sie ein ums andremal ausruft: Unser schönes Waldhaus will man uns nehmen! Es dauert eine Weile, bis der Grund zu erfahren ist. Da das Waldhaus keinen Luftschutzkeller besitze, hätten die Patienten bei einem Großangriff nicht genügend Zeit, das unterkellerte Haupthaus zu erreichen.

Was wird aus uns?

Die bange Frage der Kriegsversehrten ist berechtigt. Schon bald erscheint der Oberarzt mit einer Liste, die die Namen der zu Entlassenden enthält. Heim zu Muttern, sagt er und erweckt damit keinerlei Freude. Das Waldhaus war eine Art Schutzzone vor der Aussicht, als Kriegskrüppel in die Familie zurückzukehren, oder als bedingt verwendungsfähig an die Front.

Auch die DRK-Helferin macht sich Sorgen. Nachdem sie sich im Waldhaus eingelebt hat, sind die Sommerwochen mit den ihr lieb gewordenen Ausfahrten des Behinderten Erholung für ihr angeschlagenes Seelenleben. Hier muß sie sich nicht mit Schuldgefühlen belasten, sondern darf sich dem bittersüßen Trennungsschmerz von dem

Geliebten hingeben – jedenfalls solange der feinfühlige Patient im Rollstuhl es nicht bemerkt. Oft genug erfährt sie, wie er ihre geteilte Aufmerksamkeit sofort registriert. Hat er nicht ein Recht darauf, während der kurzen Mittagsstunden die Nummer Eins zu sein? Seit der Katastrophe von Hamburg ist das lauschige Vorlesen von Gedichten allerdings vorbei, und auch die Natur scheint nicht mehr von gleicher Blühfreudigkeit.

Was wird nun aus mir? fragt sie die sich ein letztes Mal an den Resten eines Grießbreies labende Schwester Frieda. Na Sie, knurrt die, Sie gehn, wenn hier dicht gemacht ist, zurück auf Dora II. Was aus mir wird, sollten Sie besser fragen.

Das fragt sie nicht, da sich im Moment die Teeküche mitsamt der topfausschleckenden Schwester um sie dreht. Zurück nach Dora? Dann müßte ja der, um dessentwillen sie hierher versetzt wurde, entlassen worden sein. Dennoch möchte sie die bekümmerte Stationsschwester für diese Nachricht umarmen. Die Aussicht, auf Dora II wieder unter die Fuchtel der unberechenbaren Schwester Irene zu gelangen, schreckt sie wenig.

In der Mittagspause versucht sie dem Behinderten die Neuerung vorsichtig beizubringen, mit der Beteuerung, an den gemeinsamen Parkspaziergängen werde sich nichts ändern. Sofern das Wetter schön bleibt, setzt sie hinzu.

Das Wetter bleibt nicht schön, Schwester.

Warum so pessimistisch? Wir haben doch erst August.

Höhere Gewalt

Eine Schwester weiß wie Schnee, kehrt zurück auf Station Deee... Als sie um sieben Uhr früh wie ehedem ihren Stationsdienst beginnt, kräht ihr der kleine Mann auf seinem Rollenstühlchen ein Willkommenslied entgegen. Ach Felix, Sie haben mir so gefehlt!

Wiedersehensfreude von allen Seiten, sogar Schwester Irene quält sich ein Lächeln ab. Von den Patienten bekommt sie allerdings zu hören, warum sie nie, wie versprochen, zu Besuch gekommen sei. Einer der Patienten meint grinsend, was sie davon abgehalten habe, sei wohl höhere Gewalt gewesen. Sie hatte mit ihrer Übersiedlung ins Waldhaus zweifellos Anlaß für Klatsch und Tratsch gegeben.

Auch die Schwestern kosten die Situation aus.

Er ist weg, berichtet mit vielsagendem Augenaufschlag die genießerische Schwester Jutta. Gestern entlassen, seine Frau hat ihn abgeholt.

Was geht mich das an.

Die Stationsschwester hat wieder einmal ihre Freude daran, sie auf Zimmer 9 zu schicken: Sie werden mir das Bett des entlassenen Majors desinfizieren, Schwester Rosi, wir erwarten einen Zugang.

So hatte es schon einmal geheißen, und damals entpuppte sich der Zugang als ein nicht ganz Unbekannter... Sie beeilt sich, den Auftrag möglichst rasch hinter sich zu bringen.

Hauptmann Rheinshagen erwidert ihren Gruß mit einem kühlen »Auch wieder hier?« und läßt sich, während sie das leergewordene Bett mit Sagrotanlösung auswäscht, nicht in seiner Lektüre stören. Sie ist froh, daß er bald zur Krankengymnastik abgeholt wird und sie ungestört ihren Erinnerungen nachhängen kann. Hier stand sein Bett. Als ihm der Gips entfernt wurde, hatte sie sich blamiert, weil sie nicht wußte, was ein Prießnitz-Umschlag war. Und dort am Tisch fütterte der Patient sie einmal mit Erdbeeren – der Patient die Schwester! Eine unmögliche Situation.

Schluß mit den Erinnerungen! Sie leert den Eimer im Waschbecken aus und reibt einige Spritzer vom Spiegel, wobei sie ihr Gesicht betrachtet. Immer noch das Mädchengesicht – müßte sie nicht nach dem Erlebten reifer aussehen? Bald ist ihr einundzwanzigster Geburtstag. Die Haube sitzt schief, zwei dunkelblonde Strähnen hängen bis auf den Kragen, und der Pickel unterhalb der rechten Wange ist immer noch nicht weg. Wie konnte er sich nur in sie verlieben?

Mit ihrem Aussehen beschäftigt, überhört sie das Öffnen der Tür und hält den hinter ihr im Spiegel Auftauchenden für ein Produkt ihrer Phantasie. Spiegel sind für Täuschungen bekannt, sie weiß von Luftspiegelungen, die dem in der Wüste Verdurstenden die Frische einer Quelle vorgaukeln. Dieses Spiegelbild jedoch zieht mit einer einzigen Bewegung die Tür ins Schloß und sie in seine Arme.

Vom Blitz geschlagen

Du duftest so schön nach Sagrotan!

Hatte sie nach dem überraschenden Wiedersehen eine Liebeserklärung erwartet? Oder Zeit für die Überlegung, ob es richtig sei, die Beziehung von neuem aufzunehmen? Kein Wort davon, nur die kurze Erklärung, er habe Hauptmann Rheinshagen ein geliehenes Buch zurückbringen wollen: Und da sehe ich dich im Spiegel.

Wir sahen einander im Spiegel. Ein Blitzschlag, ja wirklich, als spränge mit einem Schlag das Spiegelglas in Scherben.

Ich liebe Gewitter, sagt er, und sie: Vorsicht, meine Haube. Tiefgründig Banales, so weit das Überwältigende ihres Wiedersehens noch Worte zuläßt. Nach Dienstschluß erwartet er sie am U-Bahnhof.

Von nun an wird die kleine Ewigkeit ihres ersten Zusammenseins zu einer unbegrenzten, wie es sich für den Charakter der Ewigkeit gehört. Es war Fügung. Wir sind füreinander bestimmt, meinst du nicht auch?

Wir sind füreinander bestimmt, bestätigt ihr Liebhaber, und mit einem Blick auf die Armbanduhr. Ich muß gehen.

Daß in ihrer Beziehung etwas anders geworden ist – der Blick auf die Uhr, ich muß gehen – kündigt sich schon am ersten Tag ihrer wiedergewonnenen Liebe an. Unruhig durchwandert sie nach seinem Fortgehen die Wohnung. »Ach Ewigkeit, du schöne, mein Herz an dich gewöhne…«

Leben bedeutet von nun an sein Kommen, sein Gehen ist ein täglicher kleiner Tod. Die Zeit, die sie miteinander verbringen, das einzige, was zählt im hektischen Ablauf der Stunden, der Tage, der Wochen. Für nichts sonst hat sie Interesse, an nichts anderes kann sie mehr denken, als an die Frage: kommt er, kommt er nicht? Und nur aus einem Grund kümmern sie Meldungen über den Einflug feindlicher Bomber: Bitte keinen Luftalarm, der ihn vorzeitig aus dem Haus treibt! Im übrigen geht das Kriegsgeschehen an ihr vorbei. Wichtig ist ihr nicht die Offensive der Sowjets im Donezbecken, sondern ob sie mit Schwester Jutta den Mittagsdienst tauschen kann, um am

Abend früher nach Hause zu kommen. Zwei kurze Abendstunden mit dem Geliebten ins Unendliche dehnen – doch auch im Unendlichen gibt es eine Armbanduhr.

Seine Frau wird mit dem Essen warten. Sie tut es sich an, die zierliche, dunkelhaarige Person mit dem Pagenschnitt vor sich zu sehen, wie sie den Tisch deckt und dann ans Fenster tritt, um nach dem Ehemann Ausschau zu halten. Ob sie ahnt, daß er aus den Armen einer andern zu ihr kommt? Daß mit einem Blitzschlag die Trennung endete, die sie sich ihretwegen auferlegt hatten?

Mit dem Blitzschlag beruhigt sie ihr Gewissen. Gegen Naturkatastrophen ist der Mensch machtlos. Eine Katastrophe? Liebe.

Auf Station ist sie zerfahren und muß Ermahnungen einstecken. Selbst bei der Ankündigung, Felix werde operiert, weiß sie nicht mehr zu sagen als: Wie schön für ihn. Bist du dir eigentlich im Klaren, staucht Jutta sie zusammen, was die Operation für unseren Bonzo bedeutet? In den fast nicht vorhandenen rechten Oberarmknochen wird ein Loch gebohrt, für die Befestigung einer Prothese, verstehst du? Er hat fürchterliche Angst, der arme Kerl.

Tatsächlich hat sie sein Lied von der Schwester weiß wie Schnee seit längerem nicht gehört. Was ist nur mit mir los, daß ich mir keine Gedanken darüber machte? Das muß anders werden.

Auch den Behinderten von der Männerstation hat sie nicht ein einziges Mal, wie versprochen, im Rollstuhl durch den Park geschoben. Sie sprang nur rasch zu dem wartenden Mohr, um ihm zu sagen, daß sie leider Mittagsdienst habe und deshalb... Sein unausgesprochener Vorwurf führte dazu, daß sie bald ganz wegblieb. Schlechten Gewissens, aber das schlechte Gewissen ist in diesem Spätsommer schon zum Dauerzustand geworden.

Kerzenstunde

»Wer sein Volk retten will, kann nur heroisch denken. Adolf Hitler«. Der Spruch des Monats hängt im Postamt über dem Schalter. Ihr Paket unterm Arm in der Schlange der Wartenden langsam vorrückend, ist sie gezwungen, unentwegt den gerahmten Ausspruch Adolf Hitlers zu lesen. Wer sein Volk zugrunde richten will, kann nur barbarisch denken, wandelt sie die Führerworte ab und vertreibt sich die Zeit mit weiteren Variationen.

Sie hätten das Paket besser verschnüren sollen, Fräulein. Bis das im Elsaß ankommt, ist der Inhalt perdu.

Als sie endlich an der Reihe ist, will der Beamte die nicht sachgemäß verpackten Wäschestücke für die Mutter zurückweisen, doch auf ihr Bitten hat er ein Herz und sucht nach einer haltbaren Schnur. Mal sehen, was sich machen läßt.

Die hinter ihr Stehenden murren.

Die Papierschnur hat eben nichts getaugt, setzt sie zu einer Erklärung an.

Ungeduldige Stimmen: Warum geht es nicht weiter da vorne? Da stehn wa uns die Beene in' Bauch... Wenn Se det Paket richtig feste umjeschnürt hätten, hättet ooch jehalten.

Die Stimmung im Postamt war direkt feindselig, erzählt sie am Abend ihrem Liebhaber. Es ist ihr freier Tag und sie hat sich auf seinen Besuch sorgfältig vorbereitet. Auf dem hübsch gedeckten Teetisch brennt eine der kostbaren Kerzen aus der Sonderzuteilung Haushaltskerzen, auch hat sie auf die Nährmittelkarte zwei Kuchenstücke besorgt. Bei seinem Eintritt empfängt ihn die D-Dur Suite von Bach. Dies alles verspricht eine gefühlvolle Kerzenstunde, aber heute scheint sie kein Glück damit zu haben.

Sag mal, hat die Platte einen Kratzer?

Das habe ich noch gar nicht bemerkt.

Die Air liebt sie besonders. Eilig stellt sie den Apparat ab, um die Platte zu reinigen und die Nadel zu wechseln. Dabei erzählt sie von der Stimmung im Postamt.

Vielleicht wäre es nicht unrichtig gewesen, durch eine geeignete Verpackung des Paketes die Feindseligkeit gar nicht erst aufkommen zu lassen.

Bist du schlecht gelaunt?

Das ist eine Frage, die man nie stellen sollte, wird sie belehrt. Man kann eine schlechte Laune auch herbeireden.

Sie ist dem Weinen nah. Ich hatte mich so auf dich gefreut...

Dann laß uns deine Kerzenstunde nicht durch Unwichtiges kaputt machen, sagt er. Meine? denkt sie. Für ihn hatte ich doch alles so schön vorbereitet.

Nachher war es nur eine kleine Verstimmung gewesen, keiner Erinnerung wert. Nachher, als die Kerze heruntergebrannt und der nicht verzehrte Kuchen in die Küche getragen ist. Zum Kuchenessen ist unsere Zeit zu schade, hatte er gemeint und sich an ihrer Bluse zu schaffen gemacht, findest du nicht auch? Ja, das fand sie auch, und in ein plötzliches Gelächter ausbrechend: Wer sein Volk retten will, muß heroisch denken. Von Hitler. Hing im Postamt.

Also an den will ich jetzt am allerwenigsten denken – oder möchtest du mir wieder die Laune verderben?

Sie hatten dann an den heroischen Volksretter keinen weiteren Gedanken mehr verschwendet.

Selbstversuche

In Zukunft werde ich Sie anders herannehmen als bisher, verkündet die Stationsschwester und holt die im Verbandzimmer Mulltupfer legende DRK-Helferin derb aus ihren Kerzenstunden-Träumereien. Sie werden mir heute den Hoffmann spritzen, Schwester Rosi.

Das habe ich aber noch nie gemacht!

Einmal ist immer das erste Mal.

Als sie Schwester Irene in Saal 10 zu den Frischoperierten folgt, läßt das Zittern ihrer Beine sie fast über die Schwelle stolpern. Heute wird Ihnen Schwester Rosi die Injektion verabreichen, Herr Hoffmann. Das Versuchskaninchen schaut recht kläglich aus den Kissen. Nicht weniger angstvoll ist vermutlich der Gesichtsausdruck der DRK-Helferin, doch die Stationsschwester drückt ihr ungerührt die aufgezogene Spritze in die Hand und hält sie an, die Nadel nicht zaghaft, sondern mit einem raschen, kräftigen Einstich unter die Haut zu führen. Bei einer subkutanen Injektion kann nichts schief gehen, erklärt sie beruhigend, doch erst nach mehreren vergeblichen Ansätzen gelingt es, dem zusammenzuckenden Mann die Nadel einzuführen. Entschuldigung, das nächste Mal mache ich es besser.

Ob nicht lieber das nächste Mal Schwester Irene die Sache übernehmen wolle, fragt der Patient.

Nach dieser Erfahrung besorgt sie sich in einer Apotheke ein Spritzbesteck sowie Vitamin-C-Ampullen. Nicht noch einmal will sie einem Patienten eine schmerzhafte Stümperei zumuten. An sich selbst probiert sie aus, wie die Nadel am besten einzuführen ist, bis sie vorm Spritzen keine Angst mehr haben muß.

Wo hast du bloß die Stiche an den Beinen her, fragt ihr Liebhaber besorgt und erfährt von ihren Selbstversuchen. Ist das nicht gefährlich?

Überhaupt nicht. Soll ich dir zeigen, wie gut ich es schon kann?

Bewahre mich, wehrt er entsetzt ab.

Könnte man doch immer an sich selbst ausprobieren, wie man einem andern am wenigsten wehtut, meint sie und denkt dabei an seine Frau. Sie macht sich oft Gedanken darüber, ob sie von dem Verhältnis weiß und wie schmerzhaft es für sie ist – oder auch nicht?

Über Carola Burkhart ist mit dem Ehemann kein Gespräch zu führen. Laß uns die wenigen Stunden, die uns bleiben, nicht mit Problemen beschweren. Die Folge ist, daß sie die Probleme nach seinem Fortgehen wälzt, und leichter werden sie nicht dabei.

An einem dieser Tage muß er wegen eines Theaterbesuchs früher gehen als sonst. Sie sitzt für den Rest des Abends im Dunkeln auf der Fensterbank und malt sich aus, wie das Ehepaar in großer Robe die Loge aufsucht, obwohl sie keine Ahnung hat, ob Burkharts Logenplätze einnehmen. Die Vorstellung macht sie krank. Anderntags fühlt sie sich fiebrig und zerschlagen und müßte gerade heute Nerven beweisen. Weißt du es schon, empfängt sie bei Dienstantritt eine sich an ihrem Erschrecken weidende Schwester Jutta: Der Bonzo wird heute operiert und du sollst mit in den OP.

BOMBEN UND BOHNEN

Sie sind ja schon vorher käseweiß. Reißen Sie sich zusammen,

Schwester Rosi, sonst brauche ich Sie gar nicht erst in den OP zu schicken.

Mit solchen Reden muntert die Stationsschwester sie nicht gerade auf, und noch weniger mit der Anweisung, dem bangen Felix eine Injektion zu verabreichen.

Eine Schwester weiß wie Schnee, sticht den Felix in den Pö...

Sein Lied, diesmal kommt es geflüstert. Der nur aus einem Rumpf bestehende Körper, schon mit einem OP-Hemd angetan, fühlt sich feucht an. Sie schwitzen ja, Felix. Ich werde Ihnen nicht wehtun.

Ihrer Bemühung zum Trotz entfährt ihm ein Autsch. Hat es denn geschmerzt?

Überhaupt nicht, Schwester. Ein Engel hat mich geküßt.

Ach Felix, Ihre Witzchen. Sie lassen sich nicht unterkriegen, nicht wahr?

Im Operationssaal hält sie nicht lange durch. Ist der schwere, ihr bis auf die Füße fallende Kittel daran schuld, ist es die in Tücher gehüllte Gestalt auf dem Tisch, von der außer dem Kopf nur der Stummel zu sehen ist, an dem dereinst die Prothese befestigt werden soll. Noch bevor die Narkose wirkt und das bereitliegende Besteck zum Einsatz kommt, muß sie den Raum verlassen.

Das war aber eine kurze Operation, wird sie von Schwester Irene in Empfang genommen. Na, gehen Sie einen Augenblick an die frische Luft, Schwester Rosi. Beim nächsten Mal werden Sie durchhalten, das garantiere ich Ihnen.

Bevor die Stationsschwester die Drohung wahr machen kann, lernt sie auf andere Weise, ihre Empfindlichkeit abzulegen. Die Oberfeldführerin des DRK teilt ihr in einem kurzen Schreiben mit, sie habe sich nach jedem mittelschweren bis schweren Luftangriff in der Rettungsstelle am Hohenzollerndamm einzufinden.

Möge es nie mehr einen Luftangriff geben, denkt sie erschrocken. Der läßt nicht lange auf sich warten. Der erste Großangriff seit Hamburg hat es in sich. Tonnenweise Brand- und Sprengbomben entladen sich auf die Berliner Innenstadt.

Nach der Entwarnung macht sie sich mit dem Fahrrad auf den Weg zur Rettungsstelle. Um sie zu finden, braucht sie sich nur nach den Sanitätsfahrzeugen zu richten, die alle das gleiche Ziel haben, eine Margarinefabrik am Hohenzollerndamm. In deren Kellerräumen ist eine behelfsmäßige Station des Deutschen Roten Kreuzes eingerichtet.

Stickige Luft schlägt ihr entgegen. Ein langer Gang, vollgestellt mit Bahren. Bei einem flüchtigen Blick auf die Bombenopfer erscheinen ihr diese wie aus violett-grauem Pappmache, was sich später als ein Belag von mit Blut vermischtem Mörtel herausstellt. Aufgabe der Schwestern ist die notdürftige Säuberung, bevor einer der Ärzte mit der Wundversorgung beginnt. Da niemand Zeit hat, sie anzuweisen, muß sie selbst entscheiden, ob und wie Kleidungsstücke zu entfernen sind, ob das Haar um eine Kopfwunde herum zu schneiden ist, und ob einer furchtbar zugerichteten Frau die Waschung überhaupt zugemutet werden kann.

Nach dieser Nacht wird nichts mehr wie vorher sein. Gegen Morgen arbeitet sie nur noch mechanisch. Über den notwendigen Handgriffen haben sich Widerwille und Übelkeit verloren, auch nimmt sie bei der Arbeit das eigene Befinden gar nicht mehr wahr. Immer noch werden Verletzte eingeliefert, erst nach Stunden aus den Trümmern ihrer Wohnhäuser geborgen. Aufgeregte Angehörige begleiten sie und müssen beruhigt werden. Ein Mann bekommt einen Herzkollaps und bedarf ebenfalls der Hilfe.

Nachdem die letzten Patienten in die Krankenhäuser abtransportiert sind, setzen sich die übermüdeten Ärzte und Schwestern zu einem Kaffee zusammen. Echte Bohnen, von Hermann Göring gestiftet, klärt einer der Ärzte die Runde auf. Firma Bomben & Bohnen, dafür ist der Dicke ja auch zuständig, meint ein anderer und erntet ein schwaches Gelächter. Im übrigen wird wenig gesprochen, und man geht dann rasch auseinander.

Empfindlichkeiten

Beeilung bitteschön, gleich ist Chefvisite!

Nach der in der Rettungsstelle verbrachten Nacht ist die vor der

Visite übliche Hektik absurd. Nichts scheint wichtiger zu sein als die Ordnung der Krankenzimmer.

Haben Sie 'ne Zigarette für mich, Schwester Rosi?

Jetzt, vor der Visite, Felix? Das ist aber nicht erlaubt.

Nur zwei Züge, bettelt der bis zum Hals im Gipsverband Liegende.

Sie raucht ihm die Zigarette an und schiebt sie zwischen seine Lippen. Er ist fiebrig, hoffentlich nichts Ernstes?

Unkraut vergeht nicht, Schwester.

Ein dummer Spruch, aber sie lächelt ihm aufmunternd zu: Es wird schon wieder..

Bist du verrückt? Der Bonzo darf doch nicht rauchen! Schwester Jutta stürzt herein und drückt die Zigarette aus. Gefolgt vom Chef und einer wild gestikulierenden Stationsschwester: Wir sprechen uns nachher, Schwester Rosi.

Schwester Irene hat mich zusammengestaucht, erzählt sie am Abend dem Geliebten. Er ist, als sie vom Dienst zurückkehrt, mit dem Ausbessern ihrer vom Luftangriff beschädigten Verdunkelung beschäftigt. Seit sie ihm den Wohnungsschlüssel ausgehändigt hat, macht er sich bis zu ihrem Eintreffen nützlich. Bei dem kriegsbedingten Mangel an Handwerkern ist sein Geschick, eine elektrische Leitung zu reparieren oder einen Wasserhahn abzudichten, eine große Hilfe. Du kommst gerade richtig, sagt er zur Begrüßung, halte mir doch bitte mal die Preßspanplatte.

Während er die passenden Nägel heraussucht, macht sie ihrem Ärger Luft. Da hat man eine Nacht auf der Rettungsstelle hinter sich, und auf Station machen sie ein Theater wegen einer halben Zigarette. Du kennst doch Felix, er hatte Fieber und tat mir so leid.

Rauchen kurz nach der Operation? Das ist lebensgefährlich, meint der passionierte Nichtraucher.

Mache mir bitte nicht auch noch Vorwürfe, meine Nerven sind heute am Flattern. Du kannst dir nicht vorstellen, wie grauenhaft die letzte Nacht war.

Mußt du unbedingt in die Rettungsstelle? Er steigt von der Leiter. Am Ende wirst du keinem gerecht, den Verletzten nicht und deinen Patienten im Lazarett auch nicht.

Oh doch, das werde ich, protestiert sie. Ich bin sogar stolz, daß ich mich an den entsetzlichen Zustand der Bombenopfer gewöhnte und nach einiger Zeit nichts mehr empfand. Ich machte nur meine Arbeit.

Er reagiert scharf. Auch Henker sind stolz darauf, die natürliche Hemmschwelle überwunden zu haben.

Ich bitte dich, Henker. Wir sind Helfende.

Ist das ein Grund, abzustumpfen?

Ohne Abstumpfung könnten die Soldaten an der Front das Grauen gar nicht ertragen.

Den Einwand läßt er nicht gelten. Ja, und? Kriege wären dann wohl nicht mehr möglich. Mit Gewöhnung dürfen die Herren nämlich rechnen, die einen Krieg anzetteln und damit Menschen das Töten anderer Menschen zumuten. Gewöhnung selbst an unaussprechlich Grauenhaftes, vor dem man in normalen Zeiten ohne Aufhören kotzen würde.

So zornig wie bei diesen Worten hat sie Arnim Burkhart noch nicht erlebt. Sein Gesicht ist gerötet und die feingezeichnete Linie des Mundes, die sie an ihm liebt, so gespannt, daß die Lippen fast weiß sind. Was ist nur an diesem Mann, daß er selbst im Zorn noch anziehend auf mich wirkt? Unwiderstehlich, denkt sie und bemüht sich, seinen Argumenten zu folgen. Wenn es auch unrecht ist, nicht ganz bei der Sache zu sein, lauert sie über dem Gespräch insgeheim auf eine Brücke zu Gesprächen anderer Art, bevor es dem nächsten Fliegeralarm einfällt, der Liebe das Wort abzuschneiden.

DER KRIEG HAT GEBURTSTAG

Von wo sprichst du, von zu Hause?

Aus der Telefonzelle. Ich mußte deine Stimme hören.

Wann kommst du? fragt sie, obwohl sie weiß, daß er das Fragen nicht mag.

Morgen ist es leider nicht möglich, wir erwarten Besuch. Professor Walden, von dem ich dir erzählt habe.

Ausgerechnet morgen!
Ist etwas Besonderes?
Morgen dauert der Krieg vier Jahre.
Hast du da nicht Geburtstag? Wie konnte ich das vergessen!
Mach dir nichts daraus.
Du bist bitter.
Ich bin nicht bitter. Ich will diesen Tag nicht mehr feiern, weil er mit dem Kriegsbeginn zusammenfällt. Es ist mir ernst damit.
Dann feiern wir übermorgen – einverstanden?
Nur nicht heulen, denkt sie, immerhin werde ich morgen einundzwanzig. Was ist nur aus mir geworden, daß ich keinen Abend, am liebsten keine Stunde mehr ohne ihn sein mag. Wie ein Kind, das an der Mutter hängt, am Vater in diesem Fall. Aber väterlich ist er nicht. Väterlich war Ralf. Was würde Ralf zu meinem jetzigen Leben sagen?

Neben dem Telefon steht sein Photo, eines der letzten. In Fliegeruniform mit Frontflugspange in Gold, dem Verwundetenabzeichen, dem Eisernen Kreuz erster Klasse. Nachdem sie den Hörer aufgelegt hat, schaut sie das Bild lange an. Sein Gesicht unter der Schirmmütze, geradeaus auf welches Ziel gerichtet? Als sie siebzehn wurde, startete er zum ersten Kampfeinsatz in Polen. An ihrem zwanzigsten Geburtstag, war er schon ein halbes Jahr tot. Nein, ihren Geburtstag will sie nicht mehr feiern.

Dennoch rutscht ihr das bedeutsame Datum heraus. Der Anlaß ist ein freudiger, sie findet am Morgen des 1. September ihren Lieblingspatienten fieberfrei vor. Felix, das ist das schönste Geburtstagsgeschenk für mich!

Der kleine Mann strahlt. Aufgestützt in den Kissen gratuliert er ihr auf seine Art, wenn auch noch nicht mit raumfüllender Stimme wie früher: Eine Schwester weiß wie Schnee, hat Geburtstag heut, juchhe...

Wie froh bin ich, Sie wieder singen zu hören! Sie holt eine der Lakritzen aus der Schürzentasche, die sie stets bei sich trägt, da er sie besonders mag.

Schwester Rosi hat Geburtstag! Die Kunde verbreitet sich im Nu,

sie wird mit Glückwünschen und kleinen Geschenken überhäuft. Heute abend schon was vor, Schwesterchen? Drei Patienten aus Saal 11 laden sie in die Operette ein. Wo wir doch Begleitschutz brauchen, wa?
Was wird denn gegeben?
Maske in Blau. Soll gut sein.
Sie überlegt nicht lange. Warum nicht ausgehen und dem Tag einen besonderen Abschluß geben. Zumal er sie nicht besuchen wird, er, der mit einem Professor Walden zu Abend speist, mit Gattinnen natürlich. Möge ihnen die Suppe versalzen werden, denkt sie gehässig.

Nach dem abendlichen Ausflug kehren die drei Landser mit ihrem Begleitschutz singend zum Oskar-Helene-Heim zurück. Der Operette waren in einer Kneipe noch etliche Schnäpse gefolgt, auf ein Geburtstagskind muß angestoßen werden, und nun, »Maske in Blau« schmetternd, wird die Straße im Zickzackkurs genommen. Selber blau! Schwester Rosi bekommt einen Lachanfall, der allerdings schnell endet, als einer der Kriegsversehrten den leeren Ärmel seiner Uniformjacke schwenkt und Heil brüllt. Mensch, halt die Klappe! beschwört ihn ein anderer.

Wieso, wo ick doch auf'n Tach jenau einjerückt bin, und auf'm Altar... auf'm Altar des Vaterlandes...

Schnauze! Der mit dem leeren Ärmel wird von seinen Kameraden abgeschleppt, und die Schwester muß sich vom Pförtner sagen lassen, daß sie ihre Aufsichtspflicht grob verletzt habe, indem sie die Leute besoffen zurück brächte.

So endet der Geburtstag mit Selbstvorwürfen und sogar mit Tränen, denn als sie ihre Wohnung betritt, empfängt sie Blumenduft. Bevor sie die Fenster verdunkelt und Licht gemacht hat, weiß sie, wer in ihrer Abwesenheit da war. Die Rosen – daß es einundzwanzig sind, zählt sie erst am nächsten Morgen – füllen das große Einmachglas, in dem die Mutter früher Kürbisse einlegte. Er war da und ich nicht – zu nichts als dieser schmerzhaften Feststellung ist sie mehr fähig, nicht einmal zur Freude über die Blumen. Er war da und ich... Maske in Blau.

In Deckung, Schwester!

Da glaubten wir den Bonzo überm Berg, und nun das.

Die Stimmung auf Station Dora ist gedrückt. Der kleine Mann hatte wieder seinen Platz im Stühlchen eingenommen, auch seine Witze hatten in Saal 11 wieder für Heiterkeit gesorgt. Seine Operationswunde jedoch, der durch den Oberarmstumpf gelegte Kanal, näßt und eitert, und nun ist hohes Fieber hinzugekommen. Lungenentzündung.

Er wird doch wieder gesund werden?

Dein Geplärr hilft dem Bonzo nicht auf die Beine, Rosi. Ha, was sagt ich, auf die Beine!

Daß die noch scherzen kann, die Jutta!

Beim Hochsetzen des fiebernden Patienten, um ihm mit Einreiben von Franzbranntwein Erleichterung zu schaffen, ist allerdings auch Schwester Jutta die Sorge abzulesen. Du träumst nur, Bonzo, spricht sie begütigend auf ihn ein, als er entsetzt ruft: In Deckung, Schwester! Sie greifen an. Warum gehn Sie nicht in Deckung!

Wir sind doch nicht im Osten, Bonzo. Für dich ist der Krieg aus. Aus und vorbei, verstehst du?

Aber der Krieg ist für ihn nicht vorbei. Zwei Tage lang hält er die Station mit seinen Fieberphantasien in Aufruhr.

Fahren Sie nach Hause, Schwester Rosi, mahnt am Abend die Nachtschwester, als sie nach Dienstschluß noch lange am Bett des hustenden, um Atem ringenden Kranken sitzt und versucht, ihm mit Befeuchten der Lippen Linderung zu schaffen.

Mann, ist der 'ne Schlafmütze! Abgeben, Henry. Ja, Mann, abgeben. Au, das gibt 'nen Strafstoß!

Ich bin es doch, Rosi.

Rosi. Weiß wie Schnee... Für einen Moment scheint er zu sich zu kommen.

Die Nachtschwester drängt, sie möge endlich die Station verlassen. Er bekomme noch etwas zur Beruhigung, dann würde er bestimmt schlafen können. Widerstrebend folgt sie der Aufforderung. Am nächsten Morgen erfährt sie, der Bonzo sei während des nächtlichen Luftalarms gestorben.

Jutta war dabei. Sie half wie alle im Haus wohnenden Schwestern die Patienten in den Luftschutzkeller zu bringen. Wir kriegten den Bonzo kaum auf die Bahre, erzählt sie, er brüllte und sperrte sich. Unten wurde er still. Wir dachten, er schliefe, aber er war hinüber. Komm, hör auf, Rosi, dein Flennen macht ihn nicht wieder lebendig.

Wir haben noch mehr Patienten auf Station. Kümmern Sie sich um die, und finden Sie sich mit dem Unabänderlichen ab, mahnt auch Schwester Irene. Doch sie hat heute den Dragonerton eingebüßt. Geradezu behutsam weist sie die DRK-Helferin an, das Rollenstühlchen aus Saal 11 in den Abstellraum zu bringen: Wir benötigen es ja nun nicht mehr.

Klavierspiel

Was für ein Leben hätte dem arm- und beinlosen Mann die Zukunft wohl beschert. Ist der Tod in diesem Falle nicht barmherzig?

Arnim Burkhart, zum Auskurieren seines immer noch steifen Knies in Bad Gastein, versucht ihr telefonisch Trost zuzusprechen, erreicht aber das Gegenteil. Warum muß ein junger gesunder Mensch, Sportler – er war begeisterter Fußballer – so elend zugrunde gehn? Wenn der Tod barmherzig ist, dann ist das Leben verdammt unbarmherzig, ruft sie ins Telefon und kann nicht weitersprechen. Nachher hadert sie mit ihrer Unbeherrschtheit. Gerade jetzt hätte sie ein Gespräch mit Arnim nötig gehabt, und nun ist es abgebrochen. Wenn er doch hier und erreichbar wäre, und nicht zur Kur in diesem Bad Gastein, das außerhalb der Welt liegt!

Dennoch muß sie sich eingestehen, daß seine Abwesenheit auch ihr Gutes hat. Zum ersten Mal seit ihrer Wiederbegegnung findet sie Zeit und Ruhe zum Nachdenken. Nicht nur über ihre Liebe und wie es weitergehen soll, auch über ihr Verhalten dem kranken Felix gegenüber. Er hätte in seiner letzten Lebenszeit ihre volle Aufmerksamkeit gebraucht. Ebenso versäumte sie den jungen Mann im Rollstuhl zu besuchen, dem sie die Poesie versponnener Sommertage verdankt. Er nimmt gewiß an, sie habe ihn vergessen.

Doch als sie in der Mittagspause nach ihm sucht, findet sie ihn nicht am üblichen Platz. Am Wetter kann es nicht liegen, der September zeigt sich noch einmal von der sommerlich warmen Seite.

Mit einem unguten Gefühl fragt sie sich zur Männerstation durch und trifft dort auf den Sanitäter, der sich als des Mohren besonderer Freund ausgegeben hatte. Sie erhält Vorwürfe. Warum sind Sie so lange nicht gekommen? Er hat verzweifelt auf Sie gewartet.

Auf ihre Frage, wo er zu finden ist, erfährt sie, er sei im Keller. Im Keller?

In dem mit Betten, Bahren und Möbelstücken vollgestellten Untergeschoß hält sie vergeblich nach einem Rollstuhl Ausschau. Von irgendwoher kommen Töne von einem verstimmten Klavier. Sie geht ihnen nach und öffnet eine Tür. Tatsächlich sieht sie den Rollstuhl, dicht an ein Klavier herangeschoben. Mit einer Hand schlägt der gekrümmt darin Sitzende auf die Tasten ein. Ich wußte gar nicht, daß Sie Klavier spielen, sagt sie an Stelle einer Begrüßung.

Keine Antwort. Hat er sie nicht bemerkt? Sie versucht auf sich aufmerksam zu machen, doch er scheint nur die Bearbeitung des Instrumentes im Sinn zu haben. Abgehackt, ohne erkennbare Melodie, es klingt scheußlich. Wie ist es möglich, daß sein empfindliches Gehör, das einen Meisen- vom Amselflug unterscheiden konnte, solche Töne erträgt? Glaubt er, es sei Musik, was er da auf dem alten Kasten produziert?

Wie geht es Ihnen? fragt sie hilflos.

Gut. Er schlägt auf die Tasten ein.

Auf weitere Fragen erhält sie keine Antwort. Nach einer Weile gibt sie auf und läuft in Panik hoch zur Männerstation. Was ist mit ihm los, was hat ihn so verändert?

Der Sanitäter ist ärgerlich. Das müssen Sie gerade fragen. Erst machen sie ihn verliebt, und dann lassen Sie ihn fallen.

Ich – ihn verliebt? Sie ist fassungslos. Das fiel mir nicht im Traum ein.

Eben, sagt der Mann und dreht sich um.

Halt, warten Sie! Bitte! Es tut mir so leid. Glauben Sie mir, ich wollte es nicht. Und ich hätte ihn besucht, wäre nicht – es kam etwas Unvorhergesehenes dazwischen.

Entschuldigungen gibt's immer.
Wie kann ich es wieder gut machen? Wenn er möchte – doch ich bin nicht sicher, ob er es möchte – besuche ich ihn wieder wie früher und schiebe ihn durch die Anlagen. Würden Sie es ihm ausrichten?
Zu spät. Wir können den Mohr nicht länger hier behalten.
Geht er nach Hause?
Nach Hause? Wenn Sie ein Heim für Geisteskranke so nennen wollen?
Sie erschrickt. Er ist doch nicht geisteskrank!
Eben.
Wird er dort denn richtig versorgt?
Zu gut wird er dort versorgt, wenn Sie verstehen, was ich meine. Und nun entschuldigen Sie, ich muß an meine Arbeit.

Feind hört mit

Bevor sie an diesem Abend die U-Bahn besteigt, fällt ihr ein Plakat in die Augen, das sie seit langem kennt. Es hängt neben der Telefonzelle und zeigt einen Mann, schwarzer Mantel, schwarzer Hut, mit einem bösartigen und verschlagenen Gesichtsausdruck. Feind hört mit, steht in Großbuchstaben darauf. Gemeint ist, man solle bei Gesprächen darauf achten, daß kein feindlicher Agent Dinge einfängt, die gegen das Deutsche Reich Verwendung finden könnten. Allgemein aber wird das Plakat als Warnung verstanden, dem Herzen Luft zu machen, denn man ist nie sicher, ob die Gestapo mithört.

Heute aber drückt der Plakatmann die unausgesprochenen Befürchtungen des Sanitäters aus. Wie sie das kennt – eine Mitteilung beschränkt sich auf Andeutungen, und dahinter ist etwas Bedrohliches, liegt in der Luft, ist zwischen Worten versteckt. Wer geht im Gespräch noch aus sich heraus? Der schwarze Mann hat sich in die Köpfe eingeschlichen, seine Lauscher sind überall. Sie muß an den furchteinflößenden Nachtmahr ihrer Kindheit denken, der das Unheil unterm Mantel verbarg. Leibhaftig war er oft am Fußende ihres

Gitterbettes erschienen, sie kroch dann unter die Bettdecke. Auch heute meint sie ihm leibhaftig zu begegnen. Ein Vermummter, schwarzer Mantel, schwarzer Hut, steigt mit ihr in die U-Bahn, hält sich neben ihr an der Stange fest, schwankt wie sie in der Kurve, hätte sie fast berührt.

Kartoffelschalen

In der folgenden Zeit bemüht sie sich, den Behinderten zu besuchen. Vergebens. Er will Sie nicht sehen, weist der Sanitäter sie ab. Und eines Tages: Er ist heute verlegt worden. Sonst keine Erklärung und keine Auskunft über seinen neuen Aufenthaltsort. Lassen Sie den Mohr in Ruhe, Sie haben schon genug Unruhe in sein Leben gebracht.

Welch ein trostloses Ende der einst so beglückenden Stunden in den Krankenhausanlagen. Unverzeihlich die Gedankenlosigkeit, ihm Liebesgedichte vorzulesen und dabei an einen andern zu denken. Ja, es ist wahr, sie hatte nicht angenommen, er fühle wie ein Mann.

Im Zusammenhang damit kommt ihr in den Sinn, daß der Sohn des Hausmeisterpaares, der geistig zurückgebliebene Max, der ihr früher oft beim Tragen von Koffern oder Paketen half, seit einiger Zeit in einer Anstalt sein soll. Sie erkundigt sich bei seiner Mutter nach ihm, als die gerade das Treppenhaus reinigt. Sie windet erst einmal den Lappen aus.

Mein Max? Je nun, das wissen Sie doch.

Wird er gut behandelt, dort im Heim? fragt sie und hofft inständig auf eine beruhigende Auskunft.

Was man so gutgehen nennt.

Ich meine – bekommt er genug zu essen?

Wenn Kartoffelschalen 'n Essen sind. Aber ich muß weiter, sonst werd' ich nicht fertig.

Können Sie ihm etwas bringen? Ihr Mann ist doch... Parteigenosse und Blockwart, will sie sagen, läßt es aber.

Das sind so Dinge, Frau Bahlke. Die Frau wischt sich über die Augen. Ich versteh ja davon nischt. Es wird schon seine Richtigkeit haben.

Mehr ist aus ihr nicht herauszubringen.

Wie kann die Frau ihren eigenen Sohn aufgeben! Weil er krank ist? Früher aber war der Max hier, der Max dort – die Eltern hatten ihm Anweisungen gegeben und er war stets willig, wenn er auch nicht viel zustande brachte. Sie erinnert sich an sein Lachen, wenn sie ein Bonbon für ihn hatte.

Erbkrankheiten, hatte sie als Jungmädel gelernt, gefährden das gesunde deutsche Erbgut. Plötzlich bekommt, was sie damals gedankenlos aufsagte, einen neuen, gefährlichen Sinn. Zusammen mit den Tönen, die der Behinderte auf dem Klavier produzierte. Gräßliche Töne, ihr ästhetisches Empfinden störend. Jetzt meint sie, es seien Hilferufe gewesen.

Verhör am Morgen

Gegen Ende ihres Schwesternhalbjahres wird sie zum Nachtdienst eingeteilt. Die Verantwortung für eine ganze Station macht ihr anfangs angst. Sie ist sogar froh über Luftalarm, dann werden die Hausschwestern aus den Betten geholt und ihr sind die Entscheidungen für eine Weile abgenommen. Aber die Aufregung, bis die Patienten bereit sind, den Luftschutzraum aufzusuchen, und die Bettlägerigen auf Bahren den schrägen Gang zum Keller hinuntergefahren sind. Dort ist Felix gestorben, sie muß jedesmal daran denken.

Eines Nachts erhält sie einen Anruf aus Bad Gastein. Ob sie Lust habe, die beiden auf die Nachtwache folgenden freien Tage in München zu verbringen? O Arnim, das wäre der Himmel auf Erden!

Vorbei, was sie in letzter Zeit bedrückte. Sie möchte tanzen, die Patienten abküssen, die Station auf den Kopf stellen vor Freude. Pfeifend erscheint sie zum Wecken in Saal 11. Wat is'n los, Schwester Rosi, ick hör 'ne Nachtigall an mein Bette flöten.

Vom Nachtdienst kaum zu Hause, zieht sie das Grammophon auf.

»Eine Frau wird erst schön durch die Liebe«. Die Haube ab und in den Morgen träumen. München! Endlich wieder einmal unbeschwert beisammen sein! »Erst beim Tango beginnt sie zu glühen und zu sprühen...« Zarah Leander weiß, was Liebe ist.

Es klingelt. So früh? Vielleicht der Postbote. Es ist Carola Burkhart.

Sie ist auf diesen Besuch so wenig gefaßt, daß sie die Frau ungläubig anstarrt. Ist sie es wirklich? Der dunkle Pagenschnitt. Der Pelz. Die Reitstiefel. Und ich, wie sehe ich aus. Die unvollständige Schwesterntracht. Die offenen Haare, nicht einmal gekämmt.

Darf ich eintreten, Frau Bahlke?

Oh bitte, entschuldigen Sie, natürlich. Möchten Sie ablegen? Sie greift nach einem Kleiderbügel.

Danke, das ist nicht nötig. Ich komme Ihnen ungelegen. Sie haben zur Zeit Nachtdienst, nicht wahr?

Woher weiß sie das? Hat sie mich beobachtet?

»Und sie hofft, daß es immer so bliebe, denn die Liebe...« Zum Glück ist die Platte nach der nochmaligen Behauptung, die Liebe mache schön, zu Ende. Sie führt den Gast ins Wohnzimmer. Bitte, nehmen Sie Platz.

Die kleine Dame, sehr gerade auf der Sesselkante. Sie dagegen rutscht tief in ihren Sessel hinein und würde sich am liebsten unsichtbar machen. Der um vieles älteren und selbstsicher auftretenden Frau gegenüber empfindet sie sich schülerhaft unbeholfen. Ihr Aufzug verstärkt noch die Verlegenheit – wieso überfällt sie mich auch am frühen Morgen!

Darf ich Ihnen eine Tasse Tee anbieten?

Danke nein, ich bleibe nicht lange.

Wir wollen um die Sache nicht herumreden, Frau Bahlke, fährt die Besucherin nach einer Pause fort. Sie wissen, weshalb ich hier bin.

Als keine Antwort erfolgt und wohl auch nicht erwartet wird, kommt sie zur Sache. Sie glauben doch nicht, ich hätte nichts bemerkt? Schon damals, bei unserem gemeinsamen Kuraufenthalt in Tirol, entging mir nicht der Eindruck, den Sie auf meinen Mann machten.

Da war doch noch gar nichts zwischen uns!

Dafür ist heute etwas zwischen Ihnen. Etwas, das auch mich angehen dürfte, oder sind Sie anderer Meinung?

Was kann sie antworten, die anklagenden Augen sind im Recht. Dunkle Augen unter heftigem Wimpernschlag, die dem bleichen Gesicht der Besucherin mit der schmalen, wie vor Entrüstung bebenden Nase, den Ausdruck einer gekränkten Hoheit verleihen. Wie konntest du mir das antun, du, ein Nichts –

Glaubten Sie, mich einfach ausklammern zu können?

Kopfschütteln.

Haben Sie meine Person sozusagen in den leeren Raum gestellt, außerhalb der Realität, die da heißt Ehebruch?

Brruch. Das rollende R gibt der Anklage zusätzliches Gewicht. Was soll sie darauf antworten? Gebrochen. Verbrochen.

Nein.

Nein? Wollen Sie damit sagen, Sie hätten sich Gedanken gemacht? Gedanken über das, was Sie zerstören? Eine intakte Ehe. Ein Familienleben.

Das wollte ich doch gar nicht.

So, das wollten Sie nicht. Warum haben Sie es dann getan?

Reitstiefel. Fehlt nur die Peitsche. Früher wurden Ehebrecherinnen gestäupt.

Ich habe Sie etwas gefragt, Frau Bahlke.

Manchmal kann man es nicht verhindern.

Was kann man nicht verhindern?

Es bricht über einen herein.

Für einen Augenblick verliert die ihr gegenübersitzende Frau die straffe Haltung. Mit gesenktem Kopf, wobei am Scheitel ein grauer Schimmer sichtbar wird, wiederholt sie: Es bricht herein. Was wissen Sie davon, Sie sind noch ein Kind.

O nein, ein Kind bin ich nicht mehr nach allem, was ich...

Den schwachen Protest überhörend, bekräftigt ihr Gegenüber, jetzt wieder sehr bestimmt: Ein Kind. Sehr verführerisch für einen Mann in gewissem Alter. Doch ein solches Verhältnis kann nicht von Dauer sein, das ist Ihnen wohl klar.

Klar? Gar nichts ist klar, denkt sie, nicht einmal mein Kopf. Was will sie eigentlich von mir?

Es wäre besser, sie kämen dem Ende zuvor – für alle Beteiligten besser, auch für ihn. Und für Sie selbst, lassen Sie sich das von Frau zu Frau gesagt sein. Trennen Sie sich von meinem Mann, bevor er die Trennung vollzieht. Denn was ihn mit mir verbindet, können Sie ihm nicht geben.

Von Frrau zu Frrau. Trrennung.

Carola Burkhart erhebt sich. Ich werde jetzt gehen. Denken Sie über meine Worte nach. Wir bleiben in Kontakt.

An der Tür wendet sie sich noch einmal um. Sie sagen Arnim nichts von unserem Gespräch, nicht wahr? Und beinahe flehend: Versprechen Sie es mir?

Ja, gut, ich werde nichts sagen.

Ich kann mich auf Sie verlassen?

Ja, sicher.

Ja gut, ja sicher. Nachdem die Frau, deren Parfum noch über dem nunmehr leeren Sessel zu schweben scheint, die Wohnung verlassen hat, reißt sie das Fenster auf, sie braucht Luft. Warum habe ich ihr versprochen, Arnim nichts zu sagen? Habe ich vielleicht noch mehr versprochen, alles versprochen, was die anklagenden Augen von mir forderten?

Orchideentage

Nach der letzten Nachtwache vertauscht sie zu Hause in Windeseile die Schwesterntracht mit dem schicken graublauen Kostüm, das ihr vor drei Jahren für die Hochzeitsreise angefertigt wurde. Dazu das weiße Seidenblüschen, von dem sie weiß, wie gut es ihr steht. Die Haare – was mache ich mit meinen Haaren? Waschen, Lockenwickel, ein Kopftuch drüber und ab zum Anhalter Bahnhof. Egal, ob sich die Leute wundern, Hauptsache, sie ist am Abend für ihn schön. Für ihn, zu dem sie der Zug im einschläfernden Takt der Räder trägt. Arnim und ich, Arnim und ich… An Bahnhöfen wacht sie manchmal auf, ohne die Augen zu öffnen, möchte den Halbschlaf auskosten, das wohlige Gefühl, zu ihm, zu ihm.

München, eine einzige Umarmung. Von dem Augenblick an, da sie mit ihrem Köfferchen aus dem Zug klettert und er sie, in Zivil diesmal, mit ausgebreiteten Armen in Empfang nimmt, gibt es weder ein Problem mit Namen Carola noch gibt es den Krieg, an den höchstens die abendliche Verdunklung erinnert. Dafür gibt es zwei Einzelzimmer in einem hübschen kleinen Hotel, von denen eines unbenutzt bleibt, und das andere von einer zartvioletten Orchidee auf dem Nachttisch mit Magie erfüllt ist. Fühlst du dich auch so schwerelos wie dieses Flügelwesen? Mir ist, als schwebte ich in einem blauen Licht...

Er habe aber ganz gern etwas Irdisches im Arm, meint er zu ihrem Abheben in übersinnliche Gefilde. Sie nimmt es nicht übel.

München, eine einzige Umarmung, ob sie durch den durchsonnten Nebel des Englischen Gartens schlendern, in der Oper nebeneinander, im Restaurant einander gegenüber sitzen. Wir müssen uns schon in einem früheren Leben zusammengeliebt haben, sagt sie am letzten Abend, während sie die Weingläser klingen lassen. Unmöglich, an Abschied zu denken. Was sich zusammengeliebt hat, wie soll sich das je wieder trennen?

Und doch sitzt sie irgendwann im Zug, um irgendwohin zu fahren. Ein böser Traum, aus dem sie nur aufzuwachen brauchte..

Gut, daß du einen Fensterplatz gefunden hast.

Warum gut? Was soll ihr ein Fensterplatz? Als der Zug aus dem Bahnhof schleicht und die Gestalt zurückbleibt, die sie noch immer umklammert, nicht loslassen kann, nie mehr, fühlt sie sich wie damals, als sie Ralf zum letzten Mal sah. Nicht zu vergleichen, Ralf mußte zum Fronteinsatz, während er sich in Bad Gastein weiterhin der Genesung widmen darf. Doch es liegt kein Trost darin, sich zu sagen, er werde ihr bald wohlbehalten nach Berlin folgen. Berlin ist nicht München, von unbeschwerter Umarmung kann dort keine Rede sein.

Bei der Ankunft heult ihr die Reichshauptstadt im Sirenenchor bösartig entgegen. Erst nach Mitternacht gelangt sie in ihre Wohnung, legt die Orchidee ins Waschbecken, wo sie sich hoffentlich erholen wird, und will gerade zu Bett gehen, als das Telefon läutet. Arnim? Es ist Carola Burkhart.

    Waren Sie verreist? Seit Freitag versuche ich vergeblich, Sie anzurufen.

    Nein. Das heißt, ja.

    Sie haben sich mit meinem Mann getroffen, nicht wahr?

    Wenn es so wäre –?

    Es ist so. Haben Sie ihm von meinem Besuch bei Ihnen erzählt?

    Nein.

    Nein? Darf ich Ihnen glauben?

    Die Wahrheit ist, ich habe nicht einmal daran gedacht, sagt sie geradeheraus.

    Am Ende der Leitung ist es für eine Weile still, so daß sie das Gespräch schon für beendet hält. Doch dann hört sie die Frau mit eigentümlich belegter Stimme: Wir müssen uns sprechen, Frau Bahlke. Paßt es Ihnen morgen abend bei mir? Meine Adresse kennen Sie wohl.

    Morgen? Nein, morgen habe ich schon etwas vor.

    Dann übermorgen. Nachdem Sie vom Krankenhaus zurück sind. Sie können ruhig in Schwesterntracht kommen.

    Ich werde mich noch umziehen.

    Schon hat sie zugesagt und der durchsonnte Nebel des Englischen Gartens weicht einer lichtlosen Berliner Nacht, in der an Schlaf nicht zu denken ist.

Das schwesterliche Du

Besser, sie hätte keinen Aufschub ausgehandelt, sondern den Besuch bei Carola Burkhart am nächsten Abend hinter sich gebracht. Bis dahin überlegt sie unablässig, wie sie sich verhalten, was sie sagen soll. Auf Station ist sie abwesend. Müde, sagt sie, als sie darauf angesprochen wird. So geht das aber nicht, Schwester Rosi. Der Urlaub war zum Ausschlafen gedacht.

Zu Hause sitzt sie vor der Orchidee, als könne die mit ihrem sanftvioletten Licht ihr weiterhelfen. Du warst Zeugin unserer Liebe, sagt sie zur Blume, hilf, daß ich sie nicht verrate. Haben nicht auch wir ein Anrecht auf Glück, nicht nur die Frau mit ihrem ehelichen Rechtsanspruch? Was ist das schon, ein Papier mit einem Stempel. München, sagt sie zur Blume, hat uns für immer verbunden, du weißt es.

Arnim Burkhart. Ein Wohnungsschild, Messing. Ein Klingelknopf. Seine Wohnung. Ich betrete seine Wohnung, und er ahnt nichts davon in seinem fernen Bad Gastein.

Auf ihr zaghaftes Läuten öffnet ihr Sohn. Der lang aufgeschossene Brillenträger führt sie mit linkischer Verbeugung zur Garderobe und nimmt ihr den Mantel ab. Meine Mutter erwartet sie. Er öffnet eine Tür und zieht sich zurück. Ein kleiner Butler, denkt sie, der mich bei Ihro Gnaden anmeldet. Doch sein Gesichtsausdruck ist Trotz, nicht Servilität. Sie wird ihn eingeweiht haben, mit dreizehn ist man kein Kind mehr.

Zu ihrer Erleichterung empfängt sie keine Ihro Gnaden, sondern eine herzliche Gastgeberin. Kommen Sie, Rosali – ich darf Sie doch so nennen? Nehmen Sie dort drüben Platz. Ich habe einen hervorragenden englischen Tee für uns bereitet.

Ein spärlich möblierter Raum. Eher hatte sie etwas Pompöses erwartet als die Kargheit einiger ledergepolsterter Hocker um einen Glastisch. Eine Blume in hoher Vase. Auf dem einzigen Bild sind nur Farben zu sehen, keine erkennbaren Gegenstände. Wie kann man sich ein Gemälde ins Zimmer hängen, auf dem nichts ist? Immer wieder wandern ihre Blicke zu diesem Bild. Sein Geschmack oder ihrer?

Sie fühlt sich in dieser Umgebung unsicher und ist froh, daß Frau Burkhart ihr Zeit läßt und nicht nach ihrer Beziehung zu Arnim, sondern nach Ralf fragt, dem, wie sie betont, so außerordentlich sympathischen jungen Offizier. Seine idealistische Lebensauffassung sei ihr noch lebhaft in Erinnerung und sein Tod habe sie tief betroffen. Es müsse doch ein furchtbarer Schlag für sie gewesen sein, nach kurzer Ehe den geliebten Mann zu verlieren?

Wir kannten uns viel zu wenig.

Gegen ihren Willen kommt sie ins Erzählen. Carola Burkhart ist eine aufmerksame Zuhörerin. Stockt das Gespräch, weiß sie es gewandt zu überbrücken. Eine im Krieg geschlossene Ehe, der Mann in fliegerischem Einsatz, die junge Frau allein in der bedrohten Stadt Berlin – sie habe volles Verständnis dafür, daß unter solchen Umständen die Ehe als solche sich gar nicht bewähren und als das erweisen konnte, was eine Ehe ist: das Erleben von Gemeinsamkeit.

Merkwürdig, die Frau lockt aus ihr heraus, was sie eigentlich für sich behalten wollte. Die Zeit mit Ralf – eine Reihe mißglückter Urlaubstage, obwohl sie jeden Urlaub sehnlich herbei wünschte. Mit ihrer Ungeduld und ihren Kindereien habe sie viel verdorben. Und sie habe ihren Mann zu wenig in seiner Begeisterung für das Fliegen unterstützt. Aber die Bombardierung ziviler Angriffsziele – also damit konnte sie sich nicht einverstanden erklären.

Versuchten Sie ihn davon abzuhalten?

Sie zieht die Schultern hoch. Dumme Frage. Einen Kampfflieger vom Abwerfen der Bomben abhalten, wie sollte das möglich sein. Warum erzähle ich ihr überhaupt davon, denkt sie ärgerlich und spielt mit dem losen Knopf ihrer Kostümjacke.

Die Gastgeberin schenkt Tee nach. Ja, wir Frauen, sagt sie, ginge es nach uns, so sähe es in der Welt ein wenig besser aus, das wollten Sie doch sagen?

Sie nickt.

Hoffentlich ist der Tee noch heiß genug. Trinken Sie, bevor er abkühlt. Sie haben recht, wir Frauen sollten zusammenhalten.

Hat sie das behauptet? Stumm rührt sie in ihrem Tee, bis ihr einfällt, keinen Zucker genommen zu haben.

Carola Burkhart ergreift die Initiative. Bei der Gelegenheit, sagt sie, möchte ich Ihnen das Du anbieten. Vorausgesetzt, Sie sind einverstanden, Sie dürfen ruhig sagen, wenn Sie es nicht möchten. Schauen Sie, wir sind als Frauen doch immer die Leidtragenden, und das bindet. Wir wollen Schwestern sein.

Der dramatische Ton. Bühnenreife Szene. Welches Stück wird heute gegeben? Die leidtragenden Schwestern.

Carola Burkhart streckt ihr die Hand hin. Die ihre nicht zu geben, wäre unhöflich. Bedeutet das Zustimmung? Du solltest deinen Tee austrinken, Rosali, er ist schon fast kalt.

Überrumpelt. Sie trinkt.

Um noch einmal auf deinen Mann zu kommen, fährt die Duzschwester fort: Du sprachst von seiner Nachsicht, von seinem Verständnis für das, was du als Kindereien bezeichnetest. Hätte er wohl Verständnis für eine neue Bindung gehabt?

Ralf? Ich glaube nicht, daß er mich nicht verstanden hätte, bringt sie in doppelter Verneinung hervor.

Auch daß du Ehebruch begehst?

Was läßt sich auf die plötzliche Attacke erwidern? Schwestern? Gegnerinnen. Die Arme über der Brust gefaltet, sitzt sie auf ihrem Hocker, ihrer Armsünderbank.

Carolas Stimme wird wieder sanft. Laß es mich anders sagen: In deinem Schmerz um den geliebten Mann hattest du ein ungeheures Defizit an Zuneigung und Zärtlichkeit. Da kam Arnim in dein Leben. Er kam wieder in dein Leben, du kanntest ihn ja schon. In der Wiedersehensfreude ließest du die Grenze außer acht, die Grenze, die da meint, dieser Mann ist vergeben. Und dann war es zu spät, sehe ich das richtig?

Sie nickt.

Aber es ist nicht zu spät. Es liegt an dir, Rosali, einzig und allein an dir, meinen Mann freizugeben und ihm die Rückkehr in seine Familie zu ermöglichen. Was sage ich – Rückkehr. In Wirklichkeit ist er nie von uns fortgegangen, nicht eine Stunde. Nicht mit seinem Herzen, ich muß es wissen.

Das stimmt nicht!

Zum ersten Mal an diesem Abend begehrt sie auf. München – eine einzige Umarmung. Zusammengeliebt. Nie mehr zu trennen. München im violetten Licht der Cattleya. Nein, die behauptet, ich muß es wissen, weiß davon nichts, sie hat keine Ahnung von ihrer Liebe. Als sie jetzt den kleinen Butler herbeiruft, auf daß er sie hinausgeleite, ist der Abgang wie der Eintritt perfekt inszeniert, einschließlich des Wortes, das sie ihr mit auf den Weg gibt: Du bist noch sehr jung, Rosali. Du kennst Arnim nicht. Mehr will ich nicht dazu sagen.

Eine Schwester ohne Hut

Der Abschied von Station Dora II fällt ihr nicht leicht. Sie hatte den Patienten ihren Abgang bisher verheimlicht. Um so größer ist die Bestürzung. Einige versuchen, sie zum Bleiben zu überreden: Wozu studieren, Schwester Rosi, bei uns lernen Sie mehr.

Ja, bei euch lerne ich mehr..

Schwester Irene zeigt sich ruppiger, als sie ist, indem sie ihr Undankbarkeit vorwirft und ein Klagelied über den raschen Wechsel der DRK-Helferinnen anstimmt, die, kaum angelernt, wieder das Weite suchen. Sie hat eine Schwäche für dich, meint Jutta nachher augenrollend, und muß sich dann selbst rasch ins Taschentuch schneuzen. Mach's gut, Rosi, und grüß den Major von mir.

Oskar-Helene-Heim, Thielplatz, Dahlem-Dorf, Podbielskiallee, Breitenbachplatz, Rüdesheimer Platz, Heidelberger Platz. Zum letzten Mal fährt sie nach Dienstschluß die U-Bahn-Stationen ab, sich jenes ersten Tages erinnernd, da sie mit einem flauen Gefühl im Magen in umgekehrter Richtung ihrem halbjährigen Schwesterndienst entgegenfuhr. Ihrem Schicksal entgegenfuhr, und welches Schicksal wird sie jetzt erwarten? Ihr ist bang zumute.

Zu Hause nimmt sie vor dem Garderobenspiegel die Haube ab und betrachtet prüfend das junge Gesicht, dem weder die kriegsbedingte Hungerkost anzusehen ist noch Spuren der leidvollen Erfahrungen des letzten halben Jahres. Nicht einmal die augenblickliche Zwangslage, in die sie sich hineinmanövriert hat, drückt sich in ihren Zügen aus. Manchmal möchte ich dort sein, wo der Felix ist, denkt sie. Felix, den sie Bonzo nannten, ein Hundename. Ja, das war er, ein armer Hund. Er hat seinen Frieden. Ich dagegen... Eine Schwester ohne Hut, ach der geht es gar nicht gut.

Seit dem Besuch bei Carola Burkhart fühlt sie sich beiden gegenüber des Verrats schuldig, ihm nicht weniger als ihr, von der sie sich sagen ließ: Du kennst Arnim nicht. Sie sträubt sich gegen den Satz, möchte Carola ins Unrecht setzen, ihr das Gegenteil beweisen, und doch – vielleicht kennt die Ehefrau ihn tatsächlich besser. Länger auf jeden Fall. Wie muß es sein, wenn zwei Menschen lange zusammenleben, und dann kommt eine Dritte und hält sich für die Wahre, die Einzige?

Könnte sie doch mit ihm offen über alles reden! Daß sie an ihr Versprechen gebunden ist, ihm nichts von den Zusammenkünften mit Carola zu sagen, führt bei Telefonanrufen aus Bad Gastein zu einer gekünstelten Art, dies und das zu erzählen. Über ihre Immatrikulation und welche Fächer sie zu belegen gedenkt, bis er mißtrauisch fragt: Sag mal, ist etwas nicht in Ordnung?

Nein, nur – wann kommst du?

In wenigen Tagen.

Sie legt Freude in die Stimme und denkt bang: in wenigen Tagen? Carola will bis dahin eine Entscheidung von mir.

Sie wird daran erinnert. Ich erwarte heute abend meinen Mann, Rosali. Und auf ihr Schweigen: Du weißt es also. Willst du mir verraten, welche Schritte du zu unternehmen gedenkst?

Du solltest mir Zeit lassen...

Der Zustand währt schon viel zu lange. Ich setze auf deine Einsicht. Und auf deinen Anstand.

Es ist nicht so einfach, wie du es dir vorstellst.

Du mußt nur wollen.

Weiß ich denn, was ich will? Ich muß mir darüber klar werden. Dränge mich bitte nicht.

Besser eine rasche Entscheidung, als hinauszuzögern, was nicht aufzuhalten ist, glaube mir, Rosali.

Das Gespräch endet wiederum mit Carolas ängstlich vorgetragenen Bitte, sie möge Arnim gegenüber nichts von alledem erwähnen. Es muß unter uns bleiben. Wie notwendig der Austausch zwischen uns Frauen ist, würde er als Mann wohl kaum begreifen.

Austauschen nennt sie es? Ich nenne es, mich unter Druck setzen. Wenn Carola das für notwendig hält, ist es ihre Sache. Ich könnte weiß Gott darauf verzichten!

Anders als bisher reagiert sie mit Ärger und manchmal mit Haß auf die Rivalin, ohne es sich allzu deutlich merken zu lassen.

Propeller

Carolas Furcht ist unbegründet, kein Wort erfährt der Zurückgekehrte von der ihr abverlangten Entscheidung. Ihn freigeben? Er ist doch frei, denkt sie, ihn wie eine Ertrinkende umklammernd.

Diesmal sagt er nicht, er müsse gehen, sondern: Ich habe mich so nach dir gesehnt. Die Zeit macht einen schönen Bogen um beide und gönnt ihnen die kleine Ewigkeit eines Zusammenseins ohne Sirenengeheul.

Als der Oktobermorgen die aufgerollte Verdunkelung mit dem blassen Gold der Lindenbäume füllt, fragt sie verschlafen, was mit seiner Uniform los sei, die er über einen Stuhl geworfen hat. Rosa Kragenspiegel statt der roten des Flakmajors? Und wie sind aus den darauf befindlichen drei Schwingen Propeller im Eichenkranz geworden?

Ich bin degradiert worden. Er lacht. Nein, im Ernst, man hat mich eine Treppe höher stolpern lassen. Oberstabsingenieur, wenn dir das was sagt, daher die Luftschrauben auf den Spiegeln. Man hat mich in den Rang eines Oberstleutnants erhoben.

Major klingt besser. Die müssen wohl viel von deinen Forschungen halten, wenn sie dich befördern.

Über seine wissenschaftliche Tätigkeit läßt er sich ungern aus, diese Erfahrung hat sie schon öfter gemacht. Was du auch tust, es dient dem Apparat, ist sein üblicher Kommentar.

Mit einem Blick auf sein sich verdüsterndes Gesicht lenkt sie das Gespräch schnell auf Persönliches und fragt, ob er neben seinem neuen Tätigkeitsfeld wohl noch Zeit für sie haben werde. Mehr als zuvor, versichert er. Sein neuer Standort am Müritzsee erlaube ihm Wochenendabstecher nach Berlin: Du darfst dann sogar Hausfrau spielen und mich beköstigen.

Ich setze auf deinen Anstand, Rosali... Pech für dich, meine Dame, ich darf Hausfrau spielen.

Wohl ist ihr nicht bei dem inneren Geplänkel mit der Rivalin, während der Mann, um den es geht, nichtsahnend in die mit Luftschrauben geschmückte Uniformjacke schlüpft und ihr versprechen muß, bald – bitte schon am Wochenende! – wieder nach Berlin zu kommen: Ich koche Dir dann auch was Schönes.

ALARM

Er war bei dir, nicht wahr?
 Spioniert sie uns nach? Vor Ärger bringt sie kein Wort heraus und gibt Carola Burkhart Gelegenheit, sich in Szene zu setzen: Ich weiß es, denn er war auch bei mir. Mirr. Das gerollte R verleiht dem Satz zusätzlich Nachdruck.
 Sie tut gleichmütig, doch es fällt ihr schwer, Fassung zu bewahren. Sollte der Geliebte sie hintergehen – mit der eigenen Frau? Eifersucht steht ihr nicht zu. Was steht ihr überhaupt zu – ihn zu beköstigen, wenn er sie zu besuchen geruht?
 Bei seinem abendlichen Anruf kann sie die schnippische Bemerkung nicht zurückhalten, ob der Herr Oberstabsingenieur gestern gut nach Rechlin gekommen sei. Beschämt hört sie ihn sagen, er sei noch zu Hause gewesen, um einige Sachen abzuholen.
 Die Begebenheit zeigt ihr, wieviel Mißtrauen sich schon eingeschlichen hat. Ist ihre Liebe damit nicht zu teuer bezahlt und hat Carola recht, wenn sie meint, ein rasches Ende würde allen Teilen viel Leid ersparen? Ich muß durchhalten, nimmt sie sich vor, und darf mich nicht verunsichern lassen. Von ihr nicht, und von ihm auch nicht.
 Von Durchhalten ist auch im Wehrmachtbericht die Rede. Vor Saporoshe und Dnepopotowsk würden Frontlinien begradigt und Stellungen zurückgenommen, doch der Durchhaltewille der deutschen Truppen sei ungebrochen. Das klingt verteufelt nach Niederlage, denkt sie und dreht das Radio ab. Niedergang überall, nicht nur im Osten. Seit die Alliierten im Mai Nordafrika zurückeroberten und im August Sizilien einnahmen, sind sie nicht mehr aufzuhalten und bereits bis Neapel vorgedrungen.
 Mitte Oktober erklärt Italien dem bisher verbündeten Deutschland den Krieg. Bei dieser Nachricht hat sie mehr noch als beim Fall von Stalingrad das Gefühl, der Krieg werde verloren. Der stolze Musso-

lini eine klägliche Figur! Von Hitlers Gnaden noch Herrscher über Norditalien, nachdem ihn ein deutsches Husarenstück aus der Gefangenschaft befreit hatte. Er wird sich nicht lange halten können. Freude kann sie über die allgemeine Auflösung nicht empfinden, wenn sie ihnen auch kein gutes Ende wünscht, den großen, jetzt immer kleiner werdenden Herren. Sie muß an Ralfs Grab in Sizilien denken. Wie siegesgewiß er ihr damals Postkarten vom sonnigen Süden in die Feldpostbriefe legte. Nun ruht er in feindlicher Erde.

Der Herbst '43 bringt den Berlinern viele gestörte Nachtruhen. Bloß heute keine Sirenen, betet sie jedes Wochenende, doch der Alarm kümmert sich wenig darum. Mit Arnim Burkhart kann sie sich im Luftschutzkeller nicht blicken lassen. Einmal waren sie in ihren Vorratskeller geflüchtet, als es bereits mörderisch ballerte und krachte, aber wann immer die feindlichen Bomber es zulassen, bleiben sie in der Wohnung.

Wie versprochen, haben sie jetzt mehr Zeit für einander. Wenn sich der Schlüssel dreht und sie ihn hinter der Tür in ihrem hübschesten Kleid erwartet, ist ihr, als beginne das Leben. Kein Wort dann von den Anrufen seiner Frau, von ihrer immer drängenderen Forderung, mit ihm Schluß zu machen. Mit Arnim Schluß machen? Niemals! Wie kann Liebe der Liebe sagen, es ist aus, ausgeweint, ausgeblutet, ausgeliebt – bis die Liebe nur noch ein Schatten ihrer selbst ist, eine Erinnerung?

Was hast du? fragt er, irritiert von ihren sprunghaften Gemütsbewegungen. Ach nichts.

Keiner bleibt verschont

»Du bist Orplid, mein Land, das ferne leuchtet...« Mörike konnte ihn noch besingen, den geschützten, jungfräulich aus dem Meer geborenen Ort.

An ein schöneres Deutschland denkt sie nicht bei solchen Versen, das liegt schon außerhalb ihrer Vorstellungen. Aber an ein geistiges Inseldasein, das müßte möglich sein, oder nicht?

Ihr Studienbeginn ist ernüchternd. Erwartungsvoll hat sie das ehrwürdige Gebäude Unter den Linden betreten und sich im Sekretariat gemeldet, um den Ausweis abzuholen, für den sie einen Aufnahmebogen sowie ein Photo zu liefern hatte, und nun liest sie »Mitglied der NS-Studentenschaft«. Wird man das automatisch?

Stimmt etwas nicht?

Doch, natürlich. sagt sie verwirrt und erinnert sich schwach, einen Antrag auf ein gebührenfreies Studium unterschrieben zu haben, das ihr als Kriegerwitwe zusteht. Wie Arnim meint – ohne es zu wollen, bedient man den Apparat.

Jetzt kann der Blockwart nicht mehr nörgeln, daß ich in »nichts drin bin«, fährt ihr durch den Kopf, als er wenige Tage später vor ihrer Wohnungstür steht. Der Grund für sein Kommen ist allerdings ein anderer: Sie erhalten Einquartierung, Frau Bahlke. Laut Reichsgesetz zur Wohnraumbeschaffung haben Sie eine ausgebombte Familie aufzunehmen. Mehr als ein Raum steht einer Einzelperson nicht zu.

Fremde Leute in ihrer Wohnung! Nie mehr ungestört mit dem Geliebten sein? Nicht auszudenken. Sie schiebt die Mutter vor, die sei die eigentliche Mieterin und könne Raum für sich beanspruchen.

Nee, Frau Bahlke, damit is nischt. Wohnt die Frau Mutter hier? Na sehn Se. Als Volksgenossin, fährt er in Amtssprache fort, habe sie die Pflicht, den vom Luftterror des Feindes um ihren Wohnraum gebrachten Volksgenossen Unterkunft zu gewähren. Nach dem obligatorischen Hinweis auf das große Ringen unseres Volkes um den Endsieg verabschiedet er sich mit Heil Hitler und der Bemerkung, die Zuweisung erfolge in den nächsten Tagen. Oder wolln Se etwa Einspruch einlegen?

Nein, wie könnte sie. Und so erscheinen eines frühen Morgens zwei Frauen mit Koffern und Taschen und einem Einweisungszettel. Wir solln hier unterkommen, is det richtig? Klostermann, Elise, is mein werter Name, erklärt die ältere der beiden. Und was meine Tochter is, die heißt Olga.

Wenigstens keine sechsköpfige Familie! Erleichtert führt sie die beiden Frauen in ihr kaum benutztes Eßzimmer mit den hochglanzpolierten Möbeln, die sie zur Aussteuer erhielt. Det stelln wa um, wenn et Sie recht is. Und schon schieben Mutter und Tochter das schwere Buffetet, in dem vor der Auslagerung das Tafelsilber, das Rosenthal-Service, sowie diverse Gläser und Kristallschalen untergebracht waren, unter das Fenster und füllen es mit ihrer bescheidenen Habe. Mehr hatten wa im Keller nich dabei, erklärt die Mutter und die Tochter nickt dazu. Sie nickt auch zu der Schilderung der Bombennacht, wie das Haus von einer Luftmine getroffen über ihnen zusammenstürzte und sie sieben Stunden verschüttet waren. Bis die uns rausjebuddelt hatten – nee, Frau Bahlke, für'n Rest des Lebens sind wa bedient, mein Olgachen und meine Person.

Aber tatkräftig scheinen sie geblieben zu sein. In kürzester Zeit ist das elegante Speisezimmer nicht wiederzuerkennen. In der Mitte Millis Ehebetten aus geflammtem Birkenholz, die seit dem Auszug der Mutter im Keller verstaut waren und nun einen Kontrast zu ihrem Speisezimmer aus dunklem Kirschbaum bilden, der der Wohnungseigentümerin weh tut. Ebenso der nunmehr mit einem karierten Wachstuch bedeckte Eßtisch, bei festlichen Anlässen ausziehbar für zwölf Personen. Wär' doch schade um det jute Stück! Vorsorglich werden auch die Stuhlsitze aus rosafarbenem Velour mit Küchenhandtüchern abgedeckt. Das wär's, Frau Bahlke. Raum is in die kleinste Hütte, hat mein Justav immer jesacht, wat der Vater vom Olgachen war.

Lebt Ihr Mann nicht mehr?

Der hatte es auf der Brust. Nu kiekt er den Rasen von unten an, wie et so heeßt. Schon vor'm Krieg. Jut, daß er det nich erleben mußte, stimmt's, Olga? Kopfnicken der Tochter.

Der Wedding ist bei mir eingezogen, bereitet sie den Geliebten am Telefon vor. Ulkige Leute, die Mutter dick und redselig, die Tochter dünn und stumm. Tagsüber gehn sie in die Schokoladenfabrik, wir sind also ungestört, wenn du frühzeitig kommst.

Daß Elise und Olga Klostermann in der Schokoladenfabrik arbeiten, hatte sie gewundert. Auf die Lebensmittelkarte gibt es doch seit langem keine Schokolade mehr?

Is ja auch nich für unsereins, sondern für die da oben. Die stämmige Frau deutet auf die Zimmerdecke und auch die magere Tochter blickt hinauf, als seien dort die Flieger zu sehen, für die sie Schokolade herstellen: Kriegswichtig, damit se nich einschlafen auf'm Feindflug.

Mein Mann brachte auch solche runden Dosen mit, erzählt sie, sich des mokkabitteren Geschmacks erinnernd. Er war Flugzeugführer.

Ach Jottchen, is et aus mit ihm? Keiner bleibt verschont, so is et doch, Frau Bahlke.

Küchengerüche

Offenbar bist du nicht allzu unglücklich über die Einquartierung.

Bin ich auch nicht. Wir sitzen abends zusammen, rauchen und klönen, und wir lachen viel. Nur wenn es Alarm gibt, drehen die beiden Frauen durch. Kein Wunder nach allem, was sie erlebt haben.

Was sie Arnim Burkhart nicht erzählt, ist die Tatsache, daß in ihrer Gegenwart der Druck weicht, den die häufigen Anrufe seiner Frau auf ihr Gemüt legen. Jedes Klingeln des Telefons läßt sie zusammenfahren.

Hast du mit Arnim gesprochen?

Das bohrende R von Arrnim. Nein. Nein? Du hattest mir doch versprrochen...

Ich kann es nicht mehr hören, stöhnt sie vor sich hin. Der anklagende Ton, das Drängende, Hektische ihrer Forderungen. Eifersucht ist verständlich, aber derartig überspannt zu reagieren, ist das noch normal? Sie will, daß ich mich permanent schuldig fühle.

Aus der Küche riecht es nach Bratkartoffeln und Kohl. Komm' Se rin, Frau Bahlke, essen Se 'n Happen mit. Obwohl sie den Mitbewohnerinnen nichts von ihren Kümmernissen mitteilt, die Art, wie Elise und die allmählich gesprächiger werdende Olga beim Essen über ihre Kolleginnen herziehen oder an der Männerwelt keinen guten Faden lassen, bringt das Verrutschte ihres Seelenlebens wieder ins Lot.

Besser als angenommen lassen sich mit dem veränderten Haushalt auch die Besuche Arnim Burkharts vereinbaren. Die Frauen nehmen wenig Notiz von dem dekorierten Uniformträger. Det Flitterzeug, Frau Bahlke, sacht mich rein gar nischt. Aber 'n höflicher Mensch is er, det muß man ihm lassen. Und man braucht ja auch mal wat im Bett, is 'et nich so?

Ja, so ist es. Punkt. Man liebt sich, und irgendwann ist es vorbei. Schluß mit den Problemen, in meinem Alter kann man nicht nur trübsinnig herumhängen.

Daran möchte sie glauben, doch daß es so einfach nicht ist, weiß sie spätestens, wenn am Telefon wieder das quälende Verhör beginnt. Arnim war bei dir, ich weiß es.

Dann weißt du es eben.

Wie sprichst du mit mir. Du hast dich verändert, Rosali.

Carola Burkhart verändert sich auch. Öfter als früher verläßt sie die dramatisch gesteigerte Stimmlage und ihre Frage nach dem Ehemann klingt nur noch flehend: Bitte, Rosali, tu' etwas, ich kann nicht mehr weiter.

WISSENSCHAFT UND VORBEHALTE

Das ewige Gerüst des Geistes, meine Damen und Herren, ist im Gegensatz zu seinen zeitlichen Erscheinungsformen noch nie befriedigend herausgearbeitet worden.

Noch bevor Professor Spranger seinen Platz am Katheder eingenommen hat, beginnt er seinen Vortrag und erspart sich damit den Deutschen Gruß. Es wird still im voll besetzten Auditorium.

Welche Erholung, nach den Verwicklungen ihres Liebeslebens der leisen Stimme zu folgen und sich in die Grundzüge der Philosophie einführen zu lassen. Von Eduard Spranger geht eine Autorität aus, die zugleich um Schonung bittet, und so ist kaum ein Räuspern oder Blätterrascheln zu vernehmen, wenn er vor seinen Studenten frei sprechend formuliert: Denn Wahrheit als das Ziel der Wissenschaft, kann ihrem Wesen nach für Freund und Feind immer nur eine sein.

Wie ist das zu verstehen? Sie schreibt den Satz mit, um zu Hause darüber nachzudenken. Glaubt nicht jeder Staat und jede Religion, die einzige Wahrheit zu besitzen?

Einleitung in die Philosophie – die Tür in eine neue Welt geht auf. Heraklit, Sokrates, Platon. Aristoteles, Leibnitz, Kant. Eine Leiter, über die sie ein Wintersemester lang hinaufsteigen wird in den Olymp des Geistes. Ergriffen, nahezu berauscht, erfährt sie in den ersten Vorlesungen die Welt der Wissenschaft als eine Gegenwelt zu der mit Schlag- und Hetzworten besetzten der nationalsozialistischen Propaganda.

Mir war, als säße ich in einer Kirche.

Arnim Burkhart zeigt für ihren Überschwang wenig Verständnis. Beim Studium ist Verstand gefragt, nicht Gefühl.

Kann man das voneinander trennen?

Ich möchte dich nur davor bewahren, dich einer Sache emotional zu nähern, die nüchtern angegangen werden muß. Auch was die Herren Professoren sagen, sollte nicht kritiklos hingenommen werden, oder, da du von Kirche sprichst, zu einer Art Evangelium gemacht werden.

Davon bin ich weit entfernt, protestiert sie. Ich wollte nur ausdrücken, wie wohltuend es war – das ist auch wieder ein Gefühl – mal was anderes zu hören als vom Krieg und seinen Begleiterscheinungen. Ähnlich geht es mir, wenn du mir vorliest. Ein Seminar über Goethes Altersdichtung habe ich übrigens auch belegt, aber es ist sterbenslangweilig.

Am Telefon möchte sie ihm nicht sagen, daß der Germanistikprofessor offenbar ein strammer Nazi ist, der seine Vorlesung mit Heil Hitler beginnt und in Goethe den ewigen Born deutscher Dichtung feiert, während Arnim an Goethe gerade den Weltbürger schätzt. Wie verschieden derselbe Dichter in Erscheinung treten kann! Seine »Marienbader Elegie«, im Germanischen Seminar trocken durchgekaut, hat dort nichts mehr von den Tränen, die dem alten jungverliebten Goethe überreichlich flossen.

Die Wissenschaft von der Zeitung

Das Fach Zeitungswissenschaft hat sie nicht ohne Bedenken belegt, da die Presse sämtlich auf die Parteilinie ausgerichtet ist. Um so überraschender Professor Dovifat. Nichts von nationalsozialistischer Propaganda, er scheint an seinem Stoffgebiet überparteilich interessiert und untersucht es mit einem Elan, der sich auf die Studenten überträgt.

Kaum hat er, wegen einer Behinderung leicht hinkend, aber schnellen Schrittes den Hörsaal betreten, entfaltet er sein raumfüllendes Stimmorgan. Zeitungswissenschaft, was ist das, beginnt er seine Einführung. Die Wissenschaft von der Zeitung, werden Sie sagen, meine Zuhörer, aber ich frage Sie: Was ist das, eine Zeitung?

Der Professor erwartet nicht etwa die Beschreibung des Völkischen Beobachters oder des Berliner Lokalanzeigers, es geht ihm um den wissenschaftlichen Begriff. Einer schlüssigen Definition gilt seine besondere Vorliebe. Er erarbeitet sie mit seinen Studenten wie eine noch nicht dagewesene Erkenntnis, obwohl die Definition für ihn längst festliegt und in seiner Broschüre Zeitungslehre 1 nachzulesen ist. Die Wissenschaft von der Zeitung, macht er seinen Erstsemestern eindringlich klar, dient nicht, wie die Zeitung selbst, der Meinungsbildung, sondern untersucht lediglich die Voraussetzungen dafür.

Das also bedeutet, wissenschaftlich an eine Sache heranzugehen! Sie ist beeindruckt und hofft, im Laufe ihres Studiums neben der Definition auch einiges über das Machen einer Zeitung zu erfahren.

Bei ihrem Antrittsbesuch – der Professor bestellt jeden seiner Studienanfänger zu einem persönlichen Gespräch – wagt sie, eingeschüchtert von seiner dominierenden Persönlichkeit, keine diesbezüglichen Fragen und beschränkt sich aufs Antworten. Er stellt ihr mit farbigen Worten den Journalistenberuf als einen der vielseitigsten und interessantesten dar. Ob sie sich schon schreibend betätigt habe? Auf ihr schamhaftes Geständnis, sich bisher vor allem an Gedichten versucht zu haben, meint er, dies sei eine gute Voraussetzung zum Erlernen eines knappen und präzisen Sprachstils. Es besteht jedoch die Möglichkeit, fährt er einfühlsam fort, daß Ihnen unsere Disziplin zu laut ist, sie läßt für Verinnerlichung wenig Raum.

Ich glaube nicht, antwortet sie ohne recht zu wissen, was in diesem Zusammenhang mit Disziplin gemeint ist, und sie läßt sich gern darüber belehren, daß auch eine Berichterstattung über Ackerbau und Hühnerzucht dem Zeitungsschreiber mehr als nur fachliches Können, ein echtes Engagement für die Sache abverlangt, der Dichtkunst nicht allzu fern.

Trümmer

Das mit dem bejubelten Schreckenswort vom totalen Krieg eingeleitete Jahr 1943 treibt Ende November mit dem neuen Schreckenswort Flächenbombardierung den Berlinern das Jubeln gründlich aus. Nach zwei Nächten Dienst in der Rettungsstelle fühlt sie sich innerlich ausgebrannt wie die Straßenzüge, durch die sie mit dem Rad nach Hause fährt. Trotzdem macht sie sich am Vormittag auf den Weg zur Universität.

Die S-Bahn kommt nur bis Tiergarten, von da muß sie laufen. Sie steigt über Baumstämme, macht Umwege und erkennt die Straßen oft nicht wieder, die Zerstörung der Fassaden hinterließ eine einheitliche Trümmerlandschaft. Verzweifelte Menschen irren umher und suchen nach Angehörigen. Da ist es beinahe peinlich, wie an einem gewöhnlichen Studientag mit der Mappe zur Vorlesung unterwegs zu sein. Steht die Universität überhaupt noch? Der ehrwürdige Bau ist ihr in der kurzen Zeit ihres Studiums zu einer Stätte der Zuflucht geworden, die sie nicht mehr missen möchte.

Sie kann aufatmen. Unzerstört das langgestreckte Gebäude mit den beiden Seitenflügeln. Die Fensterscheiben zwar großenteils zerbrochen, und von den Dachfiguren nur noch eine oder zwei zu sehen, aber in Goldbuchstaben über den Säulenkapitellen die unversehrte Inschrift Friedrich-Wilhelm-Universität, und auch das Standbild des Wilhelm von Humboldt hat den Druckwellen getrotzt, während die Bäume des Innenhofes erheblich Schaden litten.

Sie ist nicht die einzige, die sich an diesem Vormittag im Auditorium einfindet. Hier würde Eduard Spranger über die Philosophen des

Altertums lesen, wäre ihm die Neuzeit nicht unfreundlich mit Kalkstaub und Glasscherben durchs Konzept gefahren. Ein Pappschild: Vorerst keine Vorlesungen. Enttäuscht – hatte sie wirklich angenommen, der Betrieb gehe wie gewohnt weiter? – macht sie sich auf den Heimweg.

Nach Stunden wieder zu Hause. Sie will gerade etwas essen, da läutet das Telefon. Es funktioniert also wieder, stellt sie mit Bedauern fest, denn auf Carolas Anruf würde sie gern verzichten.

Er ist bei dir, nicht wahr?

Unsinn, ruft sie, Arnim ist nicht hier. Wie sollte er auch, die Stadt ist ein Trümmerfeld. Ich komme gerade von der Universität zurück, die Vorlesungen fallen aus.

Du hast Sorgen...

Zehn Minuten später hört sie den Wohnungsschlüssel. Also doch. Carola mit ihren Ahnungen, oder wußte sie davon?

Er macht einen abgekämpften Eindruck. Von Rechlin aus habe er den brandroten Himmel über Berlin gesehen und sich größte Sorgen gemacht. Da die Telefonleitungen gestört waren, habe er die Gelegenheit ergriffen, mit einigen Mitarbeitern im PKW nach Berlin zu fahren. Es sei keine Kleinigkeit gewesen, sie brauchten Stunden, um auf Umwegen in die Stadt zu gelangen. Ich mußte dich einfach sehen.

Das Telefon geht wieder, bringt sie als einziges heraus.

Was ist los? Keine Begrüßung? Bin ich ein Gespenst?

Eben erst hat sie nach dir gefragt.

Wer hat nach mir gefragt. Du brauchst nichts zu sagen, es war meine Frau. Deshalb also keine Begrüßung. Dann kann ich ja gleich wieder gehen.

Arnim, was soll das. Es richtet sich doch nicht gegen dich.

Seit wann steht ihr in Verbindung?

Stockend erzählt sie von den gegenseitigen Besuchen.

Und das erfahre ich erst jetzt?

Ich mußte ihr versprechen, darüber zu schweigen.

Ein Komplott also. Ich bestehe darauf, daß mit offenen Karten gespielt wird.

Das mußt du mir gerade sagen! Du, der nie mit offenen Karten spielt, oder hast du jemals das Thema angesprochen, hast du nicht dicht gemacht, wenn ich dich nach deiner Ehe fragte, und wie es weitergehen soll?

Noch nie gab es einen solchen Ton zwischen ihnen. Sie kann nicht verhindern, daß ihr Tränen übers Gesicht laufen, obwohl sie seine Reaktion auf Tränen kennt. Er öffnet bereits die Tür: Wie ich sehe, ist es zwecklos, weiter darüber zu reden.

Arnim, ich bitte dich...

Ein andermal. In einer ruhigeren Atmosphäre.

Fallende Maschen

Stricken beruhigt die Nerven, behauptet Elise Klostermann und bringt der Wohnungsinhaberin die Kunst des Strümpfe-Strickens bei. Was beim angestrengten Kampf mit vier Nadeln zusammenschnurrt oder zu locker gerät, ribbelt sie geduldig wieder auf oder nimmt gefallene Maschen hoch – sonst stehe ein Unglück ins Haus, meint sie abergläubisch. Für einen kleinen Fortschritt gibt's eine Schleckerei aus der Schürzentasche. Die beiden Frauen lassen gelegentlich Kakaobutter oder Schokobruch aus der Fabrik mitgehen. Darauf stehen strenge Strafen, aber meine Olga braucht wat Süßes, dürr wie se is. Und an Sie is ja auch nischt dran, Frau Bahlke. Führn Se sich ruhig wat zu Jemüte.

Lecken, wie Schokolade schmeckt und denken, das gibt es noch, Schokoladengeschmack, Kindheitsgeschmack, während die Stadt kaputt geht, das Land kaputt geht, die Liebe kaputt geht – nein, da sei der liebe Gott davor! Der liebe Gott der Kinder. Schokolade. Lange nicht geschmeckt.

Und wieder das Telefon! Ihr Strickzeug fällt zu Boden. Geben Se her, Frau Bahlke, ick nehm' die jefallenen Maschen wieder auf.

Bedeuten die nicht Unglück? Im Vorgefühl einer Katastrophe läuft sie ins Wohnzimmer und hebt den Hörer ab. Ja, bitte?

Carolas Stimme klingt heute leise, kaum verständlich: Du kannst Arnim bestellen, ich würde euch nicht länger im Wege sein.

Was soll das heißen?
Ich lasse ihn dir. Werdet glücklich.
Die Katastrophe! Ihr Magen revoltiert. Carola wird hoffentlich nicht... Du wirst doch nicht etwa, ruft sie und sucht nach Worten.
Du hast recht gehört. Ich mache Schluß.
Was ist denn geschehen, daß du auf einmal, ich meine...
Sprich es ruhig aus, mich kann nichts mehr erschüttern.
Dann sag mir um Gottes Willen, was vorgefallen ist.
Er war hier.
Arnim war bei dir? Was ist daran Schlimmes?
Bist du so naiv oder stellst du dich so.

Ich die Naive, sie die Tragödin – im Inszenieren ist sie groß, denkt sie, doch das Spötteln hilft ihr diesmal nicht. Zu deutlich spürt sie die Not in Carolas hektisch vorgestoßenen Worten. Arnim habe ihr, seiner Frau, Vorwürfe gemacht und sie beschuldigt, die Geliebte nicht in Ruhe gelassen zu haben. Als sei die Seelenruhe derjenigen schützenswert, die die Seelenruhe einer anderen zerstört. Nicht lange mehr. Es gibt eine Ruhe, die niemand stören kann.

Aufgelegt. Was tun? Arnim anrufen – das einzige, was ihr in der Aufregung einfällt. Es dauert einige Zeit, bis sie nach Rechlin durchkommt und ein Offizier vom Dienst sie an den Herrn Oberstabsingenieur weitervermittelt. Währenddessen kaut sie am Revers ihrer Jacke, bis sie ganz durchfeuchtet ist.

Was gibt es? Seine Stimme klingt gereizt, sicher hat sie ihn bei etwas Wichtigem gestört. Aber gibt es Wichtigeres, als was sie ihm zu sagen hat?

Er scheint nicht überrascht. Also das ist es. Ich hätte dich darauf vorbereiten sollen. Es ist nicht das erste Mal.

Es war ihr ernst damit!

Sie führt nicht aus, was sie ankündigt. Nicht bis zur letzten Konsequenz. Sie will dich unter Druck setzen, offenbar mit Erfolg.

Wir müssen ihr helfen, Arnim, ruft sie außer sich.

Ich bitte dich, nichts zu unternehmen. Überlasse es mir. Es ist schon genug schief gelaufen in dieser Sache.

Sache? Schief gelaufen? Wovon redet er eigentlich?

Kommst du nach Berlin?

Ich will sehen, was ich tun kann. Und dich möchte ich nochmals bitten, dich nicht auf Carolas Erpressungsversuche einzulassen und deinen klaren Kopf zu bewahren. Damit hilfst du uns allen am besten.

Fischweiber

In der Nacht wieder Fliegeralarm. Sie hat kaum geschlafen und schlüpft schnell in die Schwesterntracht, um ihren Mitbewohnerinnen mit den stets bereiten Koffern in den Keller zu helfen. Die Frauen schlottern vor Angst. Im Luftschutzkeller zieht ihr Gewimmer ihnen den Unwillen der übrigen Hausbewohner zu. Die Ausgebombten sollte man aufs Land schicken, murrt ein älterer Herr und zuckt selbst zusammen, als der Schneidbrennerton eines Geschosses in ein ohrenbetäubendes Krachen mündet.

Nach der Entwarnung die gewohnte Tour zur Rettungsstelle. Über den Verletzten tritt Carolas Selbstmorddrohung in den Hintergrund, und am Morgen ist sie so übermüdet, daß sie sich zu Hause samt Schwesternkleidung zu Bett legt und bis gegen Mittag schläft. Bis es klingelt und sie zur Tür stürzt.

Entschuldige. Offenbar habe ich dich geweckt.

Träumt sie noch? Leibhaftig die kleine Dame in Nerzmantel und Reitstiefeln, die übliche Aufmachung. Warum nur hatte sie sich solche Sorgen gemacht!

Bei Carolas erstem Besuch war ihr die unvollständige Schwesterntracht peinlich. Heute ist ihr gleich, wie sie aussieht. Ich bin gerade erst aus dem Bett gekrochen, erklärt sie, du mußt meinen Anblick ertragen.

Sei froh, daß du schlafen kannst, ich kann es nicht.

Wenn Carola nur die versteckten Vorwürfe unterließe! Nach der ersten Erleichterung, sie wohlbehalten vor sich zu sehen, steigt wieder der Zorn hoch, sie preßt die Lippen zusammen.

Ich hätte dich nicht überfallen, aber wegen des Luftangriffs war es mir unmöglich zu telefonieren, und ich war der irrigen Meinung, dich mit meinem gestrigen Anruf beunruhigt zu haben.

Das hast du auch, ich war mit den Nerven völlig fertig. Und ich habe mit Arnim gesprochen.

Das hättest du nicht tun sollen.

Die Frau verliert für einen Augenblick die demonstrativ aufrechte Haltung und sinkt in dem für die zierliche Gestalt viel zu großen Sessel in sich zusammen. Mir liegt nichts mehr am Leben, Rosali.

Sag doch so etwas nicht! Mehr als die unerbittliche Carola fürchtet sie die verzweifelte, die mit einem Beben in der Stimme fortfährt: Ich konnte dir den Gefallen nicht tun. Mein Sohn – er braucht seine Mutter noch.

Endlich wirst du vernünftig.

Das mußt du mir sagen – du mir? Ich habe es nicht nötig, von dir Wertungen meines Verhaltens einzuholen.

Wieso Wertungen, was soll das nun wieder heißen? Diese Frau macht mich noch wahnsinnig! Mit Genugtuung sieht sie, daß der Sessel, den sie der Dame angeboten hat, an einer Stelle aufgerissen ist, das Unterfutter guckt vor.

Du kannst verletzend sein, Rosali.

Huh, diese Blicke, als wolle sie mich aufspießen! Daß ich dich besser fressen kann, sagte der Großmutterwolf zum armen Rotkäppchen. Erwartet sie einen Kniefall von mir?

Ich weiß nicht, womit ich dich gekränkt haben könnte, Carola, versucht sie einen versöhnlicheren Ton..

Wie solltest du dich auch in eine Frau hineinversetzen, eine Frau, der du bitteres Leid zugefügt hast. Wir lieben denselben Mann, Rosali. Wir sind beide gefühlsmäßig involviert. Aber harmonische Dreiecksgeschichten gibt es nicht, eine von uns muß weichen. Das solltest du endlich begreifen.

Da keine Antwort erfolgt, deklamiert sie einen Gedichtvers: »Zwei Rosen trägt der Zweig auf einmal nicht / Die eine welkt und blättert auf den Rasen.« Rrrosen. Die Tragödin ist in ihrem Element. Weißt du, von wem diese Verse sind?

Keine Ahnung. Ich finde sie ziemlich sentimental.

Du hast keinen Sinn für Gedichte. Das dachte ich mir.

Wenn Carola wüßte, daß ich welche schreibe! Mit einem Mal verliert sie alle Rücksicht. Wir sollten uns prügeln wie die Fischweiber, sagt sie, es wäre reinigend wie ein Gewitter.

Die Besucherin erhebt sich. Es hat keinen Zweck, mit dir zu reden, Rosali. Was sollte ich von deiner Seite auch erwarten.

Ein frostiges Lebewohl.

Is die Olle weg? erkundigt sich Frau Klostermann, die wegen eines Bombenschadens der Schokoladenfabrik mit ihrer Tochter vorzeitig nach Hause kam. Ihre respektlose Bemerkung löst bei der Wohnungsinhaberin einen Lachanfall aus, für den sie sich schämt, doch er wirkt befreiend – auch ohne Prügelei und Gewitter. Von Schwüle befreit. Zwei Rosen... Bratkartoffeln, sagt Elise Klostermann, wir ham Schmalz an Land gezogen, Frau Bahlke. Komm' Se, is jut gegen Traurigkeit. Könn' wa alle brauchen.

Essen muss der Mensch

Eisige Zugluft in den Gängen der Universität. Die Garderoben bleiben leer und die freundlichen Garderobenfrauen mit ihren weißen Häubchen und Schürzen haben dienstfrei. Die Studenten sitzen in Jacke und Mantel im Hörsaal, denn die meisten der kaum erneuerten Fensterscheiben gingen wiederum durch die Druckwellen von Bombeneinschlägen zu Bruch. Damit die Vorlesung stattfinden kann, vernageln die Studenten die Fenster selber mit Pappe, während der weißhaarige kleine Herr am Podium wartet. Endlich seine leise Stimme. Die Idee, meine Damen und Herren, lateinisch idea, ist von videre, sehen, abgeleitet und wird bei Platon zum Urbild als die ewig unveränderliche Wesenheit der Dinge jenseits ihres trügerischen Erscheinungsbildes...

Während sie mit steifen Fingern den Satz in ihrem Kollegheft notiert, schießen ihr die Tränen in die Augen, so sehr berührt sie die Vorstellung, die graue Wirklichkeit dieses Krieges sei nicht alles, und das Ideal eines menschenwürdigen Lebens bleibe unveränderlich bestehen und werde irgendwann wieder zu einer Maxime, die den Spuk hinwegfegt – der Professor nennt ihn Ideologie. Ideologie und Idealismus, erläutert er seinen Hörern, stehen ihrem Wesen nach ausschließend und feindlich gegeneinander. Getrampel. Sie schreibt.

Ein Student schließt sich ihr auf dem Weg in die Mensa an. Sie kennt ihn bereits, er taucht öfter an ihrer Seite auf. Heute bietet er sich an, das Essen zu holen, während sie die Plätze frei hält. Kartoffeln mit dicken Bohnen in einer undefinierbaren Soße – sie schüttelt sich, als er damit an den Tisch kommt. Ist Ihnen kalt? fragt er teilnahmsvoll. Das auch, sagt sie, aber dicke Bohnen... Wenn Sie das Mensaessen nicht mögen, zeige ich Ihnen das nächste Mal ein kleines Restaurant, ganz in der Nähe. Dort gibt es markenfreie Kartoffelknödel, 1A.

Sie muß lachen, seit wann sind Kartoffelknödel 1A, aber sie läßt sich darauf ein und folgt ihm an einem der nächsten Tage in ein von vielen Studenten besuchtes Lokal, in dem die Wirtin persönlich kocht und ihre Gäste bedient. Abwechselnd gibt es hier ein Kohlgericht mit Knödeln und ein Muschelgericht mit Salzkartoffeln. Heute ist das Muschelgemüse dran, nicht ihr Geschmack, aber nahrhaft, wie ihr Begleiter beteuert, nahrhaft, da eiweißreich. Essen muß der Mensch, sind Sie nicht auch dieser Ansicht?

Auf diese platte Feststellung fällt ihr keine Antwort ein, überhaupt wäre sie den Begleiter gern wieder los. Bald nimmt er sich das selbstverständliche Recht, ihr im Hörsaal den Platz neben sich freizuhalten. Ob er sich Hoffnungen macht? Eine tadellose Erscheinung, dieser Otmar Walden, ein bißchen zu tadellos mit seinem schnurgeraden Scheitel, seinem rosa Teint, seiner straffen Haltung. Da er sich nicht das Geringste ihr gegenüber herausnimmt, keinen Versuch einer Annäherung, sondern stets höfliche Distanz wahrt, gäbe es eigentlich nichts an ihm auszusetzen. Daß sie ihn ebensowenig mag wie die Pfahlmuscheln, muß an seiner unaufdringlich aufdringlichen Art liegen. Die Unterhaltung beim Essen dreht sich meistens um Professoren und Vorlesungen, wobei ihr sein von Fachwissen überzeugter Ton auf die Nerven geht. Andererseits fehlen ihr Kontakte mit Kommilitonen und sie ist dankbar, nicht einsam vor ihrem Teller sitzen zu müssen.

Mit der Zeit gewöhnt sie sich an ihn und war schon manches Mal froh über den freigehaltenen Platz, wenn sie sich verspätet hatte. Was sie in Erstaunen setzt, sind bei seinem sonst so korrekten Verhalten die recht freimütigen Äußerungen. Ob sie nicht auch der Ansicht sei, der Deutsche habe ein Bestreben zu objektivieren und sogar dem Feinde Gerechtigkeit widerfahren zu lassen? Die Berliner, meint sie darauf, die im Luftschutzkeller einen Angriff über sich ergehen lassen, sind oft geladen auf die feindlichen Flieger. Doch aus ihrer Sicht täten die Soldaten der anderen Seite auch nur ihre Pflicht, warum soll man sie verdammen.

Darauf lobt er ihr großherziges Denken, eine schöne deutsche Eigenschaft. Ein andermal spricht er von der tiefen Friedenssehnsucht der Deutschen. Es sei nur allzu verständlich, wenn die schwergeprüfte Berliner Bevölkerung ihrer Seele Luft mache und auf die Regierung schimpfe. Ja, sagt sie, das ist doch normal. Oder er erzählt vom Studentenleben der zwanziger Jahre, wo die bündische Jugend sich mit Klampfe und Liederbuch in der freien Natur erging. Auch heute gebe es unter den Studenten Bestrebungen, die an jene Zeit anknüpften. Womit er sagen wolle, daß die Romantik, als Bestandteil der deutschen Seele, selbst in Kriegszeiten ihr Wesen treibe. Was ihn betreffe, er habe nicht übel Lust, mit einer Schar studentischer Wandervögel durch den Spreewald zu ziehen. Ob sie nicht auch ihre romantische Ader entdecke und zu solchen Unternehmungen bereit sei?

Eichendorff, sagt sie träumerisch. »Ruht ein Lied in allen Dingen...« Meine Mutter hat in mir den Sinn für die Romantik geweckt.

Sie kommen gewiß aus einem behüteten Elternhaus. Darf man fragen, wo ihre Wiege gestanden hat?

In Hamburg, antwortet sie, nicht gewillt, mehr über sich und ihre Familie preiszugeben. Als er jedoch nach dem Beruf des Vaters – gestorben – und nach der Anzahl ihrer Geschwister fragt – drei – gibt sie gewohnheitsmäßig Auskunft, um nicht unhöflich zu erscheinen. Ebenso überläßt sie ihm über die Weihnachtsferien ihre mit der Schreibmaschine ausgearbeiteten Aufzeichnungen der Sprangerschen Vorlesungen. Es sei ihm aufgrund eines leichten Hörschadens, den er sich im Felde zuzog, nicht möglich gewesen, der bekanntermaßen leisen Stimme des Professors zu folgen. Im nachhinein wundert sie sich, warum er die Vorlesungen dann überhaupt belegt hatte, und ein ungutes Gefühl wird noch durch die Bemerkung einer Mitstudentin verstärkt, die ihr nach der Übergabe ihrer Aufzeichnungen im Vorbeigehen ins Ohr zischt: Bist du immer so freigiebig?

Die Freiheit der Zeitungsschreiber

Bevor sie über die Weihnachtstage zur Mutter ins Elsaß fährt, hat sie im zeitungswissenschaftlichen Seminar ihr erstes Referat zu halten. Die Gazetten des 18. Jahrhunderts sind das Thema. Zuerst dachte sie an Gazellen, als sie den ihr fremden Ausdruck für die ersten kontinuierlichen Zeitungen hörte, und sie sah eine Antilopenherde durch die Steppe rasen. Sie hat es aber mit dem Staatsjournalismus unter Friedrich dem Großen zu tun, und der hatte seiner Anordnung einer »unumbschränkten Freyheit« der Zeitungsschreiber spätestens in den Schlesischen Kriegen eine strenge Zensurenordnung folgen lassen. Nicht nur das, er griff eigenmächtig ein, um durch gezielte und häufig falsche Nachrichten die Meinung der Öffentlichkeit zu beeinflussen. So etwas kennen wir doch?

Ihr Interesse war geweckt. Im Archiv des Instituts trug sie wochenlang Material zusammen. Das Entziffern der Blätter jener Zeit sowie das Durchforsten der einschlägigen Untersuchungen, erschien ihr abenteuerlich und machte Spaß. Doch nun ist die Abgabe des Referats nahe gerückt, und sie fühlt sich unter Druck. Nicht nur ist jedes Zitat zu belegen, das Ganze muß noch in Form gebracht werden. Unzufrieden mit ihrer Arbeit fängt sie immer wieder von vorne an. In der letzten Nacht glaubt sie endlich den richtigen Weg gefunden zu haben, da hört sie über ihrem Tippen den Wohnungsschlüssel.

Er? Aber er hatte sich doch gar nicht angemeldet! Ich bin gerade so gut im Zuge, sagt sie zur Begrüßung, wartest du noch ein Stündchen?

Arnim Burkhart zeigt wenig Verständnis. Da hatte ich bei meinem überraschenden Kommen einen Begeisterungstaumel erwartet, doch die Dame hat zu schreiben. Nun gut. Er blättert in einem Buch.

Sie hört ihn die Seiten umschlagen, und nichts will ihr mehr gelingen. Schlimmer noch, sie erkennt beim Durchlesen des bisher Geschriebenen den roten Faden nicht mehr, ist das nicht alles unzusammenhängendes Zeug? Und worauf wollte sie hinaus, doch auf die vorsichtige Annäherung zum Journalismus von heute. Der verordnete Maulkorb – ohne Dr. Goebbels direkt zu nennen, hat sie sich eine Anspielung darauf vorgenommen. Aber nun bringt sie nichts zu Papier und aus dem einen Stündchen sind bereits zwei geworden. Alles Mist, was ich schreibe, sagt sie zu dem hinter ihr Sitzenden, so werde ich bis morgen früh nicht fertig. Er legt das Buch auf den Tisch. Es ist bald morgen früh. Ich will dich nicht länger stören. Die Wohnungstür klappt.

Warte doch, hatte sie noch rufen wollen. Nach seinem raschen Abgang macht sie sich bittere Vorwürfe, für ihn nicht einfach alles hingeworfen zu haben. Aber verdammt nochmal, wäre er an einer wichtigen Arbeit gewesen und sie überraschend gekommen, sie wäre auf Zehenspitzen geschlichen und hätte ihm einen Tee gekocht. Sie ist eben eine Frau, das ist wohl etwas grundlegend anderes.

Verbissen macht sie sich wieder ans Tippen, und ihre Wut scheint dem Referat nicht schlecht zu bekommen. Auf einmal fliegen ihr die passenden Wendungen zu, und sie kommt zu einem Schluß, der den Goebbelschen Staatsjournalismus zwar nicht ausdrücklich benennt, aber doch offenkundige Parallelen aufzeigt.

Beim Öffnen der Verdunkelung sieht sie im Morgengrauen jemand mit einer Tüte auf das Haus zukommen. Sie läuft ihm entgegen. Frische Schrippen, kann er gerade noch hervorbringen.

Nun hattest du deinen Begeisterungstaumel, flüstert sie beim Abschied in den grauen Ledermantel, mit dem das Reichsluftfahrtsministerium seine Offiziere ausstattet, und dessen Geruch sie besonders liebt. Die Tüte mit Schrippen liegt noch auf dem Tisch.

Die Gelassenheit der Gipsköpfe

Luftalarm bei Tage und ausgerechnet während des Seminars! Soeben hat sie begonnen, ihr Referat vorzutragen, als die Sirenen einsetzen. Der Professor muß mit seinen Studenten eiligst den Schutzraum der nahen Universität aufsuchen, denn das Wohnhaus, in dessen zweiter Etage das zeitungswissenschaftliche Institut untergebracht ist, verfügt im Luftschutzkeller nicht über genügend Plätze.

Ihr ist trübsinnig zumute. Sie hatte gehofft, den Professor mit ihren Thesen zu beeindrucken, und nun ist es fraglich, ob sie das Referat überhaupt halten kann. Nach der Anspannung der Nacht in Wartestellung verbannt, kämpft sie mit der Enttäuschung. Ich hätte Arnim das Fortgehen ersparen können, wenn ich das gewußt hätte! Nachträglich bereitet ihr die Vorstellung Pein, er wäre in seinem Ärger zu seiner rechtmäßig Angetrauten heimgekehrt, anstatt im Morgengrauen Schrippen zu besorgen.

Der Luftschutzraum der Universität ist ein langer Kellergang. Dort sind auch die Büsten antiker Dichter und Denker aufgestellt, ein Anblick, der in dieser Situation seltsam anmutet. Täfelchen weisen die Größen des klassischen Altertums namentlich aus. Sokrates barhäuptig mit Spitzbart, Platons lockenumwalltes Haupt mit ebenfalls gelocktem Bart. Der mit dem angedeuteten Mützchen ist Sophokles. Um sich von dem verhinderten Referat abzulenken, studiert sie die Namen der würdevollen Herren. Die gipsweißen Augen scheinen gedankenvoll in die Ferne zu blicken. Um die Lippen liegt dem einen oder anderen ein abgeklärtes Lächeln. Wie sie in sich ruhen inmitten der unruhigen Studentenschar, die wichtigtuerischen Böller der Flak ignorierend!

Die Gelassenheit der Gipsköpfe sollte man haben!

Ein Seufzer, den sie entnervt wiederholt, als sie am selben Tage beim Klavierspielen von der Türklingel aufgeschreckt wird. Muß Carola schon wieder hereinplatzen?

Laß dich von mir nicht stören. Spiele ruhig weiter.

Eine Zumutung, während die Besucherin, heute in Schwarz mit angriffslustig grellrot gefärbten Lippen, neben dem Klavier sitzt. Was führt dich her, Carola?

Er war letzte Nacht bei dir.

Letzte Nacht habe ich ein Referat geschrieben.

Erzähl' mir nichts.
Pause. Diese vielsagenden Pausen, wie sie die haßt!
Du magst mich nicht, sagt Carola Burkhart, das ist schade.
Das stimmt nicht.
Ich will es deiner Jugend zugute halten, daß du die Unwahrheit sprichst, Rosali.
In einer Zeit wie unserer bleibt man nicht lange jung, weicht sie aus.
Sprechen wir nicht über das Alter. Sprechen wir über das, was uns beide betrifft. Und einen dritten. Ich frage dich, wie es weitergehen soll. Wie du dir die Zukunft vorstellst.
Sie schweigt. Was sollte sie auch antworten? Nicht mit Arnim und ohne ihn auch nicht. Ihre Richterin würde es nicht gelten lassen.
Ich wünsche heute eine definitive Antwort von dir. Gedenkst du dich von Arnim zu lösen oder nicht?
Darüber muß schließlich auch er entscheiden.
Die Frau will etwas sagen, sie öffnet den Mund, aber es kommt nur ein Stöhnen. Mir ist übel, hättest du einen Schluck Wasser für mich?
Während sie in die Küche eilt, denkt sie mit Entsetzen an die unglückliche Luise in Kabale und Liebe. Carola wird doch bei ihrem Hang zur Tragödie nicht wieder Selbstmordabsichten hegen? Würde sie das bloß lassen! Ich jedenfalls will in diesem Drama nicht mehr mitspielen.
Als sie mit dem Glas Wasser ins Wohnzimmer zurückkehrt, hat sich die Frau bereits erhoben. In ihrem schwarzen Habit und dem sehr bleichen Gesicht ein erschreckender Anblick, zumal sie zu schwanken scheint. Bleib' sitzen, ich bitte dich. Soll ich einen Arzt holen?
Danke, ich brauche deine Fürsorge nicht. Wenn du mir helfen willst – du hast es in der Hand. Meine Geduld ist am Ende, Rosali.

DIE INNENWELT DER DICHTERWORTE

Sie möchten raus, haben die Nase voll, sind von Kummer gebeutelt, verbeult. Sie greifen sich an den Schädel, Beule an Beule, Kummerbeulen, Sie sind durch und durch verkümmert, doch wir halten einen Ort der Zuflucht für Sie bereit. Treten Sie ein ins Paradies der Bücher, wir erwarten Sie an der Garderobe. Zwei Wieselfrauen mit weißen Schürzen und Häubchen nehmen Ihnen den Kummermantel ab, den Kummerregenschirm. Schon ist's Ihnen wohler, Ihr Rücken strafft sich, die Schädelbeulen sind am Schwinden. Eine schwere Tür, langsam zu öffnen wie alle ins Bergesinnere führenden Türen, und nun treten Sie ein. Haben Ihre Augen sich an das Höhlendunkel gewöhnt, gewahren Sie an den Wänden das stille Leuchten der Bücherrücken und Ihr Kummer versiegt. Sie nehmen unter dem Edelsteingrün eines Leselämpchens Platz und entfalten eine Bücherblume, über die ein Luftschiffer gleitet mit dem Namen Jean Paul.

Die Universitätsbibliothek dient, nüchtern gesehen, dem Erarbeiten von wissenschaftlichen Texten. Mit einem Blick auf die eifrig Studierenden ruft sie sich zur Ordnung. Hier kratzen die Stifte, geht man auf leisen Sohlen, senkt die Stimme, falls mit der Bibliothekarin etwas zu besprechen ist, blättert in dicken Wälzern, büffelt für Referate und Prüfungen, ein jeder auf seiner Insel im Lichtkreis der Leselampe.

In Gesellschaft längst verstorbener Dichter, lebendig allein durch ihr Wort, fühlt sie sich angenehm der eigenen Zeit enthoben. Schon als Internatsschülerin liebte sie es, sich in der Schloßbibliothek in schön gebundene und mit Goldschrift betitelte Bücher zu versenken. Auch dort gab es im Lesesaal Lämpchen mit grünen Schirmen, und es gab die gebeugte Haltung der Lesenden über den mit Büchern beladenen Tischen.

Keineswegs beschränkt sie sich auf die für ihr Studium notwendigen Werke, aus denen sie Auszüge zu machen hat. Hier kann sie ihren Hunger nach Poesie befriedigen. Französische Dichter in deutscher Übersetzung, Baudelaire, Rimbaud, Namen, die sie zum ersten Mal vernimmt und eine Welt geht auf. Aus der rohen Außenwelt in die Innenwelt der Dichterworte verschlagen, liest sie sich atemlos durch eine ihr bisher verschlossene Literatur.

Aber auch der Deutsche Jean Paul, über den sie ein Seminar belegt hat, bringt sie mit seinen eigentümlichen Wendungen zum Staunen.

Welche Erlösung gegenüber der rüden, aus Blöcken gehauenen Sprache nationalsozialistischer Verlautbarungen ist die Bilderfülle seiner überquellenden Phantasie. Einmal lacht sie beim Lesen laut auf. Köpfe drehen sich um, psst, wer lacht da? – als der Dichter vor hundertfünfzig Jahren luftschiffernd ein Sätzchen ins nächste Jahrhundert ausschickt. Ist es nicht ein Gelächter wert, wenn den tonangebenden Herren mit ihren unumstößlichen Wahrheiten ein Satz wie dieser um die Ohren fliegt: »Den wahren Himmel, sagt ich oft, besitzt wohl niemand als ein Seefisch.«

Zu Strassburg auf der Schanz

Die Fahrt ins Elsaß verbringt sie auf einer Teppichrolle sitzend im Gang des Nachtzuges. Sie hat der Mutter das »Perserle« versprochen, einen kleinen Perserteppich aus glücklicheren Zeiten, an dem sie besonders hängt, und nun erweist sich die Rolle in dem mit Wehrmachtsangehörigen überfüllten Zug als ideale Sitzbank. Neben ihr finden drei Landser Platz, einem rutscht schlafend der Kopf an ihre Schulter. Ein Speichelfaden rinnt aus seinem Mund, silbrig im schwachen Licht der Zugbeleuchtung.

Bevor sie schläfrig wurden, hatten die Landser Karten gespielt und die Flasche herumgehen lassen. Auch sie hatte einen Schluck von dem scharfen Zeug genommen und sich zum allgemeinen Gelächter geschüttelt. Es ging hoch her, grobe Witze wurden gerissen. Der später an ihrer Schulter mit offenem Mund wie ein Baby sabbernde Soldat hatte die Kameraden mehrfach aufgefordert, auf das Fräulein Rücksicht zu nehmen. So nimmt sie auch auf ihn Rücksicht und sitzt unbeweglich, obwohl sein Kopf immer schwerer wird und für sie an Schlaf nicht zu denken ist.

In Straßburg muß sie umsteigen. Die Soldaten helfen ihr mit ihrer Teppichrolle hinaus, und als der Zug wieder anfährt, winken sie aus allen Fenstern. Gesangsfetzen: In der Heimat, da gibt's ein Wiedersehn... Mit ihrem bunten Halstuch winkt sie zurück. Soldaten sind ihr seit der Schwesternzeit vertraut, ihre Heldenposen ebenso wie ihre Nöte. Die Verstümmelungen durch den Krieg, das Elend der Männer, wie sie es im Lazarett erlebt hat, droht jedem von denen, die jetzt fröhlich der jungen Frau auf dem Bahnsteig zuwinken.

»Zu Straßburg auf der Schanz, da fing mein Trauern an« – Als Kind hörte sie die Dienstmädchen beim Geschirrspülen die bewegende Geschichte von einem Deserteur singen. Nun sitzt sie in Straßburg nicht auf der Schanz, sondern auf Anschluß wartend auf einer Bahnhofsbank und versucht die Liedstrophen zusammenzubringen, die traurig ergeben mit der Feststellung enden: Das ging nicht an. Ob der Soldat, der an ihrer Schulter geschlafen hatte, nicht auch am liebsten mit ihr durchgebrannt wäre? Sie sah es an seiner Miene, als er am Morgen verschlafen um Verzeihung bat. Er habe sie doch nicht belästigt? Ein gut erzogener junger Mann, in die derbe Landsergemeinschaft geraten. Vielleicht verroht er mit der Zeit wie die andern, denen die feineren Empfindungen im Kriegsdienst zwangsläufig abhanden kommen. Im Krieg gehen auch die Seelen kaputt, denkt sie, nicht nur die Körper. Wenn Desertieren ein todeswürdiges Verbrechen ist, um wieviel mehr müßte es ein Verbrechen genannt werden, Menschen im Krieg zu Handlungen zu zwingen, die sie normalerweise niemals begingen. Und dann fällt ihr ein, daß solche Gedanken, laut geäußert, ebenfalls die Todesstrafe nach sich ziehen würden. Das geht nicht an.

Heisse Eisen

Mit der Kleinbahn durch das verschneite Elsaß. Täler zwischen bewaldeten Höhenrücken, ihr an Flachland gewöhntes Auge muß sich auf Gebirgiges umstellen. Im Vergleich zu Berlin eine Bilderbuchwelt. Daß der Eindruck täuscht und das Elsaß schwer umkämpftes Land ist, weiß sie aus dem Geschichtsunterricht, doch es bietet sich dem Auge unter seiner Decke glitzernder Eisnadeln friedlich wie eine Weihnachtspostkarte. Auf einem Bahnhof ist tatsächlich ein geschmücktes Tannenbäumchen zu sehen.

Die Mutter erwartet sie am Zug. Kleiner und grauer geworden, die

Wangen von Kälte gerötet, tränende Augen. Schau, Milli, ich habe dir dein Perserle mitgebracht!

Die Teppichrolle zwischen sich, wandern sie durch den langgestreckten Ort. Aufgeregt schwatzend die Mutter, still die Tochter. Hier merkt man noch nichts vom Krieg, Kind, du kannst dich einmal richtig erholen.

Die nächsten Tage zeigen, daß es mit dem Erholen nicht so einfach ist. Gewiß, es ist nett von Millis Vermietern, die es aus Paris hierher verschlagen hat und die sich gern mit Madame und Monsieur anreden lassen, die beiden Deutschen am Heiligen Abend zu einem Schnaps einzuladen. Wenn die Mutter unter dem mit Zigaretten geschmückten Weihnachtsbäumchen nur nicht mit bebender Stimme von ihrem in Rußland vermißten Jüngsten angefangen hätte, der von einer Zigarette gewiß nur träumen könne, wenn er nicht gar... Sie macht Milli später Vorwürfe. Hast du nicht bemerkt, wie versteinert deine Vermieter dasaßen, als du in Tränen ausbrachst?

Du denkst wohl gar nicht an deinen Bruder, Kind.

Wie kannst du so etwas behaupten! schreit sie die Mutter an, und es tut ihr gleich leid, als sie deren zuckende Lippen sieht.

Bleib' heute lieber im Haus, sagt die Mutter am Weihnachtsmorgen. Von Madame hörte ich, in aller Hergottsfrühe seien einige Elsässer aus den Betten geholt worden, die sich vorm Wehrdienst drücken wollten. Aber sprich nicht darüber, fügt sie schnell hinzu.

Wenn die Elsässer so französisch fühlen wie deine Vermieter, ist es kein Wunder, daß sie nicht zur Wehrmacht wollen.

In Kaisers Zeiten war das Elsaß deutsch, sagt die Mutter. Und was Madame und Monsieur anbetrifft, sie meinen es gut mit mir, du hast es ja erlebt.

Vermutlich brauchen sie dich. Aber wehe, der Wind schlägt um.

Ach Kind, was sagst du da.

Millis angstvolle Augen.

Sie macht lange Wanderungen, von der Mutter flehentlich gebeten, die Wälder zu meiden, es treibe sich allerhand Gesindel herum. Sie meidet die Wälder nicht, die unter ihrer Schneelast buckelnden Tannen, aus denen es ihr feucht über Haar und Gesicht staubt. Hier kann sie an den Geliebten denken und sich sehnsüchtig in seine Arme wünschen, ohne zu befürchten, daß eine Carola ihr über die Schulter guckt oder in ihre Gedanken hineinhorcht.

Einmal wandert sie auf der Landstraße zum sechs Kilometer entfernten Nachbarort und fragt, da sie sich aufwärmen möchte, nach einer Gastwirtschaft. Man deutet geradeaus, und so folgt sie der Straße bis zu einem in den bewaldeten Höhenrücken führenden Tunnel. Beim Näherkommen erkennt sie, daß der Eingang des Tunnels mit Gittern und Stacheldraht verrammelt ist. Das weckt ihre Neugier, sie geht noch näher heran und beobachtet hinter dem Maschenzaun Männer beim Hantieren mit Schaufeln und Schubkarren. Die meisten stecken in gestreifter Häftlingskleidung, andere in Lumpen, alle abgemagert, sie wirken wie aus Gräbern erstandene Tote.

Ab, oder ich laß die Hunde los!

Das gilt ihr. Wer sie angebrüllt hat, weiß sie beim Davonrennen nicht. Den Weg zurück läuft sie, als seien tatsächlich Hunde hinter ihr her.

So also sehen KZ-Häftlinge aus. Daß es in der Gegend Lager und viel SS gibt, weiß auch die Mutter zu berichten, jedoch nicht, was in dem Tunnel vor sich geht. Es habe wohl mit der Rüstung zu tun, die jetzt in die Berge hineinverlegt werde. Aber das sind heiße Eisen, Kind, über die man besser schweigt. Und jetzt verstehst du auch, weshalb ich dich vor den Wäldern gewarnt habe. Sollte denen mal einer entkommen, dann gnade dir Gott.

Weil ich Deutsche bin?

Weil du eine schöne junge Frau bist.

Du meinst, darauf seien sie hungrig, diese verhungerten Männer? Du hättest sie sehen sollen!

Nur das nicht, Kind. Ich habe schon so genug zu tragen.

Abschied und Wiedersehen

Der Abschied von der Mutter fällt ihr nicht leicht. Täglich die gleiche Debatte: Was willst du in dem entsetzlichen Berlin mit seinen Luftangriffen? Bleib doch in meiner Nähe, Kind. Ich muß studieren. Das kannst du auch in Straßburg.

Aber in Straßburg wohnt nicht der Liebste wie einstmals Friederikes Goethe. Von Arnim Burkhart erzählt sie der Mutter besser nichts. Einen verheirateten Mann zu lieben, käme für Milli einer Straftat gleich, zu der ihre Tochter niemals fähig wäre. Warum ihr den Glauben nehmen. Wie sagt sie doch – sie habe schon genug zu tragen.

Wenn Milli wüßte... Während der Ferien hatte sie reichlich Zeit, sich die Stationen des vergangenen halben Jahres ins Gedächtnis zu rufen und in süßen Erinnerungen zu schwelgen. Als sie jedoch in der Bahn sitzt, stellt sich neben der Freude auf das Wiedersehen mit dem Geliebten die Furcht vor Carolas quälenden Verhören ein. Sie wird von ihrer Forderung nicht ablassen. Aber wie in Gefühlsdingen mit kaltem Verstand Entscheidungen treffen? Eine Straftat – nein, das ist die Liebe nicht. Eher eine Krankheit, denkt sie. Es gibt keinen Punkt, keine Zelle in meinem Körper, die ihm nicht entgegenfiebert. Vielleicht geht die Krankheit einmal vorbei, aber befehlen läßt sie sich nicht.

Der, dem sie entgegenfiebert, erwartet sie auf dem Anhalter Bahnhof. Sie hatte ihm ein Telegramm ihrer Ankunft geschickt ohne viel Hoffnung auf sein Kommen. Nun ist er da, wenn auch nur für einige Stunden.

Nichts auf der Welt außer uns – lautlose Beschwörungsformel. Am menschenleeren Nordpol und in ewiger Nacht sollten wir unsere Hütte aufschlagen....

Sie selbst bricht den Zauber, indem sie ihm vom Elsaß berichtet. Von der versteckt feindlichen Stimmung dort. Von der ängstlichen Mutter, ihrer Einsamkeit. Von den arbeitenden Gefangenen am Tunnel. Es soll im Elsaß sogar ein Konzentrationslager geben, erzählt sie. Die Häftlinge kamen sicher von dort, sie sahen aus wie Tote.

Es sind Tote.

Was sagst du da?

Potentiell Tote. Sie werden zu Tode geschunden. Und Leute wie wir mit den rosa Spiegeln sind mitschuldig. Er faßt sich heftig an den

Kragen der Uniform, als wolle er die Kennzeichen seiner Forschungstätigkeit abreißen.

Sie erschrickt. Das ist doch Unsinn. Du selbst hast mir erklärt, du arbeitetest nur an einem Projekt für die Flugabwehr.

Die Rüstungsindustrie wartet schon darauf. Und wo, glaubst du, findet die Herstellung dann statt? In deinem Tunnel vielleicht. Sklavenarbeit hat wieder Konjunktur und die Leuteschinder erhalten Freilauf für ihre niedersten Instinkte.

Sie wagt nichts zu entgegnen, um ihn nicht noch mehr aufzubringen. Heimlich schaut sie auf ihre Armbanduhr, sehnt sich nach Zärtlichkeit und kann ihn von dem Thema, das sie angestoßen hat, nicht mehr abbringen. Die Zeit geht darüber vorbei, die sie füreinander haben wollten. Ihr ist zum Heulen zumute, zugleich fühlt sie sich schlecht – an sich selbst zu denken, wenn von Häftlingen die Rede ist! Aber hilft es ihnen, wenn der Geliebte unruhig im Zimmer auf und ab läuft? Neuerdings kommen einem Dinge zu Ohren, sagt er, die zu glauben schwer fallen. Was du im Elsaß gesehen hast, ist noch harmlos zu nennen im Vergleich zu den Konzentrationlagern im Osten.

Daran bist nicht du schuld, so wenig wie ich.

Ich will dir etwas erzählen, sagt er und berichtet von einer Begebenheit aus seiner Jugend, die ihn nicht loslasse. Nach der Schule mußten sie damals mit der Kleinbahn nach Hause fahren. Es kam zum Streit mit einem jüdischen Mitschüler – in den zwanziger Jahren, stell dir das vor! – in dessen Verlauf sie den Jungen packten und gegen das Zugfenster stießen. Rauswerfen wollten sie ihn. Das blutende, von Glasscherben zerschnittene Gesicht werde er nie vergessen.

Hast du da mitgemacht?

Ja, siehst du, ich weiß es nicht. Wahrscheinlich nicht, aber in irgendeinem Sinne doch. Verstehst du, was ich damit sagen will?

Über seiner Erzählung fallen ihr die beiden Jüdinnen ein, die in ihrem Haus gewohnt hatten. Ihnen gegenüber fühlt sie sich auch auf ungeklärte Weise schuldig. Eines Tages wird es uns einholen, sagt sie. Dieses Gefühl, ich kann dir nicht sagen, woher, begleitet mich schon seit langem.

Als er geht, steht sie mit hängenden Armen am Fenster und sieht ihm nach. Nichts außer uns? Illusion. Früher gab es Guckkästen, in denen man für einen Groschen eine wundersame exotische Landschaft mit Palmen und Papageien erblicken durfte, das Panorama einer unwirklichen, glückseligen Welt. In der realen, denkt sie traurig, muß dafür bezahlt werden. Einmal gucken zehn Pfennige bitteschön. Sie wollen das Glück umsonst? Dann zeigen wir Ihnen auch die Kehrseite, das häßliche Panorama der Gewalttaten, und beklagen Sie sich gefälligst nicht.

Der Apfel

Das neue Jahr 1944 wird mit Feuerwerken eingeläutet, von denen der harmlose Knallkörperspaß in Friedenszeiten nichts ahnt. Allein im Januar erfolgen sechs schwere Angriffe. Im Luftschutzkeller sind doppelstöckige Notbetten aufgestellt, Kinder mit ihren Müttern und alte Menschen schlafen jede Nacht unten. Die Frauen Klostermann würden in ihrer Angst am liebsten auch im Keller schlafen, doch dazu reichen die Betten nicht aus. Haben Sie nichts zur Beruhigung, Schwester? Beruhigungstropfen, Herztropfen, gewiß, sie hat Medikamente dabei und beträufelt im schwachen Kellerlicht Zuckerstücke, eine Sonderzuteilung extra für diesen Zweck. Der Glaube an die Wirkung mag helfen, solange keine Einschläge zu hören sind und das Herzjagen nur vom Wummern der Flak oder vom Zwitscherton eines versprengten Geschosses verursacht wird.

In einer der Nächte ist sie nach der Entwarnung wie gewöhnlich mit dem Rad zur Rettungsstelle unterwegs, als ihr ein Mann in den Lenker greift. Sie hat ihn in der Dunkelheit nicht gesehen und stürzt vor Schreck beinahe mit dem Fahrrad um. Weg da, ich bin vom Roten Kreuz, ruft sie so laut sie kann, und sie hat Erfolg, der offenbar Betrunkene läßt von ihr ab. Man wird doch wohl 'ne Schwester brauchen dürfen, schimpft er hinter ihr her.

Noch zittrig von dem Erlebten beginnt sie in der Rettungsstelle ihren Dienst. Heute sind vor allem Brandverletzungen zu versorgen.

Rasch, Schwester, ziehn Sie der Frau da die Strümpfe aus! Beim ersten Versuch schreit die Patientin schrill auf. Lassen Se det lieber bleiben, meint der Sanitäter, der die Frau hereingebracht hat. Der sind die Strümpfe festjeschmort, det sehn Se doch.

Wie er das in seinem Berlinerisch hervorbringt, wird ihr übel, sie muß, was ihr seit langem nicht mehr geschah, hinauslaufen und sich übergeben. Als sie zurückkommt, stößt die Frau noch immer ihre gellenden Schreie aus. Würde sie doch bloß damit aufhören!

Die Frau hört auf. Mitten im Schrei, der Mund steht noch weit offen. Nichts mehr, kein Ton. Was ist nur mit ihr los, fragt sie den Sanitäter, der soeben eine neue Bahre abstellt. Er wirft einen Blick herüber. Wat soll schon sein, da is nischt mehr. Jehn Se mal 'n Arzt holn, ick bleib solange hier.

Er zieht einen Apfel aus der Tasche und beißt hinein.

Später ist es der Biß in den Apfel, der sie bis in ihre Träume hinein verfolgt. Roter Apfel, Schneewittchenapfel. Die Tote, der ein Schrei im Halse stecken blieb.

Bei alledem, was ich bisher auf der Rettungsstelle erlebte, war dies das Schlimmste, erzählt sie Arnim Burkhart bei seinem nächsten Besuch. Weißt du, was der Sanitäter sagte? Er müsse sich mal 'ne Pause gönnen.

Er wird sie gebraucht haben.

Verstehst du nicht – neben einer Toten!

Mit einem Ruck entzieht sie sich der Umarmung.

Hat es dich so mitgenommen? Es ist doch sicher nicht der erste Tod, dem du beiwohnen mußtest.

Beiwohnen? Manchmal benutzt ihr Liebhaber merkwürdige Ausdrücke. Ich wohnte dem Tod bei. Ich wohne beim Tod. Um vom Thema abzulenken, erzählt sie mit einem Lachen von dem Betrunkenen, der sie vom Fahrrad zerren wollte. Sie bereut es sogleich, denn er fährt auf und unterzieht sie einem Verhör. Wer war der Kerl, wo geschah es, Ortsbeschreibung, genaue Beschreibung des Täters...

Er hat mir doch gar nichts getan.

Aber es hätte dazu kommen können.

Sie muß versprechen, von nun an nicht mehr durch die Anlagen, sondern nur auf bewohnten Straßen zur Rettungsstelle zu fahren. Das ist aber ein Umweg! Damit regt sie ihn nur noch mehr auf. Und außerdem, sagt sie, weißt du doch so gut wie ich, daß solche Menschen mit schweren Strafen zu rechnen haben, wenn sie eine Frau auch nur belästigen.

Welchen Mann schreckt das schon ab.

Du mußt es wissen, du bist ein Mann.

Ich wünsche nicht, auch nur in die Nähe zu solch einem Menschen gebracht zu werden.

Sein Ton ist eisig, wie stets, wenn er sich verletzt fühlt.

Ich werde nicht mehr durch die Anlagen fahren, verspricht sie und fühlt sich müde. Der in den Apfel biß, störte die Tote nicht und sie störte ihn nicht. Das Schwierige ist das Leben.

ZEITUNGSSTADT BERLIN

Ein ausgiebiges Klopfkonzert empfängt den beliebten Professor. Seine ausdrucksstarke Stimme wird zusammen mit der Begeisterung, die er seinem Thema abzugewinnen vermag, die Studentenschar während zweier Stunden aus dem halbzerstörten, tristen Berlin des fünften Kriegsjahres in das goldene der zwanziger Jahre entführen.

Wie bereut sie ihre mangelhafte Kenntnis in Stenographie. Nur Stichworte kann sie ins Kollegheft eintragen, ein mageres Gerüst dessen, was Professor Dovifat in farbigen Worten zum Bild einer nicht nur vom Zeitungswesen her überaus lebendigen Stadt erstehen läßt. Die Glitzerwelt der Vergnügungssüchtigen hier, die langen Schlangen der Arbeitsuchenden dort. Berlin hungert. Berlin tanzt. Die Dekadenz der Emporkömmlinge. Die nackte Gewalt der Straße. Berlin, fiebernd im politischen Hickhack. Zeitungsstadt Berlin. Ende der Zwanziger im höchsten Stand ihrer geistigen und kulturellen Blüte – 147 Tages- und Wochenblätter gab es 1928 in unserer Stadt, meine Damen und Herren! ruft er die Arme ausbreitend in den Hörsaal, als wolle er die Menge der Druckerzeugnisse umfassen.

Ein ausgezeichneter Rhetoriker, hört sie hinter sich einen Kommilitonen sagen. Es ist wahr, bei den Auseinandersetzungen der Parteien und ihrer Blätter versteht es Dovifat, seinen Vortrag zur Bühnenreife zu steigern.

Da stehen die Verlagskonzerne Mosse als jüdisches, Münzenberg als linkssoziales Unternehmen dem Hugenbergkonzern und Ullstein als rechte Unternehmen gegenüber. Der Zeitungsleser wird von früh bis spät mit den neuesten Nachrichten bedient, von *Berlin am Morgen* über die *B.Z. am Mittag* zu *Der Abend* und *Die Nachtausgabe*, – damit, sollte man meinen, könnte er sich begnügen. Er begnügt sich nicht, meine Zuhörer, der Zeitungsleser von 1929 ist eminent politisch. Stellen Sie sich ein der Parteienvielfalt entsprechendes Kampfgetümmel der Gazetten vor! Da sind die linke *Rote Fahne*, der sozialdemokratischen *Vorwärts*, der von Dr. Goebbels gegründete *Angriff*, um nur einige zu nennen. Oder der Zeitungleser hält sich im Blätterwald an die gemäßigte Mitte und abonniert *Die Deutsche Allgemeine Zeitung*, *Das Berliner Tageblatt* sowie die altrenommierte *Vossische Zeitung*.

Von dieser, die Dovifat die gute alte Tante Voss nennt, spricht er anteilnehmend und scheint ihren Untergang im März 1934 zu bedauern. Im übrigen läßt er seine persönliche Einstellung zu den in rascher Folge nach 1933 eingegangenen oder von der NSDAP übernommenen Blättern wenig erkennen. Allenfalls verliert seine Sprache an Dynamik, nachdem nicht nur Mosse und Münzenberg verboten sind, sondern auch die Tage des rechten Scherl-Verlages mit seinem Zeitungskönig Hugenberg gezählt sind und der Verlag Ullstein seine Eigenständigkeit verliert. Der Berliner Blätterdschungel lichtet sich und wird zur Baumschule. *Morgenpost*, *12-Uhr-Blatt*, *Berliner Lokalanzeiger*, *Nachtausgabe* unterscheiden sich nur noch in der Aufmachung, inhaltlich kaum. Hinzugekommen sind seit 1930 die Berliner Ausgabe des NSDAP-Blattes *Völkischer Beobachter* und eine Reihe der von Goebbels gegründeten oder übernommenen Zeitungen und Zeitschriften. Wegen Papiermangels werden aber in den Kriegsjahren 1940 bis 44 nochmals viele Blätter eingestellt. Zeitungsstadt Berlin adé.

Gespenster

Ein schlauer Fuchs, unser Professor, meint eine Kommilitonin auf dem Weg zum S-Bahnhof Friedrichstraße.
Wieso schlau?
Die Wissenschaft von der Zeitung dient nicht der Meinungsbildung. Das hat er uns doch gleich zu Semesterbeginn klar gemacht, und es enthebt ihn jeglicher Wertung.
Aber er kann gut erzählen.
Und du hörst ihm gern zu.
Die Studentin scheint sich über sie lustig zu machen. Übrigens, sagt sie, hat er es dir zurückgegeben?
Wer? Was?
Na, der mit dem Spießerscheitel, du weißt schon, bei Spranger.
Er hat mir geschrieben, daß er überraschend an die Front zurückverlegt wurde. Meine Aufzeichnungen erhielte ich bei nächster Gelegenheit. Ich bereue schon, sie ihm gegeben zu haben.
Hauptsache, du siehst es ein.
Was geht die das eigentlich an? denkt sie verärgert. Aber ihr selbst ist nicht wohl bei der Sache. Der »Spießerscheitel« Otmar Walden hatte seinen Brief mit Heil Hitler beendet. Unter einen Privatbrief statt eines persönlichen Grußes Heil Hitler – so was findet man nur bei den Hundertprozentigen. Dem Mädchen berichtet sie das lieber nicht.
Was hat er sonst so von sich gegeben? Hat er dich ausgefragt?
Glaubst du etwa, er sei ein Spitzel? Zu ihrem Schrecken fällt ihr sein Interesse für Wandervögel und die bündische Jugend ein.
Es gibt genug Leute, die auf die Studenten angesetzt werden.
Aber warum?
Nie was von München gehört?
Nein. In München war ich mal, aber...
Schon gut.
Bei der Vorstellung, derartig leichtgläubig gewesen zu sein. spürt sie Magendrücken. Wie konnte sie den Mann für harmlos halten! Aber vielleicht ist er es auch und Herta sieht Gespenster?

Daß sie Herta heißt, hat ihr das Mädchen vor dem Aussteigen am Bahnhof Zoo noch mitgeteilt. Ich heiße Herta, und du?
Rosali.
Der Name paßt du dir.
Bei der Weiterfahrt fragt sie sich, verunsichert durch die schnippische Art und das unter Studenten unübliche Du, das sie ohne Umschweife gebraucht hatte, ob Herta vielleicht selber unter die Studenten geschleust...Unsinn. Nun sehe ich auch schon Gespenster.

Magnete

Sie hatte sich auf das Wochenende gefreut, hatte es herbeigesehnt, seit Tagen, seit Stunden, hatte an nichts anderes sonst denken können, sich vorbereitet, welches Kleid, was zum Abendessen, und dann ruft er an, leider.
Er hat Dienst. Sie weint ins Telefon, ich hatte mich so auf dich gefreut. Ihre Kinderstimme, sie möchte sich ohrfeigen, und er sagt: Mach es mir doch bitte nicht so schwer. Fehlt nur noch, daß er sagt: Es gibt Schlimmeres. Ja, es gibt Schlimmeres, aber nicht für mich. Im Augenblick nicht. Und ich kann mich nicht einmal dafür schämen. Auch nützt es nichts, zu denken, er kommt dafür am nächsten Wochenende. Jetzt, jetzt wollten wir zusammensein.
Carola ruft an, sie fühle sich allein, ob sie ihr für eine Teestunde Gesellschaft leisten möchte? Wir sollten einmal die beschwerenden Dinge beiseite lassen und miteinander sprechen wie gute Freundinnen, wäre es dir recht?
Ich fahre zu meiner Schwägerin nach Neustrelitz, sagt sie, froh über den plötzlichen Einfall. Mit Carola zusammenzutreffen, dazu in dieser trüben Stimmung, nur das nicht! Vielleicht ist die Einladung wieder eine Falle. Gute Freundinnen? Sie ist mißtrauisch geworden.
Die Schwägerin mit dem kleinen Jan wollte sie seit langem aufsuchen, hatte es aber immer wieder verschoben. Nun hilft ihr die Fahrt dorthin über das verpatzte Wochenende hinweg. Eine reine Freude ist der Besuch bei Mutter und Kind allerdings nicht.

Die Stimme des Babys vernimmt sie schon vor dem Eintreten. Das Zimmer riecht nach vollen Windeln und der feuchten Wäsche am Ofen. Warum schreit er so? fragt sie zur Begrüßung. Er trinkt schlecht und mir bleibt die Milch weg. Der Viertelliter auf Säuglingskarte ist zu kostbar, als daß er die Hälfte ausspuckt. Ich versuche es jetzt mit Brei, das Ergebnis siehst du hier – Erika deutet auf ein verkleckstes Sabberlätzchen.

Gib ihn mir mal!

Im Arm der Tante beruhigt sich das Baby ebensowenig, und der Löffel Brei, den sie in das verzogene Mäulchen zu praktizieren sucht, landet postwendend auf Lätzchen und Strampelhose. Wie soll ich das wieder sauber kriegen, die Waschmittel taugen doch nichts! Erika nimmt ihr ungeduldig das Kind ab. Erst als die Großmutter vom Einkaufen zurückkehrt und den Kinderwagen in die Küche schiebt, können die Schwägerinnen ein paar Worte wechseln, so gut das neben dem Rattern der Nähmaschine möglich ist. Ein Berg Uniformstoff auf dem Fußboden – Arbeitszuteilung. Alle Hände schaffen für den Sieg, du kennst ja die Sprüche, Rosali. Die sehen es als Gnade an, daß ich Heimarbeit machen darf und nicht in die Fabrik muß.

Von Berti sprechen sie nur wenig. Ob der kleine Jan je seinen Vater kennenlernen wird – diese Frage bleibt ausgeklammert. Vermißt bedeutet, nicht daran rühren, nicht an dieses Wort, das in eine fürchterliche Gewißheit umschlagen kann. So reden sie über die Zerstörungen in Berlin, und ob sie den Adolf nicht endlich umlegen – das ist Erika. Um Gottes Willen, sag so was nicht laut! Du hast recht, Oranienburg ist nicht weit.

Oranienburg?

Konzentrationslager. Nie was davon gehört?

Woher sollte ich auch?

Ich rate dir, die Ohren offen zu halten, Rosali.

Ja, aber was erfährt man schon.

Man muß nur wollen. Mehr sagt Erika nicht. Ich hätte nachfragen sollen, denkt sie, als sie schon auf dem Weg zum Bahnhof ist. Jans dünnes Stimmchen noch im Ohr. Warum schreit der Kleine so viel?

Erika ist nur noch ein Nervenbündel. Das Mutterglück habe ich mir weiß Gott anders vorgestellt.

Der Zug hat Verspätung. Auf dem Bahnsteig weht an diesem Februarabend ein eisiger Wind, die wenigen Fahrgäste versuchen hinter einer Bude Schutz zu finden. Millis alte Lederhandschuhe halten die Kälte kaum ab, sie zieht mit den Zähnen an den strammen Handschuhfingern, um die Hände ballen zu können. Währenddessen hängt ihr Blick gebannt am Nebengleis. Dort ist auf einem Zuganzeiger die Aufschrift WESENDORF zu lesen. Hatte Arnim nicht von Wesendorf gesprochen, einem Umsteigebahnhof auf der Fahrt nach Rechlin? Also könnte man ihn von hier...? Sie erkundigt sich beim Bahnhofsvorsteher. Der Zug nach Wesendorf sollte eigentlich schon durch sein, erfahrt sie, er sei ebenfalls verspätet.

Hat er noch Anschluß nach Rechlin?

Kann ich nicht sagen, Frollein. Wollten Sie nicht nach Berlin?

Doch, ich frage ja nur.

Aber als der Zug nach Berlin kommt, kann sie sich nicht vom Fleck rühren. Angefroren. Sie steht da, hört EINSTEIGEN rufen, sieht die erhobene Kelle und schaut den roten Schlußlichtern nach, bis sie sich in der Dunkelheit verlieren.

Haben Sie es sich anders überlegt, Frollein? Das war heute die letzte Bahn nach Berlin.

Ja, ich weiß. Ich fahre nach Wesendorf.

Wesendorf. Wesen-Wasen-Wiesendorf, ich bin wohl nicht bei Trost.

Natürlich bekommt sie in Wesendorf keinen Anschluß mehr, findet aber einen freundlichen Schalterbeamten, der ein Gespräch nach Rechlin für sie durchstellt. Ihr versagt fast die Stimme vor Furcht, der Herr Oberstabsingenieur könnte ungehalten sein über ihren verrückten Einfall. Welche Erlösung, als sie hört: Bleib' auf dem Bahnhof, ich hole dich ab.

Du bist ein Magnetberg, du hast mich hergezogen, erklärt sie zähneklappernd beim Besteigen seines Dienstwagens. Er lacht. Bald wird dir warm werden, ich koche uns einen guten Tee. Und was den Magneten anbetrifft – so bist du der Magnet. Was glaubst du wohl, warum es mich alten krummen Nagel immer zu dir nach Berlin zieht?

Auf männlichem Territorium

Die Offiziersbaracke liegt am Rande eines militärischen Versuchsgeländes, ein langgestreckter Holzbau. Auf Damenbesuch ist sie nicht eingerichtet. Sich schüchtern nach der Toilette erkundigend, wird ihr erst bewußt, daß sie sich auf männlichem Territorium befindet. Während er an der Türe Wache steht, huscht sie an einer Reihe an der Wand befestigter Becken vorbei, froh, am Ende ein normales WC zu finden. Auch mit dem Waschraum hat es eine besondere Bewandtnis, es ist ein Raum mit sechs Wasserhähnen über einer durchlaufenden Rinne. Er empfiehlt ihr, sich zu waschen, wenn alle beim Abendessen im Casino sind. Zu seinem Bedauern müsse er sich auch dort blicken lassen: Du weißt ja, ich bin heute im Dienst.

Daß er im Dienst ist, läßt sich nicht übersehen. Vor einem winzigen Spiegel zieht er den Schlips zurecht und fährt sich über die Haare, ein stattlicher Herr in Uniform. Was hat er sich da für eine Frau an Land gezogen? Ihr ist unbehaglich in ihrer Rolle.

Bevor er geht, sucht er ihr noch einen Schlafanzug heraus, vielleicht ein bißchen groß? Bis bald, ich freue mich auf dich.

Bis bald, wann ist bald? Ist nach einer Stunde bald? Der Tee ist getrunken, Gesicht und Hände sind flüchtig gewaschen, und nun? In seinem olivbraunen Schlafanzug, Ärmel und Hosenbeine hochgekrempelt, sitzt sie auf dem schmalen Feldbett und bürstet sich das Haar, es fällt ihr nach dem Lösen der Einsteckkämme auf die Schultern. Sie fühlt sich wie im Internat, auf die Erzieherin wartend. Auch damals saß sie abends auf dem Bett und bürstete das von den Zöpfen noch krause Haar. Eine Internatsschülerin wird er vorfinden. Brav, wird er sagen, du hast es dir bequem gemacht.

Bequem? Sie zieht die Bettdecke um die Schultern und friert dennoch, das eiserne Öfchen gibt nur wenig Wärme ab. Warum bin ich ohne Sinn und Verstand hierher gefahren? Der Magnetberg... Würde er doch nicht so lange auf sich warten lassen!

Neben dem Bett findet sie einen Stapel Papier und Stifte. Aus Langeweile fängt sie an, auf den Blättern herumzukritzeln. Blödelnde Verse über eine Dame im Herrenclub, aber dann steht noch etwas anderes auf dem Papier. »Ein Schweigen kann voll bis zum Rande füllen/ den Becher meiner Liebe/ neigst du ihn/ und läßt nur einen Tropfen überquillen/ strömt aus mein Blut und ist nicht mehr zu stillen.« Was ist bloß mit mir los, daß ich so etwas schreibe?

Als er kommt, streckt sie ihm ihre Verse entgegen: Ich habe etwas für dich.

Ich habe auch etwas für dich. Er wickelt ein belegtes Brot aus dem Papier: Aus der Küche. Für dich organisiert, damit du mir nicht verhungerst. Was ist das – ein Gedicht?

Sie nickt und kaut.

Auf Lyrik bin ich im Augenblick eigentlich nicht eingestellt.

Dann laß es! Sie will ihm den Zettel entreißen, aber er ist schon beim Lesen. Überquillend? fragt er stirnrunzelnd, müßte es nicht heißen überquellend? »Das arme Tier tat's um des Reimes willen« zitiert er zum Überfluß seinen Morgenstern.

Sie ringt um Fassung. Merkst du denn gar nicht, was ich ausdrücken wollte?

Zum Ausdruck gehört nun einmal die Ausdrucksweise, fährt er ungerührt fort, und da habe ich meine Schwierigkeit. Das mag an mir liegen, nimm meine unmaßgebliche Meinung nicht zum Maßstab für deine Dichtung. Für mich sind allzu symbolträchtige Worte, hier das Wort Becher, dem geneigt ein Tropfen entquillt – verzeih', aber das ist doch nicht neu und...

Nein, es ist nicht neu, fällt sie ihm ins Wort. Es bedeutet nur, was es immer bedeutet hat, daß irgendwann das Maß voll ist, dann läuft's eben über, dann blutest du aus.

Er hängt seine Uniformjacke auf den Bügel. Müssen wir so große Worte machen?

Wir? Das ist es ja, wir machen keine Worte, ich mache sie und du krittelst an ihnen herum. Du magst recht haben, was das Formale betrifft – aber um was es wirklich geht, das möchtest du ausblenden. Niemals fragst du danach, wie mir zumute ist, wenn deine Frau mir zusetzt – ja, sie setzt mir zu und sie ist von ihrer Warte aus im Recht. Damit läßt du mich allein. Und ich sage dir, irgendwann ist es zu viel, dann läuft er über, der Becher, den du kritisierst. Ich gebe ja zu, das

Bild ist weder neu noch einfallsreich. Aber was ich damit ausdrücken will – ist das nichts?

Er hat sich auf den Bettrand gesetzt und spielt mit ihrer Hand. Verzeih' bitte. Dein Gedicht – vielleicht ist es so, daß ich es nicht begreifen wollte. Kannst du mir glauben, daß ich eine entsetzliche Angst davor habe, dich zu verlieren? Du meinst, ich nähme es leicht, aber deine Auseinandersetzungen mit Carola und daß du daran leidest – das alles lastet als ungeheurer Druck auf mir. Nur wenn du da bist, weicht er ein wenig und ich möchte nicht daran rühren. Halten, anhalten, was mir im Grunde nicht zukommt. Womit habe ich dich verdient? Ich kann nur dankbar sein für jeden Tag, jeden gemeinsamen Augenblick. Das muß genügen. Später wirst du es einmal begreifen.

Es ist nicht genug, sagt sie heftig. Zum Zusammenleben gehört mehr. Aufeinander einzugehen. Sich dem anderen mitzuteilen. Was weiß ich von dir? Nichts. Und du von mir? Nichts.

Eine wahrhaft negative Bilanz. Bist du gekommen, um mir das zu sagen?

Der bittere Ton tut ihr weh. Unsinn, ich bin da, weil ich verrückt vor Sehnsucht nach dir war.

So gefällst du mir schon besser. Die Vorzeichen der Bilanz scheinen ins Positive zu wechseln.

Bilanz! Müssen wir rechnen? Berechnen, aufrechnen?

Nein, mein Liebes, nein. Rechnungen sind dazu da, über den Haufen geworfen zu werden.

Als hätte sie auf ein Stichwort gewartet, kippt ihre Stimmung um. Lust zu blödeln, wie es sich in einer Offiziersbaracke gehört, deren Bett gewiß nicht für zwei gedacht ist. Sie rückt an die Wand, um ihm auf dem schmalen Feldbett Platz zu machen, wobei sie ihm erklärt, auf so einem Feldbett habe Friedrich der Große vor der Schlacht von Kunersdorf geschlafen. Miteinander lachen können, einander lachen fühlen, nennt sie es, und daß im Radio der Einflug feindlicher Verbände auf die Reichshauptstadt gemeldet wird, geht sie wunderbarerweise nichts an, Berlin ist weit.

Rückwärts leben

Daß Berlin sie etwas angeht, merkt sie am andern Morgen, als ein unbarmherziger Zug sie der Reichshauptstadt entgegenführt. Ungläubig betrachtet sie ihr Gesicht im staubigen Spiegel der Fensterscheibe, bin ich es wirklich oder ist es mein Phantombild? Es kann doch nicht wahr sein, daß ich mich von ihm fortzubewege, während die Landschaft zu ihm zurückflieht. Die Böschung mit den gelben zerknickten Halmen – zurück. Die rötlichen Kiefernstämme, der Stafettenlauf der Telegraphenmasten, die Dampffetzen der Lokomotive – zurück zu ihm, zurück zu ihm.

Und ich?

Das schwache Abbild ihres Gesichtes, verrüttelt von Räderstößen, vergittert von Staubstreifen, beharrt auf Anwesenheit. Mag die Landschaft entfliehen, es ist unverrückt da, fährt mit ihr, läßt sich von ihr betrachten wie eine Fremde. Was macht die Frau hier, ist es dieselbe, die vor wenigen Stunden im khakifarbenen Schlafanzug zur Herrentoilette schlich und sich auf dem Rückweg beinahe in der Tür geirrt hätte? Welch ein Glück, daß er vorsorglich öffnete, und sie nicht ins Zimmer eines anderen hochkarätigen Herrn stolperte! Sie muß lachen, wenn sie daran denkt, wie er sie auf die Arme nahm und wieder nach Kunersdorf trug, der Name war dem Feldbett in dieser Nacht geblieben. War die Schlacht von Kunersdorf nicht eine Niederlage? Wie hatten sie gewitzelt und gelacht. Bist du auch so verliebt? fragt sie ihr Spiegelbild, das keine Gefühle kennt, obgleich ihm jetzt ein paar Regentropfen über die Wangen rollen.

Vorboten Berlins bemächtigen sich der Aussicht. Rußgeschwärzte Häuserzeilen. Blinde Fensteraugen. Fabrikschornsteine. Ein Gaskessel mit Kohlenhalde. Dazwischen ein Bahnwärterhäuschen. Winterkohl in winzigen Gärten. Immer träger ziehen die Gebäude vorbei, bis sich schließlich die Brandmauer eines halbzerstörten Hauses nicht mehr vom Fleck rührt. HENKEL ist rot und grün umrandet darauf zu lesen. Reklame aus der Vorkriegszeit, die noch keine Einheitswaschmittel kannte.

Und nun schiebt sich der Zug an einen Bahnsteig heran. An schmiedeeiserner Kette ein Schild: ORANIENBURG.

Fliegeralarm, alles aussteigen!

Oranienburg. Was sagte Erika doch von dem Konzentrationslager, das hier in der Nähe sein soll? Genaues wußte sie wohl auch nicht. Ob dort Juden sind? Oder Politische? Und was die wohl arbeiten? Für die Rüstung, wie die Häftlinge im Elsaß?

Fragen, die sie während dem langen Aufenthalt im Luftschutzkeller der Bahnstation noch eine Weile beschäftigen. Die verliebte Stimmung ist hin. Jemand packt Wurstbrote aus und trinkt dazu aus der Thermosflasche, dabei merkt sie, daß sie nicht gefrühstückt hat und rechnet sich aus, wann sie wohl nach Hause kommen wird. Und schon sind ihre Gedanken bei Carola. Hoffentlich ruft sie nicht an und fragt, wo sie gewesen sei. In Neustrelitz, kann sie dann sagen. Oder schlicht und einfach: Bei ihm. Wir gehören zusammen, Arnim und ich, sieh es endlich ein, Carola.

Als der langgestreckte Sirenenton die Entwarnung verkündet, ist sie in ihren stillen Zwiegespräch dabei, der Frau im Nerzpelz die erhofften Worte in den Mund zu legen: Ja, ich sehe es ein, Rosali. Laß uns dennoch Freundinnen bleiben.

DAS ROHRKNIE

Es gibt kein hoffnungsloses Unternehmen als das Suchen nach einer allgemeingiltigen Philosophie. Giltig, sagt Professor Spranger, das i fein betonend. Lieber Professor, es gibt kein hoffnungsloses Unternehmen, als eine unausgeschlafene, frierende Zuhörerschaft mit einem Vortrag zu fesseln. Oder bin nur ich es, die sich heute nicht konzentrieren kann? Es gibt keine allgemeingiltige Definition für meinen Gemütszustand.

Seit ihrem überfallartigen Besuch bei dem Geliebten erscheint ihr das Studium als reine Zeitverschwendung. Nichts vermag sie zu fesseln, kein Vortrag, kein Buch. Wie zu Beginn ihrer Liebe träumt sie vor sich hin oder entwirft Strategien, Carola mit der neuen Situation vertraut zu machen. Natürlich hatte sie angerufen und wissen wollen, wo sie über Nacht gewesen sei. Ich verbitte mir weitere Telefonate, hatte sie nur kühl geantwortet. und so klar will sie sich von nun an verhalten.

Während der Professor seinen Zuhörern am Beispiel Decartes zu vermitteln sucht, warum er die naturwissenschaftliche Methode auch auf dem Gebiet der Geisteswissenschaft für erstrebenswert halte, springen ihre Gedanken zu ihren Wohnzimmerfenstern, wo soll sie neue Glasscheiben hernehmen? Bisher besorgte ihr Gunther dergleichen. Jetzt ist auch er zur Wehrmacht eingezogen worden und sie fühlt sich verwaist. Wenn der Kontakt auch eher lose war, im Nebenhaus wohnte jemand, an den sie sich wenden konnte, wenn sie Hilfe brauchte.

Dem Professor geht es noch immer um Decartes. Im 17. Jahrhundert hatte der noch nicht ahnen konnte, mit welchen fatalen Problemen sich die Nachwelt dereinst zu befassen habe. Er setzte für sein mechanistisches Weltbild auf die Steuerung der Vernunft.

Vernunft? Wenn die Menschheit unvernünftig genug ist, Kriege anzuzetteln? Nicht die Menschheit, denkt sie, einer macht immer den Anfang. Wie war das doch mit dem Einfall der Wehrmacht in Polen? Ralf meinte damals, die Polen selbst seien daran schuld gewesen. Arnim ist anderer Meinung. Arnim... heute kann sie die Gedanken wirklich nicht zusammenhalten.

Um einen klaren Kopf zu bekommen, schlendert sie nach der Vorlesung noch ein Stück durch den Tiergarten. Wo bleibt der Frühling, es ist schon März und noch immer diese nasse Kälte, die einem in die Knochen geht, wieso eigentlich in die Knochen? Ob Arnim am Sonntag kommt? Oder schon früher? Ich lebe erst, wenn er da ist, denkt sie und stößt einen Kieselstein vor sich her. Wollte ich Abhängigkeit nicht immer vermeiden? Sie schleudert den Stein gegen einen der ohnehin ramponierten Alleebäume.

Zu Hause findet sie in der Diele einen Zettel: »Bin dienstlich in Berlin, muß leider sofort wieder fahren. Hoffte dich anzutreffen. Beiliegend, wie verabredet, die Karte für die Philharmonie am kommenden Dienstag. Wir treffen uns um 17 Uhr 30 im Foyer. Das Rohrknie vom Waschbecken im Badezimmer habe ich abmontiert, um es von meinen Leuten ausfräsen zu lassen. Ich werde es umgehend zurückbringen, stelle bitte einstweilen einen Eimer unter. A.«

Sie liest die paar Zeilen, als habe sie chinesische Schriftzeichen zu entziffern. Philharmonie? Rohrknie? Hoffte dich anzutreffen... Er war hier! Wäre ich doch nicht spazieren gelaufen, vielleicht hätte ich ihn dann noch erreicht!

Vor Enttäuschung ist ihr regelrecht übel, sie meint, sich übergeben zu müssen. Und die Entdeckung, daß der mittägliche Besucher nicht nur das Rohrknie abgeschraubt, sondern auch das zerbrochene Fenster notdürftig repariert hat, kann sie nicht im geringsten erfreuen.

DER STRICK

Sie sitzt drinnen. Schon seit einer Stunde sitzt sie drinnen.

Frau Klostermann, grippekrank und deshalb nicht zur Arbeit gegangen, fällt nach der bedeutungsschwer vorgetragenen Mitteilung wieder in ihr Berlinerisch zurück: Ick hab se jesacht, se soll jehn, aber nischt, se wartet auf Ihnen.

Schon gut. Umständlich legt sie die Kollegmappe ab und hängt ihren Mantel auf. Was will Carola diesmal, kommt man denn nie zur Ruhe? Zögernd öffnet sie die Wohnzimmertür.

Als erstes erblickt sie die Reitstiefel. Die zugehörige Dame ist unter dem malerisch drapierten Pelzmantel fast verschwunden. Sie hebt bei ihrem Eintritt nur langsam, als koste es sie Mühe, den Kopf aus den gefalteten Händen.

Möchtest du nicht ablegen?

Danke nein, ich friere.

Das rollende R. Ein Drama kündigt sich an.

Etwas liegt auf dem Tisch. Ein Strick.

Was soll das!

Du kannst ihn haben. Ich wollte damit meinem Leben ein Ende setzen, da rief der Sohn an. Ich nahm es als Zeichen.

Und nun denkst du ihn mir zu! Sie ist wütend. Solltest du hoffen, ich machte davon Gebrauch, so hast du dich geirrt.

Du mißverstehst mich. Ich will dich entlasten. Du bist dir wohl darüber klar, daß du nach einem Verzweiflungsschritt meinerseits das unbekümmerte Verhältnis zu meinem Mann schwerlich aufrechterhalten könntest...

Du nennst es unbekümmert? Ich war nicht einen Tag lang unbekümmert, immer ist da die Schuld, die du mir einredest, und die ich natürlich auch habe. Aber es war doch keine Absicht. Arnim und kamen nicht zusammen, um dich unglücklich zu machen, sondern...

Sondern? Sprich weiter.

Ich weiß nicht mehr, was ich sagen wollte.

Doch, du weißt es. Es war der Reiz des Verbotenen, der euch zusammenführte. Du hast es mit Glück verwechselt, Rosali.

Sie will etwas einwenden, doch vor Zorn verschlägt es ihr die Stimme. Klingt es nicht wie Hohn, als Carola fortfährt: Du magst es mir nicht glauben, aber ich habe trotz allem Verständnis für dich.

Deshalb bist du wohl nicht hier, sagt sie gepreßt.

Nein. Ich will dir etwas mitteilen, aber nicht hier.

Wieder die theatralische Geste der in die Hände gelegten Stirn. Dann, nach einer langen Pause, in der gewohnten sehr geraden Haltung: Ich muß dir etwas anvertrauen, Rosali. Komme bitte zu mir, ich erwarte dich heute abend um sechs in meiner Wohnung, nein, besser schon um fünf wegen des möglichen Luftalarms.

Du bist ja schon hier, wieso auf heute abend warten?

Du meinst, ich mute dir zuviel zu? Es ist unumgänglich, Rosali. Und es ist das letzte Mal, daß ich dich um etwas bitte.

WASSERSTÜRZE

Elise Klostermann erkundigt sich besorgt nach dem Befinden der Wohnungsinhaberin. Ob sie ihr mit einem Kräuterschnaps von ihrem Verblichenen, für gewöhnlich im Luftschutzgepäck, erste Hilfe: also der bringt Tote auf die Beene...

Nach dem Kräuterlikör fühlt sie sich tatsächlich besser. Und bis zum Nachmittag ist noch Zeit genug für ein Bad, warum sich nicht etwas Gutes tun. Det machen Se man, Frau Bahlke, heute is Donnerstag. Ick darf ja nich wegen mein' Schnupfen.

Donnerstag bedeutet, es gibt Heißwasser für ein Wannenbad. Nur einmal in der Woche wird im fünften Kriegsjahr den Hausbewohnern noch dieser Luxus vergönnt. Zwar ist das Wasser nicht sonderlich warm, weil alle Mieter am Donnerstag baden, aber was macht's. Die Wanne ist ein geschützter Raum, in dem Sorgen keinen Platz haben. Bis zum Hals im Wasser liegen, plätschern, an nichts denken. Nicht an das, was um siebzehn Uhr auf sie zukommt. Und schon ist sie dabei, sich vorzustellen, was auf sie zukommen könnte, die Einladung muß doch einen besonderen Grund haben? Oder ist nur einer der dramatischen Auftritte zu erwarten, in denen die Dame Carola sich gefällt?

Als der wegen eines undichten Abflußstöpsels langsam absinkende Wasserspiegel ihr Knie und Busen freigibt, geht sie seufzend daran, sich mit dem Waschlappen abzureiben. Die Seife ist genau so miserabel wie sie riecht. Vor dem Krieg gab es Seifen mit Lavendel- oder Kölnisch-Wasser-Duft und mit melodischen Namen wie Kaloderma oder Nivea. Während sie aus dem Wasser steigt und sich das alte, scharfgewaschene Frotteetuch über die Schultern wirft, vernimmt sie ein Tropfgeräusch. Ach herrje, das fehlende Rohrknie. Wollte er es mir nicht umgehend zurückbringen? Vom überlaufenden Eimer rinnt es schon auf die Bodenfliesen. Halbnackt sucht sie in der Küche nach einem Scheuertuch und erreicht damit, daß die schniefende Untermieterin die Ärmel hochkrempelt: Lassen Se mir mal ran, Frau Bahlke, det ham wa jleich. Beim gemeinsamen Auskippen des Eimers geht nochmals Wasser daneben. Wenn det der werteste Herr Oberstabs – wat is er nu? – wenn der rinkieken würde und uns zwee beede… Eine Vorstellung zum laut Herauslachen. Die dem Gedanken an den Liebsten beigemischten Tränen fallen nicht weiter auf bei der Nässe ringsumher.

Das Ende der Ewigkeit

Ich muß fest bleiben und zu meinem Entschluß stehen. Niemals werde ich mich von Arnim trennen, es sei denn, er selber hat den Wunsch. Carola wird mich wieder durchlöchern und mir auf ihre Art zusetzen, doch ich lasse mich keinesfalls darauf ein.

Auf dem Weg zum Innsbrucker Platz legt sie sich ihr Verhalten zurecht. Nur kein Nachgeben diesmal und keine halben Versprechungen. Arnim und ich gehören zusammen, jetzt und in Ewigkeit, Amen.

Die Dame des Hauses – eigentlich der Mietwohnung, aber ein großes Haus würde sie zu führen verstehen – empfängt sie in einem grünen, die Figur betonenden Kleid. Wenig Schmuck. Ein Nerzumhang. Ich hätte statt des Wollpullovers mein Satinblüschen anziehen sollen, um mit ihrer Eleganz mithalten zu können.

Nimm doch Platz, Rosali.

Beklommen sitzt sie vor einer Tasse, deren Porzellan so dünn ist, daß der Tee hindurchschimmert. Mein letzter Darjeeling, erklärt die Gastgeberin mit einem Lächeln. Du darfst ruhig trinken, er ist nicht vergiftet. Wenn ich jemanden umbringe, dann mich selber.

Nach solcher Einleitung Tee trinken? Ihre Hände zittern, als sie der Aufforderung zu folgen versucht. Überm Tassenrand fängt sie Carolas Blick auf. Beobachtet sie mich? Sie zwingt sich zu einem Schluck.

Ich habe dich zu mir gebeten, weil ich dir etwas anvertrauen möchte.

Es entsteht eine Pause.

Ich bin Jüdin. So, jetzt kannst du hingehen und mich ausliefern.

Auch das noch! Ein schwarzer Schrecken läßt sie beim Abstellen ihres Getränkes den Untertellter verfehlen. Carola nimmt ihr die Tasse aus der Hand. Beruhige dich, ab sofort werden wir jeden Kontakt meiden, wenn er dir lästig ist.

Darum geht es doch nicht, sagt sie, gegen den Nebel im Kopf ankämpfend.

Um was sonst?

Unwillkürlich kommt ihr die Idee, es handle sich um eine neue

Schikane. Carola habe sich das nur ausgedacht, um sie zu verunsichern. Es kann nicht wahr sein, sagt sie, Arnim hat mir nie etwas davon erzählt.

Er mußte mir versprechen, niemandem davon zu sagen, auch nicht dir.

Und warum jetzt? Vertraust du mir auf einmal?

Nein. Es ist mir gleichgültig geworden. Sollen sie mich holen, mich schreckt nichts mehr.

Carolas Gesicht gleicht in seiner Blässe der einzelnen Chrysantheme in der zum Porzellan passenden Chinavase. Zwei Fixsterne, schwebendes Weiß mit Spuren des Verblühens, während der Raum in kreisende Bewegung gerät. Wo immer sie Halt sucht im Strudel ihrer aufgeschreckten Gedanken, es gibt nichts außer der unsinnigen Hoffnung, Carola habe gelogen. Es kann nicht wahr sein, unmöglich, daß du... Ein Sausen in ihren Ohren, die eigene Stimme klingt fern, während sie hartnäckig wiederholt, es könne nicht wahr sein. Sie sucht nach Argumenten: Für die Ehe mit Ralf mußte ich einen Ariernachweis bringen, er hätte niemals eine...

Das Wort Jüdin bekommt sie nicht über die Lippen, es ist mit Scham belegt, aber auch mit den ihr in der Hitlerjugend eingetrichterten Hetzparolen. Und es hat mit der Ahnung zu tun, es verberge sich hinter dem Verschwinden der Juden etwas weit Schlimmeres als das, was von den Lagern durchsickert. Es werden so viele Unwahrheiten verbreitet, wer kann sagen, was stimmt oder nicht – damit redet sie sich für gewöhnlich heraus. Auch jetzt möchte sie die Sache abtun und sich weigern, Carola zu glauben, sie bringt noch einmal vor, es könne nicht sein. Arnim ist Offizier, wie es Ralf gewesen ist, er hätte dich unter diesen Umständen nicht heiraten dürfen.

Dein Mann war Berufsoffizier, Rosali. Arnim dagegen – du weißt, er ist Wissenschaftler, das bedeutet, sie brauchen ihn. Aus diesem Grunde tolerieren sie mich noch, ich betone: noch. Nachts horche ich auf Schritte im Treppenhaus. Ob sie vor meiner Wohnungstür haltmachen. Ich bin auf alles gefaßt.

Carola macht's wieder dramatisch. Sie fühlt die alte Wut aufsteigen. Das Ganze dient dazu, mich weichzukriegen. So gefährlich, wie sie es darstellt, kann es gar nicht sein. Sie sagt doch selbst, sie werde toleriert. Was sollte sie als Arnims Frau zu befürchten haben. Als seine Frau – das ist der Haken. Aber wurde ihre Ehe von Arnim und mir je in Frage gestellt?

Deine Sorgen sind unnötig, Carola. Arnim denkt nicht im entferntesten daran, sich scheiden zu lassen.

Während sie nach überzeugenden Worten sucht, bemerkt sie, daß den Körper der ihr gegenüber Sitzenden ein Schütteln erfaßt hat. Sie springt auf: Kann ich etwas für dich tun?

Eine abwehrende Handbewegung. Das kannst du nicht, Rosali. Und nach einer Weile: Verzeih mir, ich wollte dich nicht erschrecken. Und nimm bitte deinen Platz wieder ein, ich werde dir meine Lage rückhaltlos aufdecken.

Was sie nach und nach erfährt, macht Carolas Anfall verständlicher. Die Großmutter, bei der sie aufwuchs und die sie über alles liebte, sei 1943 abtransportiert worden. Zunächst habe sie gehofft, es gäbe für sie in Theresienstadt eine Überlebensmöglichkeit.

Theresienstadt? Ist das ein...

Mein Gott, Rosali, wo lebst du eigentlich. Theresienstadt ist ein Konzentrationslager zum Vorzeigen, wenn dir das etwas sagt. Was mit den Menschen geschieht, die von dort in eins der anderen Lager gebracht werden, darüber liegt der Mantel des Stillschweigens. Von meiner Großmutter habe ich seitdem nichts mehr gehört. Ich kann ihr nur ein schnelles Ende wünschen und keine lange Qual.

Vielleicht liegt es an der Postverbindung?

Postverbindung. Daß ich nicht lache.

Um von den Lagern wegzukommen, fragt sie, warum Carola bei der Großmutter und nicht bei ihren Eltern aufgewachsen sei.

Meine Mutter ist zum Glück früh gestorben, zum Glück, denn sie mußte es nicht mehr erleben. Ebenso mein Großvater. Mein Vater hat sich nicht um mich gekümmert. Er war übrigens ein sogenannter Arier.

Dann bist du ja nur zur Hälfte... ein Mischling, ruft sie erleichtert, sich der einst gelernten Rassengesetze erinnernd. Warum behauptest du dann, Jüdin zu sein?

Kennst du den Spruch: Wirf einen Juden in den Bach und der Fluß wird jüdisch bis zum Meer?
Willst du es denn sein? fragt sie fassungslos.
Carola erhebt sich. Sie fährt sich durchs Haar und streicht das Kleid glatt, auch der verrutschte Pelz findet seine Ordnung. Mit ein paar Schritten ist sie am Fenster und läßt die Verdunkelung herunter. Nachdem auf dem Teetisch eine Kerze angezündet ist, wendet sie sich wieder ihrem Gast zu. Ich will nicht wie ihr sein, Rosali. Genügt dir das als Antwort auf deine Frage?
Wie ein Schlag ins Gesicht, der kurze Satz: Ich will nicht wie ihr sein. Es hat mich eingeholt, denkt sie, ohne sich Rechenschaft darüber zu geben, was sie damit meint. Es ist mehr ein Gefühl, als verstandesmäßig zu erfassen. Die mit Juden verbundenen peinvollen Erinnerungen an das eigene Verhalten. Das Meiden jüdischer Mitschülerinnen. Das Besichtigen zwangsgeräumter »Judenwohnungen«. Die plötzliche Distanz zu ihren Hausbewohnerinnen, als diese mit dem gelben Stern erscheinen und das Nichtgewahrwerden ihres Verschwindens. Auch das Schicksal des in eine Heilanstalt verlegten Behinderten und die Überführung des polnischen Fremdarbeiters mit unbekanntem Ziel – alle Unterlassungen auf einmal münden in das alte Gefühl, versagt zu haben. Bisher hatte sie vermieden, sich klar zu machen, worin. Jetzt kann sie dem nicht mehr aus dem Wege gehen.
Du erwartest von mir, daß ich... beginnt sie und stockt.
Ich erwarte nichts mehr, sagt Carola. Bevor ich dich wissen ließ, wie es um mich steht, habe ich abgeschlossen. In meinem Inneren abgeschlossen. Mit Arnim und auch mit dir. Der Kampf hat mich mürbe gemacht.
Ich werde mit Arnim Schluß machen! Die Erregung teilt sich ihrer Stimme mit, kindlich hoch und beinahe schreiend, ja, ihr ist als schreie sie die wenigen Worte, oder sind es die einsetzenden Sirenen? Fliegeralarm. Sie läuft zur Tür. Du wirst von mir hören, Carola.

ENDSTATION

Es hat mich eingeholt. Überstürzte Flucht, als sei ihr tatsächlich etwas auf den Fersen. Carolas Versuch sie aufzuhalten, es sei bereits Vollalarm, verpufft an dem Alarm ihres Inneren. Ich mache mit Arnim Schluß. Ich kann nicht ohne ihn leben. Unvereinbare Sätze. Sätze wie Kinder- oder Katzengeschrei weinerlich in ihrer Kehle, bis das bösartige Dröhnen von Fluggeschwadern, begleitet vom Bellen der Flakgeschütze, sie zu sich bringt. Zurück in den U-Bahnhof Innsbrucker Platz. Dort, nachdem sich ihr Atem ein wenig beruhigt hat, setzt die Litanei aneinander geketteter, unvereinbarer Sätze wieder ein. Ich mache mit Arnim Schluß. Unmöglich, uns zu trennen. Schließlich nur noch das Wort: Endstation. Sie fühlt sich schwach auf den Beinen und möchte sich zwischen den auf Koffern und Decken in der Tiefe des Bahnsteiges hockenden Menschen niederkauern. Zugleich will sie ihren Platz am Ausgang behaupten, um nach der Entwarnung rasch hinauszugelangen und nicht erst in die Menschenmenge zu geraten. Auch kann sie von hier einen kleinen Himmelsausschnitt oberhalb der Treppe beobachten. Suchscheinwerfer bilden bizarre Muster. Leuchtkugeln tauchen den Himmel sekundenlang in grelles Lampenlicht. Jetzt ein Geräusch, als schlürfe ein gefräßiges Maul, gefolgt vom Zusammenkrachen der Stadt Berlin.

Sie muß zurückgesprungen sein, jedenfalls findet sie sich am Fuß eines Pfeilers wieder, den sie kniend umklammert. Nach einer Weile wagt sie sich wieder zum Treppenaufgang. Dort sieht sie etwas Gelbes wie flüssige Lava die Stufen herunterfließen. Männer schaufeln Sand darauf, aber die Masse flackert immer wieder auf. Phosphor, nicht reintreten! Machen Sie, daß Sie runter kommen, schreit einer der Männer sie an.

In der Dunkelheit des U-Bahnschachtes wird ihr die brenzlige Lage erst bewußt. Sitzen wir hier in einer Mausefalle, oder gibt es einen anderen Ausgang? Leute irren in Panik umher und behindern einander. Jemand stürzt zwischen die Schienen, er scheint verletzt zu sein. Eine Schwester leistet erste Hilfe. Mein Gott, ich muß ja heute nacht noch zur Rettungsstelle! Der Gedanke an ihre Schwesternpflicht macht ihr den Kopf wieder klarer.

Entwarnung. Sie schafft es, die Treppe hinauf zu kommen, vorbei an dem klebrig gelben Zeug, aus dem immer noch Flämmchen lecken. Ein Luftschutzwart will sie aufhalten. Lassen Sie mich durch, ich bin DRK-Schwester und muß zum Dienst – das hilft.

Als erstes zu Carolas Wohnhaus. Es hat nichts abbekommen, während im Umkreis Brände zu sehen sind. Auch auf ihrem Heimweg durch die Detmolder Straße stehen Häuser in Flammen. Immer wieder schlägt sie Funken auf ihrem Mantel aus und versucht Glutbrocken zu umgehen, auch brennende Balken, die auf die Straße gestürzt sind. Es hat mich eingeholt. Das Orgeln der Flammen paßt auf gespenstige Weise zu ihrer Untergangsstimmung. Wenn es mich erwischt, wäre es mir egal.

Es ist ihr nicht egal. Sobald sie die Brandstätten hinter sich hat, beginnt sie zu rennen, dabei bemerkt sie gelbe Phosphorzungen, die bei jedem Schritt hinter ihren Schuhen lecken. An ihrem Wohnhaus angekommen, versucht sie auf dem Fußabreiber das Zeug abzukratzen und entfacht ein kleines Feuerwerk. So zieht sie vorsichtig die Schuhe aus und deponiert sie in der flachen Grube, die noch vom Krater des ehemaligen Blindgängers übrig ist, mögen sie dort verglühen. Nur, wo bekomme ich einen Bezugsschein für neue Schuhe her? Das Praktische scheint ihr im doppelten Inferno dieses Abends nicht abhanden gekommen zu sein. Sie beobachtet es mit verächtlichem Staunen.

In Strümpfen zur Wohnung hoch. Im Dunkeln in die Schwesternkleidung, Mutter und Tochter Klostermann beruhigen, das Rad aus dem Keller holen, zur Rettungsstelle. Rauchvergiftungen und Verbrennungen, die Bombenopfer wollen kein Ende nehmen. Am Morgen nach dieser Nacht fühlt sie sich leer, von Müdigkeit aufgesogen jeder Gedanke, selbst der an Carola und das gegebene Versprechen. War der Anlaß dazu wirklich so schwerwiegend, daß...

Das Teppichklopfen von Hamburg

Nach wenigen Stunden Schlaf schreckt sie mit dem Satz: Ich mache mit Arnim Schluß! im Bett hoch, meint schlecht geträumt zu haben, wer sagt solchen Satz, wer spricht aus, was nie, nie eintreten wird. Sie hört sich diesen Satz hinausschreien, es war kein Traum. Hört einen anderen: Ich will nicht wie ihr sein. Jetzt, im Tageslicht, ist der gestrige Abend in allen Einzelheiten wieder da, doch kann sie nicht mehr nachvollziehen, warum Carolas Behauptung, sie sei Jüdin – vielmehr Halbjüdin – sie zu dem Ausruf veranlaßt hatte, sie mache mit Arnim Schluß. Wie konnte ich versprechen, was einzulösen ich gar nicht imstande bin?

Ich will nicht wie ihr sein.

Das war es. Das hatte eingeschlagen. Sie hat längst geahnt, daß »wie wir sein« einen Makel enthält. Das Dunkle, wovon jeder weiß, aber niemand spricht, nach Carolas Bekenntnis hat es Gestalt angenommen. Danach kann nichts weitergehen wie bisher. Aber die Liebe einfach auszureißen, wer vermag das?

Noch vier Tage bis zum Konzert in der Philharmonie. Vier Tage bis sie es ihm mitteilen muß. Wie das Wort Trennung über die Lippen bringen, wenn Körper und Seele nach dem Geliebten bitten und betteln?

Carmen ist die einzige, die ihr in dieser Situation raten könnte. Der Gedanke an einen Besuch bei der Schwester hilft ihr fürs erste, den Grübeleien zu entfliehen. Ein Zug nach Hamburg muß herausgesucht, ein Köfferchen gepackt, eine Fahrkarte gelöst werden. Außer ihren Mitbewohnerinnen setzt sie niemand von ihrem Vorhaben in Kenntnis, weder Arnim noch Carola. Sie ruft auch nicht die Schwester an, aus Furcht, die habe keine Möglichkeit, sie unterzubringen.

Genau so ist es. Als sie spät am Abend ankommt, löst sie bei Carmens Schwiegermutter, in deren Wohnung die ausgebombte Familie untergekommen ist, eher Entsetzen als Freude aus. Wo sollen wir denn noch Platz für Rosali hernehmen, wenn sich hier schon alles auf die Füße tritt!

Du kennst doch Omi, beruhigt die Schwester, vermag aber die eigene Nervosität nicht zu verbergen. Nach längerem Hin und Her wird der unangemeldeten Besucherin ein Lager im Musikzimmer des verstorbenen Opi bereitet, wobei Carmens Schwiegermutter ihr die Einzelheiten des im Sommer erfolgten Todesfalles unterbreitet. Im Hochsommer, Rosali, und wegen der Luftangriffe kein Leichenbestatter zu bekommen. Auf diesem Kanapee lag Opi vier Tage und vier Nächte, und das bei der außergewöhnlichen Hitze.

Daraufhin verzichtet der Besuch auf das Kanapee und teilt das Bett mit der neunjährigen Katrin.

Merkwürdig fern rückt während des Aufenthaltes in Hamburg der Anlaß ihrer Reise. Die Kinder hängen an ihrer Tante wie je, sie muß mit ihnen Verstecken spielen und Schwarzer Peter. Und sie muß mit Omi Teppiche auf die Teppichklopfstange in dem mit Schutt und Glasscherben übersäten Hinterhof wuchten. Nach den fürchterlichen Luftangriffen im vergangenen Sommer kaum zu glauben, daß nicht nur Omi, sondern eine ganze Kapelle teppichklopfender Hausfrauen in den Vormittagsstunden zum Klopfkonzert antritt. Es ist, als wollten sie der zerstörten Stadt mit ihrer Putzsucht zu Leibe rücken und die Darniederliegende aus der Agonie trommeln.

Man könnte darüber lachen, wenn es nicht so traurig wäre!

Traurig? Es ist Idiotie, meint die Schwester. Doch sie selber ist bestrebt, es mit Geschirrspülen und Staubsaugen ihrer Schwiegermutter recht zu machen, der es niemand recht machen kann. Deine Kinder, Carmen! Wie oft sage ich ihnen, sie sollten kein Wasserglas auf der Mahagonikommode abstellen, es gibt Ringe, und Terpentin für die Möbelpflege ist nirgends mehr aufzutreiben.

Die verhärmte Frau mit dem strähnigen Weißhaar um das Schmollgesicht könnte einem leid tun, würde sie durch ihre Putzteufelei nicht die ganze Familie drangsalieren. Mit Ausnahme von Leo. Er darf im Musikzimmer üben, während die andern sich in den beiden mit Betten und Koffern vollgestopften Zimmern und in der Küche zusammendrängen, und bitte leise, euer Vater braucht Ruhe. Er ist ihr Halbgott, seufzt Carmen.

WIE SCHÖN FÜR DICH

Keine ruhige Stunde für die Aussprache mit der Schwester! Erst als Carmen sie zur Abreise zum Bahnhof begleitet, früh genug, um zusammen in einem nahen Café noch eine Tasse Tee zu trinken, sind sie allein und sie kann mit ihrer Geschichte herausrücken. Die Reaktion ist weniger teilnahmsvoll als erwartet. Du hast einen Geliebten, wie schön für dich.

Aber er ist verheiratet.

Das soll vorkommen. Liebt ihr euch?

Er ist – er ist alles für mich. Die Trennung überlebe ich nicht.

Trennung? Weshalb Trennung?

Sie versucht den Grund zu erklären und trifft auf Unverständnis. Du glaubst also, durch deinen Verzicht eine Ehe zu retten, die vermutlich keine mehr ist.

Versteh doch, sie ist Halbjüdin. Mischling, ihre Mutter war...

Mischling, unterbricht die Schwester, laß mich bloß mit solchen unmenschlichen Einteilungen in Frieden! Sie ist eine Frau und sie leidet, weil ihr Mann eine andere liebt. Wie verbogen und krumm sind wir geworden, wenn wir nicht mehr normal fühlen können.

Normal fühlen? Nichtariern gegenüber kann ich es nicht. Ich fühle mich irgendwie schuldig.

Deshalb willst du deiner Liebe entsagen? Um dich besser zu fühlen? Als hättest du Schuld an dem Treiben der braunen Bande. Ich, für meine Person, lehne es ab, mich für die Verbrechen der Nazis schuldig zu fühlen. Habe ich sie gewählt? Ich hasse sie wie den Tod. Nicht einmal ihre Schuld will ich mit ihnen teilen.

Sprich um Himmelswillen leise!

Zum Glück sind Carmens Ausfälle gegen die Partei von den Fanfaren einer Rundfunkmeldung übertönt worden, denn Zuträger und Parteispitzel gibt es gewiß nicht nur in der Universität Berlin. Das Oberkommando der Wehrmacht gibt bekannt...

Ich habe die Leisetreterei satt, fährt die Schwester unbeeindruckt von der Zerschlagung einer feindlichen Offensive bei Odessa fort. Wären nicht die Kinder, glaub mir, ich würde den Mund aufmachen und laut verkünden, welche Verbrechen in unserem Namen begangen werden.

Warum willst du mich dann nicht verstehen?

Weil dein Opfergang reine Sentimentalität ist, und weil du damit sozusagen die Sünden deiner Jugend abbüßen willst.

Du hast leicht reden, du warst nicht in der Hitlerjugend wie ich.

Gott bewahre mich. Carmen zündet sich eine Zigarette an. Willst du auch eine?

Danke, ich will dir dein Kontingent nicht wegrauchen.

Eine Zeitlang sitzen sie schweigend. Die Schwester in ihrem die schmale Gestalt unterstreichenden Kostüm mit dem schicken Seidenschal, elegant noch im fünften Kriegsjahr. Neben ihr fühle ich mich immer noch ein wenig als Kind, denkt sie und malt mit dem Finger auf der Platte des Marmortischchens. Aber mit dem Wort Sentimentalität tut sie mir Unrecht.

Du bist hoffentlich über den BDM und den ganzen Blödsinn, den man euch in den Kopf setzte, hinaus, Rosali? Dieses unselige Rassedenken hat euch ja regelrecht vernagelt.

Statt einer Antwort fragt sie nach Carmens Jugendliebe Uli, der noch rechtzeitig in die USA auswandern konnte. Hast du je wieder von ihm gehört?

Stell dir vor, er hat drüben geheiratet und seine erste Tochter nach mir benannt. Er schickte mir die Geburtsanzeige, es muß Anfang des Krieges gewesen sein. Unsinnigerweise tröstet es mich, daß in Baltimore eine kleine Carmen aufwächst.

Die Schwester wirft die bis zum Mundstück gerauchte Zigarette in den Aschenbecher. Dein Zug fährt bald, meine Kleine, und ich muß noch eine Bahnsteigkarte besorgen.

Kannst du mir nicht raten, was ich tun soll? Während sie hastig in die Mäntel schlüpfen, hofft sie inständig, Carmen würde ihr die Entscheidung doch noch abnehmen oder wenigstens leichter machen.

Was du tun sollst? Nichts, ohne vorher mit ihm darüber zu sprechen.

Er würde versuchen, mir den Entschluß auszureden.

Da siehst du es, seine Ehe ist nicht glücklich.

Mag sein. Aber ohne mich hätte es den Bruch nicht gegeben.

Mein Gott, wie viele Frauen müssen erleben, daß der Mann fremdgeht. Das sage ich dir aus Erfahrung, kleine Schwester.

Das läßt sich überhaupt nicht vergleichen, ruft sie verzweifelt. Carola braucht ihn als Schutz.

Er will sich doch wohl nicht von ihr scheiden lassen, oder? Nein? Na, siehst du.

Unterdessen sind sie auf dem zugigen Bahnsteig angelangt und suchen hinter einer ehemaligen Verkaufsbude Windschutz, bis der Zug einfährt. Zu einem Gespräch über mehr als Belangloses kommt es nicht mehr. Beim Abschied spürt sie durch den Mantel Carmens Magerkeit. Ißt du auch genug?

Daß sie die Angelegenheit allein durchstehen muß und niemand, auch nicht Carmen, ihr helfen kann, ist die bittere Erkenntnis ihres Hamburg-Besuches.

Vom Zugfenster aus erscheint ihr die gepflegte Schwester inmitten schlecht angezogener und mürrisch blickender Reisender wie aus einer anderen Epoche hierher verschlagen. Selten ist ihr der altersmäßige Abstand so deutlich bewußt geworden. Carmen ist eine Frau der zwanziger Jahre, in denen der Foxtrott sich noch für kurze Zeit gegen den Marschtritt behaupten konnte. In ihrer Haltung gegen Hitler hat Carmen sich nie verleugnet. Könnte ich doch auch so gerade wie sie durch diese Zeit gehen! In ihrer Unbefangenheit Juden gegenüber kann Carmen meine Lage einfach nicht erfassen.

Bekümmert und ein wenig neidisch läßt sie ihr Taschentuch flattern, bis von der Schwester nur noch die kleine graue Fellkappe zu erkennen ist.

Pastorale mit Blitzschlag

Von den Wochentagen wird einer unerbittlich zum Mittwoch, der Tag des Konzertes in der Philharmonie.

Die Furcht vor der Aussprache mit dem Geliebten lähmt sie vom frühen Morgen an. Sie trödelt herum und kommt zu spät in die Vorlesung. Der Professor ist gemein genug, die Vorlesung zu unterbrechen, bis sie in der hinteren Reihe Platz gefunden hat.

Das Mensaessen läßt sie ausfallen und verkriecht sich statt dessen in die Bibliothek. Sie läßt sich Schopenhauers Wille und Vorstellung aushändigen und blättert darin. Sollte der Mensch wirklich nur zum kleinsten Teil etwas bewußt wollen? In ihrer Situation ist ihr die Erkenntnis des Philosophen wenig nütze. Von einem blinden Drang gesteuert zu werden... Sie faßt sich an den Kopf. Leider bin ich es, die steuern muß, Herr Schopenhauer, und es fällt mir verdammt schwer.

Was sie darum gäbe, in der Geborgenheit der Bibliothek einfach sitzen zu bleiben! Sie zögert den Aufbruch so lange hinaus, bis sie sich zum zweiten Mal an diesem Tage verspätet. In der Philharmonie hat das Konzert bereits begonnen. Die Garderobenfrau legt den Finger auf die Lippen. Ja, sie weiß, der knarrende Fußboden. Ohne sich zu rühren, wartet sie vor einer der Saaltüren das Ende des Klavierkonzertes ab und wünscht, die Türe möge sich niemals für jemand öffnen, der fragen würde, was ist los, warum kommst du so spät und sie müßte antworten: Es ist aus mit uns.

Ich glaubte schon, du kämest nicht mehr.

Er sagt es mit einer fast tonlosen Stimme. Verhaltener Zorn über ihre Verspätung, oder ahnt er etwas? Sie macht keinen Versuch, sich zu rechtfertigen. Die Pause verbringen sie schweigsam im Foyer auf und ab gehend. Sie muß an den ersten Konzertbesuch mit ihm denken und wie nachher auch ein Schweigen auf ihnen lastete, der Beginn ihrer Liebe verschlug ihnen die Sprache. Jetzt ist es ein Schweigen vor dem Ende.

Laß uns wenigstens die Pastorale noch anhören, sagt er, als wisse er, was kommt.

Den Goldton des Saales gibt es noch. Und es gibt einen Beethoven der Feierabendstimmung, des tanzenden Landvolks, und einen des Aufruhrs, des sich entladenden Gewitters. Das satte Dröhnen der Posaunen, das Messerwetzen der Streicher. Wir müssen uns trennen.

Als sie ihm dies sagt, sind sie schon auf der Straße. Die übrigen Konzertbesucher haben sich rasch verlaufen, wer weiß, wann der nächste Luftangriff erfolgt. Und wer weiß, ob die Philharmonie, in der soeben die Pastorale in friedlicher Stimmung verklang, den Krieg oder auch nur diese Woche überdauert. Man weiß es nicht. Wir müssen uns trennen, für immer.

Hat sie auf den kurzen Satz eine verzweifelte Szene erwartet, sieht sie sich getäuscht. Arnim Burkhart reagiert bitter. Du hast also kapituliert. Nun gut, du erhältst deinen Seelenfrieden zurück.

Als ob es um meinen Seelenfrieden ginge! Es geht um deine Frau. Jetzt kenne ich den Grund ihrer Verstörtheit.

Sie hat es dir also gesagt. Ich hätte es mir denken können. Dann bin ich jetzt wohl von meinem Schweigen entbunden.

Leise, so daß sie sich anstrengen muß, seinen Worten zu folgen, spricht er von Carolas erster Ehe, die wegen ihrer jüdischen Herkunft geschieden wurde. Sie hatte dem Aufstieg ihres Ehemannes in eine höhere Parteifunktion im Wege gestanden. Carola, die bis dahin ein Leben großen Stils geführt hatte, mußte sich nun aufs äußerste einschränken und versuchen, durch Aushilfsarbeiten ihrem Sohn das Verbleiben im Internat zu ermöglichen. Zu jener Zeit habe er sie kennengelernt, und es sei für ihn als jungem Menschen eine Herausforderung gewesen, ihre Rechte gegenüber dem Ehemann zu vertreten, um ihr das Sorgerecht für den Sohn zu sichern und um ihre pekuniäre Lage aufzubessern.

Pekuniär? Einen Augenblick bleibt sie an dem ihr unbekannten Ausdruck hängen. während das soeben Gehörte einen Tumult in ihr entfacht. Für Carola mußte er in ihrer schwierigen Lage ein Rettungsanker gewesen sein. Bis – ja, bis eine andere Frau in sein Leben trat. Sie fragt ihn, warum er es so weit kommen ließ, obwohl er doch wußte… Ich begreife es einfach nicht!

Du müßtest es eigentlich begreifen können.

Sie gehen durch Grünanlagen, Schwarzanlagen bei Nacht. Der Park ist menschenleer, dennoch stellt sie die weiteren Fragen flüsternd, als könnten sie belauscht werden. Carolas jüdische Großmutter – ist es sicher, daß sie nicht mehr lebt?

Wir wissen es nicht mit Bestimmtheit. Aber nach alledem, was man erfährt…

In den Lagern, sagt sie vorsichtig und schaut sich um, ist es da so, daß es keine Hoffnung für sie gibt?

Carola hat Grund, das Schlimmste anzunehmen.

Das Schlimmste? Aber was ist das Schlimmste? Existiert es villeicht nur in ihrer Phantasie?

Sie hat Grund. Das sagte ich dir schon.

Grund?

Eine Weile gehen sie schweigend nebeneinander. Wenn er doch weitersprechen würde, denkt sie und fragt tastend, ob er mit Grund gemeint habe, Carola habe Grund für das eigene Leben zu fürchten? Sie ist ja nur Halbjüdin, was sollte ihr da passieren.

Überlege bitte, was du mit »nur« in diesem Zusammenhang ausdrücken willst.

Ich meinte es nicht so, sagt sie beschämt.

Es übersteigt vielleicht deine Vorstellungskraft, fährt er fort, dich in die seelische Lage eines Menschen hineinzuversetzen, dessen nächste Angehörige den Berserkern in die Hände fallen. Carola hat miterlebt, wie ihre Großmutter abgeholt wurde, und ist seitdem psychisch krank, es müßte dir aufgefallen sein.

Die Reitstiefel, sagt sie, warum trägt sie immer Pelz und Reitstiefel?

Sie war früher eine passionierte Reiterin. Jetzt glaubt sie sich in dieser Aufmachung weniger angreifbar. In Wirklichkeit ist sie ein vollkommen verängstigtes Wesen.

Bei seinen Worten sieht sie die kleine Dame vor sich, krampfhaft um Haltung bemüht. Die übersteigerten Reaktionen, die dramatische Sprechweise und das gelegentliche In-sich-Zusammenfallen, das sie für Schauspielerei hielt. Sie sieht den Strick auf ihrem Wohnzimmertisch, ihr zugedacht. Sie hört Carola sagen: Wir wollen Schwestern sein. Was sie in den vergangenen Monaten als peinigend empfand, war Ausdruck einer psychischen Erkrankung? Jüdisch zu sein kann wohl heutzutage auf die Seele schlagen, denkt sie und fragt ihn, warum er Carola geheiratet habe.

Es war der einzig wirksame Schutz, den ich ihr bieten konnte. Sie klammerte sich an mich. Wir heirateten 1934. Seit den Progromen 1938 leidet sie an Verfolgungswahn. Für mich ist das Zusammenleben eine Tortur.

Sie will etwas sagen und bricht ab, als sie im schwachen Schein des beinahe vollen Mondes seine verzerrten Gesichtszüge wahrnimmt.

Kann man mit einer Frau wie Carola leben? fragt er nach einer Weile. Könntest du es?

Es fiele mir schwer, antwortet sie. Doch als du sie heiratetest, empfandest du da nichts für sie?

Er zögert. So möchte ich es nicht ausdrücken. Sie ist – sie hat eine gewisse Faszination auf mich ausgeübt.

Dann weiß ich nicht, was ich dir dagegen bedeuten konnte.

Sie haben den breiten Kiesweg verlassen. Der Pfad, dem sie jetzt folgen, ist uneben. Einmal tritt sie auf eine Baumwurzel und kann sich im Stolpern gerade noch halten. Er bleibt stehen. Du fragst mich, was du für mich bedeutetest? Ich will es dir sagen. Ein Fenster ging auf. Da waren plötzlich Luft und Licht in meiner verdüsterten Welt. Etwas, das ich seit Jahren entbehrt hatte. Doch für dich war es vielleicht anders. Bildete ich mir nur ein, es sei auch für dich das einmalige, überwältigende Erlebnis gewesen?

Wie kannst du auch nur eine Sekunde daran zweifeln, ruft sie in eine Dreiergruppe schwarzborstiger Kiefern hinein und nimmt sich erschrocken zurück. Das Weitere wieder im Flüsterton: Er hätte sie trotz des Carola gegebenen Versprechens über seine Ehe aufklären müssen. Sein Verschweigen habe dazu geführt, daß sie seiner Frau völlig allein gegenüber stand und sich oft ausgeliefert fühlte, auch von ihm. Die Wahrheit hätte ihr Verhältnis zu Carola grundlegend ändern können.

Ich wollte dich nicht verlieren.

Jetzt verlierst du mich.

Sie wundert sich über ihre Festigkeit. Der inwendige Jammer möchte den kurzen Satz ungesagt machen.

Wenn es dein Wille ist, ich lege dir nichts in den Weg.

Die Kälte seiner Stimme schmerzt sie, gefühllos kennt sie ihn nicht. Da sieht sie ihn sich krümmen, die Hand auf den Magen gepreßt. So geh doch, geh! herrscht er sie an.

Sie dreht sich um und läuft. Den Weg durch die Anlagen zurück, läuft, rennt, erreicht endlich verhetzt einen U-Bahnhof und läßt sich auf die Stufen fallen, die zum Schacht hinunterführen, Stufen wie jene, über die sie wenige Tage zuvor den brennenden Phosphor hatte fließen sehen.

Die Wand

Was tut ein Mensch, dem die Welt weggebrochen ist? Er überläßt sich einer Krankheit. Im Fieber ist er gut aufgehoben, da muß er keinen Alltag mit der Geschäftigkeit eines Tagesablaufs bestreiten – er, in diesem Falle sie, eine Abart des Er-Menschen, von der Sprache nicht vorgesehen. Was ist los, warum liegt sie auf einer Matratze im halben Zimmer und nicht in ihrem Bett?

Das Erkunden ihrer Lage vermengt sich mit Traumbildern von tanzenden Derwischen zur Pastorale von Beethoven, bis sie sich an ein nächtliches Getöse erinnert. Mit einem Ruck ist sie auf den Beinen. Bloßfüßig in die Diele, wo ein anderer Fiebertraum sein Unwesen treibt. Scharfe Brocken unter ihren Sohlen verursachen allerdings einen sehr realen Schmerz. Der Raum liegt voller Mörtel, und die Wand zwischen Diele und Schlafzimmer reicht ihr noch gerade bis zur Hüfte. Sie blickt in die vor drei Jahren zur Eheschließung gelieferte Schlafzimmereinrichtung wie über eine Brüstung. Von Kalkstaub dick überzogen die Möbel. Über Nacht ergraut das Blumenmuster der Steppdecken. Der Dreifachspiegel der Frisiertoilette zersprungen. Was war denn hier los?

Ach Jottchen, unsere Frau Bahlke holt sich noch den Tod! Die gute Elise. Wie ein Kind wird sie zurück auf das Matratzenlager gebracht und zugedeckt.

War hier eine Bombe drin?

Det könnt man fast glauben. 'n paar Häuser weiter ging 'ne Luftmine rin, ham Se det nich mitjekriegt?

Doch. Es war der Weltuntergang, sagt sie und hört eine Stimme: Geh' doch, geh'.

Ick, wenn det so weiterjeht, ick bin nur noch am Bibbern. Aber nu werden Se erstmal wieder jesund. Bis wir Sie im Keller hatten vorige

Nacht, det war 'n Ding. Sie wollten partout oben bleiben. Sterben wollten Sie, stelln Se sich det bloß vor.

Während Elise Klostermann auf dem Beistellherd Ersatzkaffee bereitet – wenn ick doch een Böhnchen hätt', een Böhnchen! – schildert sie ihr von der Küche her die Vorgänge der Nacht. Wie sie nach der Entwarnung die Matratze vom Hängeboden holten und Frau Bahlke, die sterben wollte, aber nur 'n bißchen Fieber, det wird schon wieder – wie sie im halben Zimmer ein Bodenlager herrichteten, weil die beiden Vorderzimmer unbenutzbar – ick sach Sie, mein Olgachen, schneeweiß war se im Jesichte, aber jeholfen hat se, stimmt's, Olga?

Bevor die Mitbewohnerinnen zur Arbeit gehen, stellen sie der Kranken noch einen Teller Schmalzbrote und eine Tasse Pfefferminztee neben das Lager. Und det Se nich nochmal mit bloße Beene und im Hemde rumtapern, wo doch nischt als Schutt is.

Sie verspricht es und ist froh, allein zu sein, um Ordnung in ihre Gedanken zu bringen. Da ist einerseits der gestrige Abend – geh doch, geh! – und da ist andererseits ein Trümmerhaufen, der einmal eine Wand war. Beides hat miteinander zu tun oder auch nicht, und der Birkenholzschrank aus ihrem Elternhaus, der das winzige Zimmer zur Hälfte füllt, erinnert sie mit seiner geflammten Maserung an Fieberträume ihrer Kinderzeit.

Der Hausmeister kommt, um den Schaden zu besehen. Det kriegen wa wieder hin, meint er. Sie solle schon mal anfangen, von den Backsteinen den Mörtel abzuklopfen.

Nachdem er gegangen ist, zieht sie sich an. In verbissener Wut auf ihre Schwäche beginnt sie mit dem Hammer auf die Steine einzuschlagen, bis sie sich so elend fühlt, daß sie wieder auf ihre Matratze kriecht. Doch das Steineklopfen ist nichts gegen die Anstrengung, die es sie kostet, beim Läuten des Telefons den Hörer abzunehmen. Carola will ihr danken. Arnim sei da und spiele mit dem Jungen eine Partie Schach. Was darauf antworten? Keine Ursache, sagt sie, eine Floskel, die sie sonst nie in den Mund nimmt.

Am Nullpunkt

Die Wochen nach der Stunde Null in ihrem Lebenskalender sind Husten, Schnupfen und eine zähe Traurigkeit. Ist auch die Wand mit Hilfe des Hausmeisters wieder aufgebaut, die rohen Mauersteine erinnern an das Einstürzen von mehr als nur einer Schlafzimmerwand. Der Zusammenbruch ihrer Liebe – wiederaufrichten wie die Mauer läßt sie sich nicht.

Wenn ihr Verzicht wenigstens einen Sinn gehabt hätte, doch sie kann sich nicht damit trösten, Carola von ihren Ängsten befreit zu haben. Schon bald heben die Telefonate wieder an, nur ist der Tonfall ein anderer. Kläglich: Arnim und ich finden nicht mehr zusammen. Das ist eure Sache, entgegnet sie grob, oder weicher: Hab Geduld, Carola, es braucht gewiß Zeit. Am Schluß der Gespräche die bange Frage: Ich darf dich doch wieder anrufen? Wie einsam muß die Frau sich fühlen, daß sie Kontakt mit der früheren Rivalin sucht. Oder glaubt sie mir nicht und will herausbekommen, ob ich sie hintergehe?

Carolas Anrufe bringen sie aus dem mühsamen errungenen Gleichgewicht. Wenn es stimmt, und die beiden nicht mehr zusammenfinden, dann... An dieser Stelle verbietet sie sich die Vorstellung, was dann möglich wäre. Es ist vorbei, unwiderruflich zerbrochen, was fest für alle Zeiten schien wie die verdammte Wand, die mir ständig vor Augen steht. Zu deren Einsturz brauchte es nicht einmal den direkten Einschlag, es genügte der Luftdruck der Bombe.

Es muß Schluß sein, ein für alle mal! Trotzdem ertappt sie sich dabei, die ihr früher so verhaßten Telefonate herbeizuwünschen. Sie sucht hinter Carolas Worten etwas über den zu erfahren, um den, ob sie will oder nicht, ihre Gedanken unaufhörlich kreisen. Hat er sich abgefunden, zurückgefunden zu seiner Familie? Und Carola – hat sie sich gefaßt? Es ist zum Weinen komisch, denkt sie, wie wir zwei Frauen einander belauern.

Eines Abends ist nicht Carola, sondern er am Apparat. Als sie seine Stimme hört, zittert sie dermaßen, daß sie auf seine Bitte, noch einmal die Beweggründe zu prüfen, die sie zu ihrem Schritt veranlaßt haben, nur nein-nein-nein rufen kann und auflegen muß, weil der Boden unter ihren Füßen nachgibt. Beim Stürzen reißt sie das Telefon mit sich. Die Klostermanns kommen gelaufen und packen sie wieder ins Bett. Ein Rückfall, hört sie sagen, sie sei eben viel zu früh aufgestanden, und diesmal werde der Arzt geholt, so komme sie nicht mehr davon.

Durchhalteoptimismus

Eitrige Bronchitis, stellt der Doktor fest, ein betagter Mann, der längst im Ruhestand wäre, aber wo finden Sie heute noch einen praktischen Arzt? Nachdem er ihr sein Leid über die zum Wehrdienst eingezogene Ärzteschaft geklagt und Bettruhe verordnet hat, beschließt sie, sich um seine Diagnose nicht zu kümmern. Krank zu sein kommt ihrem augenblicklichen Seelenzustand entgegen. Sich die Seele aus dem Leib husten – sagt man nicht so? Für ihre Krankheit, davon ist sie überzeugt, gibt es keine Genesung.

Da ist es wie ein schlechter Witz, daß Dovifat seinen Seminarstudenten die Aufgabe erteilt, Pressebeispiele zum Thema Durchhalteoptimismus zusammenzustellen. Durchhalteoptimismus, haha, hätte ich eine Portion davon.

Immerhin hat sie nun zu tun, und das Durchstöbern der Zeitungen nach passenden Berichten lenkt sie von ihrer Verzweiflung ab. Bisher nahm sie die dümmlichen Hurra-Meldungen kaum zur Kenntnis, ihr Interesse an der Tagespresse beschränkte sich auf Kino-Ankündigungen und auf die Aufrufe von Abschnitten der Lebensmittelkarte. Jetzt muß sie sich damit befassen und staunt, wie plump und listig zugleich versucht wird, die von Fliegerangriffen gepeinigten Berliner bei der Stange zu halten. Da heißt es im 12-UHR-BLATT nach einem Bombardement des Stadtzentrums: »Der Angriff löste in den Menschen, Arbeitern wie Intellektuellen, Jungen wie Alten, Reichen wie Armen, etwas ganz Erstaunliches aus, ein gleichsam über alle Schichten und Klassenunterschiede Hinauswachsen. Eine ganze Stadt hat sich zum Samaritertum bekannt, es wurden Wunder an Tapferkeit und Mitgefühl erbracht.« Zu schön, um wahr zu sein!

Ist auch dies etwas Passendes: Ordensverleihung für den Einsatz bei Fliegerangriffen? Im *Berliner Lokal-Anzeiger* wird eine »verdiente Auszeichnung im Kampf gegen den Luftterror« gefeiert. Mit dem Kriegsverdienstkreuz II Klasse mit Schwertern sind 97 politische Leiter des Gaues Berlin ausgezeichnet worden. An der Brandbekämpfung werden sich politische Leiter nicht beteiligt haben! Sie haben eher dafür zu sorgen, daß die Ausgebombten die Schnauze halten!

Ein besseres Beispiel für Durchhalteoptimismus ist da der Bericht über einen Schuhmacher, der in den Trümmern seines Wohnhauses eine Werkstatt einrichtete und nach wie vor Schuhe besohlt. Sie nimmt ihn in ihre Sammlung auf.

Und wie steht es mit der überschwenglichen Besprechung einer Dichterlesung unter dem Titel »Vom wehrhaften Geiste«, musikalisch umrahmt von einer Spielschar der Hitlerjugend? »In schwerer Zeit erhält das Wort eines Berufenen besonderes Gewicht«, meint die *Morgenpost* dazu. Kann ein Dichter verantworten, die Untergangsfaszination der Jugend noch zu schüren? Gerade weil sein Wort Gewicht hat, müßte er wissen, was er anrichtet.

Von Frauen ist weniger zu finden. Oder zeugt es von Durchhalteoptimismus, wenn unter der Überschrift »Schwerstarbeit für zarte Frauenhände« in der *Nachtausgabe* beschrieben ist, wie Frauen nach den Terrorangriffen des Feindes unverzagt ans Werk gehen und die Straßenbahnschienen von Trümmerstücken befreien? »Sie spucken in die Hände und packen an«, heißt es lobend. Lobenswert in der Tat. Nur, warum spucken sie dazu in die Hände?

Beinahe entgangen wäre ihr eine Art Preisausschreiben, veranstaltet von Dr. Goebbels. Es mußte schon ein paar Wochen her sein, daß in den Berliner Blättern der Aufruf verbreitet wurde. man möge unter dem Kennwort »Totaler Krieg« Vorschläge und Anregungen einreichen. Jetzt findet sie im *Völkischen Beobachter* den Abdruck der gelungensten Einsendungen. Tausende seien eingegangen, und dies sei ein Beweis für die Anteilnahme der Bevölkerung an den Maßnahmen der Reichsregierung. Äußerst geschickt von unserem Propagandaminister, denkt sie, auf diese Weise das Einverständnis der

Berliner mit Tod und Zerstörung schriftlich zu bekommen. Durchhalteoptimismus? Wohl eher Durchhalteverblödung.

In einem längeren Artikel auf der Kulturseite der als seriös geltenden *Deutschen Allgemeinen Zeitung* ist schließlich das treffendste Beispiel für den offenbar unerschütterlichen Glauben an ein siegreiches Kriegsende zu finden. Da wird über einen Generalbaurat Kreis berichtet, der bereits Bauten für die Nachkriegszeit entwerfe. Gewaltige Mahnmale sollen hoch über den Fjorden von Narvik und Drontheim vom Schicksalskampf des deutschen Volkes künden. Ähnliches sei für die Höhen des Balkans vorgesehen. Und für die Reichshauptstadt Berlin sei zur Dokumentation des Endsieges eine Rundpyramide gigantischen Ausmaßes geplant. Nahe beim Brandenburger Tor werde der Bau aus vierzig Kuppeln auf persönlichen Wunsch des Führers von einem die Weltkugel in den Fängen haltenden Adler gekrönt werden. Der Artikel ist so abgefaßt, daß ein Zweifel an der Verwirklichung der größenwahnsinnigen Pläne gar nicht erst aufkommen kann. Es reicht, stöhnt sie. Mit solche Bauwerken wäre Deutschland für den Endsieg reichlich bestraft.

Gespannt, was der Professor zu ihren Beispielen sagt, erfährt sie bei der Abgabe, an eine inhaltliche Auswertung der gesammelten Beispiele sei nicht gedacht. Das Proseminar über publizistische Führungsmechanismen will mit der Übung lediglich den Zweckoptimismus im Berliner Zeitungswesen untersuchen und den Studenten einen Einblick in die journalistische Praxis vermitteln.

DAS HIMMELSGESCHENK

Semesterferien. Per Eilbrief die dringende Bitte der Mutter, den Koffer zu packen und ins Elsaß zu kommen. Von ersten Frühlingsblumen und vom Ärger mit ihren Vermietern ist zu lesen, und daß der Osterhase der Tochter etwas Feines ins Nest legen würde. Arme Milli, wie ihr beibringen, daß sie sich in ihrem Seelenkummer außerstande fühlt zu reisen. Das Wort Osterhase ist ihr so fern wie der Mond.

In die Suche nach einer Ausrede fällt ein Ereignis, das die Ferienfrage erübrigt. Sie erhält ein Pflegekind.

Nach einem nächtlichen Luftangriff entdeckt sie im Kellergang der Rettungsstelle einen überaus mageren Jungen, wie ein Äffchen an einen der Stühle geklammert. Merkwürdig unproportioniert der große Kopf zu dem schmächtigen Körper. Was bist du für einer, fragt sie, kurz bei ihm stehen bleibend. Meiner Mutter Sohn, sie ist da drinnen. Er deutet auf den Behandlungsraum.

Über den zahlreichen Verletzten dieser Nacht ist der Kleine schnell vergessen. Erst vor der Heimfahrt kommt sie wieder an ihm vorbei. Halb vom Stuhl gerutscht, ist er im inzwischen leer gewordenen Gang eingeschlafen.

Der wurde wohl schlicht vergessen, meint einer der Ärzte. Muskelatrophie, schauen Sie sich die Beine an, Schwester. He, Junge, wach auf. Deine Mutter haben wir verarztet, sie ist in der Klinik und muß wohl noch eine Weile dort bleiben. Was aber machen wir mit dir?

Das frage ich mich auch, sagt das Kind und reibt sich die Augen.

Hast du Angehörige in Berlin?

Nicht daß ich wüßte. Meine Mutter und ich haben uns für ein Leben zu zweit entschieden.

Du bist mir ein altkluges Bürschchen! Der Arzt steckt sich eine Zigarette an.

Krieg ich auch eine?

Untersteh dich, du Lümmel. Im Heim wird man ihm das Rauchen schon abgewöhnen. meinen Sie nicht auch, Schwester?

Bei dem Wort Heim faßt sie einen Entschluß. Ich habe zur Zeit Ferien und könnte ihn zu mir nach Hause nehmen, bis seine Mutter wiederhergestellt ist.

Wenn Sie sich das zutrauen? Der übermüdete Arzt scheint über die Lösung erleichtert zu sein. Er nimmt die Personalien des Jungen auf. Einfach werden Sie es mit ihm nicht haben, das sage ich Ihnen gleich. Sie können es sich noch überlegen.

Ich werde es schon schaffen. Sie läßt sich den Namen und die Anschrift der Klinik geben, in die man seine Mutter gebracht hat.

Schwester und Schützling werden in einem Sanitätsauto befördert, auch das Fahrrad findet darin Platz. Der Fahrer hilft noch, den Kleinen ins Haus zu tragen. Er wird im zweiten – dem unbenutzten – Ehebett abgelegt. Na, viel Glück mit dem da...

Bald weiß sie, was sie sich mit dem Oskarchen aufgehalst hat. So mager er ist, hat er doch Gewicht, und sie muß ihn überall hintragen. Aufs Klo, ins Wohnzimmer, in die Küche. Und nirgendwo will er allein bleiben. He, Rosali, mir ist langweilig, tönt es, hast' mir mal 'ne Pipe? Daß er raucht, versucht sie zu unterbinden, doch die Frauen Klostermann stecken ihm, wenn er sie anbettelt, den eigenen Glimmstengel in den Mund und lassen ihn ziehen. Ihr Herzblatt, nennen sie ihn. Ein wahres Himmelsgeschenk, unser Oskar, hab ick recht, Frau Bahlke?

Ein wahrer Frechdachs, würde ich sagen. Frech wie Oskar, so heißt es doch.

Doch auch sie hält den Burschen für ein Geschenk. Auf seine vorwitzige Weise läßt er sie ihren Kummer vorübergehend vergessen. Unerschöpflich sein Schlagerrepertoire. Beginnt er mit tiefer Zarah-Leander-Stimme »Man nennt mich Miß Jane, die berühmte, bekannte, yes Sir...« will die Küche vor Gelächter bersten. Hör auf, ick jeh kaputt! Mutter Klostermann schnappt nach Luft. Det Oskarchen, det is einer! Und der kleine Stimmenimitator, stolz auf den Beifall der Frauen, macht nicht einmal vor NS-Größen halt. In Goebbels-Originalton läßt er sich über die ehrenvolle Pflicht einer DRK-Schwester aus, sich eines verdienten Volksgenossen namens Oskar mit besonderer Hingabe anzunehmen. Ja, er gibt die Geschichte von einem gestandenen Nazi zum besten, der eine blonde Arbeitsmaid pimpert. Wie alt bist du eigentlich, fragt seine Pflegerin fassungslos. Im besten Greisenalter, sagt der Kleine, zwölf.

Daß sie es mit einem in jeder Hinsicht frühreifen Knaben zu tun hat, weiß sie wohl. Ein paarmal mußte sie ihn schon daran hindern, vom Nebenbett zu ihr herüberzuschlüpfen und sich an ihrem Nachthemd zu schaffen zu machen. Du bleibst gefälligst in deinem Bett! Sei doch nicht so, Rosali.

Böse kann sie ihm nicht sein. Was hat er schon vom Leben zu erwarten. Und sie spürt bei gelegentlichen Besuchen im Krankenhaus sogar einen Stich Eifersucht, wenn er mit seiner Mutter schmust. Die trotz eines Kopfverbandes stark geschminkte Frau, vom Sohn Luise genannt, ist die Originalausgabe des Kleinen, nur in kräftig-massiver Formgebung. Nun mach schon, Luise, daß du wieder auf die Beine kommst, Sohnemann braucht dir dringend.

Hast du es nicht gut bei der Schwester?

Sie ist 'ne Wucht, sagt Sohnemann und legt die dünnen Arme um die Gestalt in DRK-Kleidung.

Viel zu schnell kommt Luise auf die Beine. Herzbrechend weinen die Frauen Klostermann, als das Oskarchen von dem Sanitäter, der auch die Krankenhausbesuche ermöglichte, endgültig abgeholt und zu seiner Mutter gefahren wird. Auch seine Pflegerin muß schlucken. Wie leer die Wohnung auf einmal ist! Det wollt' ick ihm noch zustecken. Frau Klostermann holt eine Handvoll Schokokrümel aus der Tasche und schneuzt sich. Wat det für'n Früchtchen war, det Oskarchen. Wo wa doch sonst nischt zum Lachen haben, stimmt's, Frau Bahlke?

Kakaobutter

Nach dem Auszug des kranken Oskar gibt es wirklich nichts mehr zu lachen. Von Frühling keine Spur, doch geheizt wird nicht mehr. Dazu der Nervenkrieg durch den allabendlichen Fliegeralarm. Sitzen die Frauen am Küchentisch beieinander und teilen die letzten Zigaretten, hängen ihre Blicke bang am Rundfunkempfänger, als sei ihm der Einflug feindlicher Verbände abzulesen. Bleiben wir heute verschont oder müssen wir in den Keller? »Es geht alles vorüber, es geht alles vorbei...« tönt es passend aus dem Lautsprecher. Die sonst so zurückhaltende Olga singt beim Refrain des Schlagers die neueste Umdichtung: »... erst geht Hitler kopfüber und dann die Partei!« Wat meine Olga da wieder aufjeschnappt hat! Det kenn' Se nich, Frau Bahlke? Müssen Se mal die Ohren aufsperrn, wat die Leute so von sich geben. Na ja, sollt' man ooch besser nich jehört haben.

Sie wundert sich. Von respektlosen Sprüchen weiß sie seit je, meistens ist es Göring, der sein Fett abbekommt. Der Führer jedoch wurde bisher von Spottversen ausgenommen. Ist es schon so weit und signalisiert dies die Auflösung des tausendjährigen Reiches? Leichtsinnig dürfen ihre Untermieter aber nicht werden!

Eines Abends kehren Mutter und Tochter mit einem Gesichtsausdruck von der Arbeit zurück, als sei die Katastrophe da. Was ist los? Um Himmels willen, so reden Sie doch, Frau Klostermann!

Die sonst so redselige Frau ist auf einen Stuhl gesunken und gibt nur mit einem Seufzer von sich: Se ham uns erwischt.

Erwischt wegen was? Machen wenigsten Sie den Mund auf, Olga.

Allmählich kommt heraus, daß beim Verlassen der Schokoladenfabrik in Olga Klostermanns Tasche ein Klümpchen Kakaobutter gefunden wurde. Daraufhin wurde auch die Mutter untersucht – een Krümel, mehr nich! Nur Kakaobutter, nicht mal Schokobruch, schluchzt das Mädchen, und die ebenfalls schluchzende Elise fügt hinzu, ohne Süßes kann se nich leben, meine Olga, det wissen Se doch, Frau Bahlke. Wenn wa deshalb einjebuchtet werden, also eher spring ick aus'm Fenster.

Doch nicht wegen ein bißchen Kakaobutter.

Wissen Se, wofür man heute ins KZ kommt? Rein mit nischt könn' Se da rinkomm', un denn is duster. Klauen ist Sabotage an der Widerstandskraft des Deutschen Volkes – so heeßt et doch. Saboteure sin wa, mein Olgachen und icke.

Letzteres geht in erneutem Schluchzen unter. Die beiden Saboteure an der Widerstandskraft des Volkes, wie sie da in der Küchenschürze sitzen und flennen, würden zum Lachen reizen, wären nicht die braunen Herren als ebenso humorlos wie unmenschlich bekannt.

Immerhin haben die beiden Glück, sie werden nur in einen Rüstungsbetrieb nach Hennigsdorf versetzt. Bomben statt Schoko, bemerkt Elise Klostermann, zum Klauen is det unjeeignet..

Die Wohnungsinhaberin schluckt. Die Sache mit der Kakaobutter liegt ihr schwer im Magen, nachdem die Frauen ihr eröffnet haben, daß sie in Hennigsdorf Verwandte hätten, bei denen sie unterkommen könnten. Die Fahrt is zu weit, Frau Bahlke, det müssen Se einsehen.

Wer hätte gedacht, daß sie unter dem Auszug der einst eher unwillkommenen Einquartierung so leiden würde und viel darum gäbe, die beiden halten zu können.

Aber es wird gepackt und das Speisezimmer in seinen früheren Zustand zurückversetzt. Keen Kratzer, nischt. Die juten Stücke könn' Se für neu vakofen, Frau Bahlke.

Mutter Elise verabschiedet sich mit einem Schmatz auf die Wange: Nu lassen Se man den Kopp nich hängen, die Welt jeht auch ohne det unter. Und bedank dir, Olga, wie et sich jehört. Damit entschwinden die beiden mit ihren Koffern und Taschen, die Kopftücher fest unterm Kinn geknotet – gerade so, wie sie vor wenigen Monaten eingezogen sind.

Komm, lieber Mai

Kein Kohlgeruch, kein Bratkartoffelduft zieht mehr durch die Wohnung. Und wie still es geworden ist, nicht einmal das Telefon läutet. Carola Burkhart ließ sich offenbar von dem kleinen Oskar verschrecken, der einmal den Hörer genommen und dumme Tante hineingeschrieen hatte, eifersüchtig, weil seine Pflegerin nach den Anrufen der fremden Frau mit ihren Gedanken stets für einige Zeit woanders war als bei ihm, dem kleinen Pascha. Ich könnte umgekehrt einmal bei ihr anrufen, überlegt sie, läßt es aber sein. Besser, Abstand zu gewinnen. Gras über die Geschichte, so sagt man doch. Dessen ungeachtet legt sie eine alte Schlagerplatte auf und träumt sich in ihre Liebe zurück. Naseputzen hilft nicht. Sie macht sich in der Küche ein Brot und vergißt es zu essen.

Bei einem Luftangriff stürzt ihre vom Hausmeister laienhaft wieder hochgemauerte Schlafzimmerwand ein zweites Mal ein. Seitdem schläft sie nur noch auf dem Matratzenlager im halben Zimmer, Bücher um sich gestapelt, das Grammophon neben sich. Bald mag sie auch am Tage ihre Schlafhöhle nicht verlassen. Liegen, an den Geliebten denken, wieder und wieder dieselbe Platte laufen lassen: »Du sollst nicht traurig sein/ wenn's einmal aus ist/ es ist doch besser so/

wenn man vergißt...« Eva Busch heißt die Sängerin mit dem Silberfaden in der Stimme. »Wenn wir uns wiedersehn/in ein paar Jahren/wird's für mich ganz so sein/wie's gestern noch gewesen ist.« Das Grammophon aufziehen und das Lied noch einmal hören, bis zu der unausdenkbaren Behauptung: »Wir werden glücklich sein...«

Eines Morgens hat sie den verdösten Zustand satt. Einen Grund dafür gibt es nicht, außer daß die Sonne scheint. Der verheißungsvoll blaue Himmel über dem S-Bahnhof Schmargendorf veranlaßt sie, ein ebenso blaues Kleid aus dem Schrank zu ziehen. Beim Blick in den zerbrochenen Spiegel sieht sie sich doppelt. Doppelt häßlich, dem muß mit Lippenstift und Puder abgeholfen werden. Stirnband ums Haar und hinaus. Was soll's, ich bin jung und das Leben geht weiter. Komm, lieber Mai und mache die Bäume wieder grün!

BERLIN, FRÜHLINGSSTADT

In der Universität herrscht Hochbetrieb. Noch sind Ferien, aber die Fächer für das Sommersemester werden schon eifrig belegt. Sich zwischen den Zetteln, auf denen Vorlesungen angekündigt werden, zurechtzufinden, ist nicht einfach; sie belegt, was ihr interessant zu werden verspricht. Enttäuschend allerdings, daß Spranger diesmal nicht über Philosophie, sondern über die Geschichte der Erziehung liest. Dovifats Zeitungslehre I ist auch nicht unbedingt ihr Fall. Ob er seine Studenten wieder mit Definitionen drangsalieren wird? Begierig ist sie dagegen auf seine Vorlesung über die Deutsche Sprache. Auch ein anderes Angebot in ihrem Hauptfach erscheint ihr ungemein verlockend. Von einem Dozenten namens Wagenseil wird der erste Arbeitskreis für Fernsehrundfunk an deutschen Hochschulen eingerichtet. Sie ist froh, sich noch als Teilnehmerin eintragen zu können. Bei der Programmgestaltung eines Mediums der Zukunft mitzuwirken, ist wahrhaft aufregend. Was fehlt, ist nur die Zukunft – eine friedliche, in der die bereits vorhandene Technik der Bildübertragung Allgemeingut wird. Insofern hat das Unternehmen etwas Irreales, und gerade das macht es so spannend.

Sie beschließt, das Wiedererwachen ihrer Lebensgeister mit einem Cafébesuch zu feiern. Bei Kranzler sind die hohen Glasscheiben zwar bis auf ein Guckloch mit Holz verschalt, aber auf rotem Samtstühlen läßt es sich noch immer gut sitzen, und der Blick durchs Guckloch gibt ein Stück der ehemalige Prachtstraße Unter den Linden frei. Heute ist da ein Flanieren wie in früheren Zeiten. Landser mit ihren Mädchen, Frauen mit Kinderwagen, Schüler, Studenten, und wer sonst auf den Beinen ist, die Sonne auszukosten. Die sonst so eiligen Berliner schlendern gemächlich, manche mit einem Primelsträußchen, wie sie vorm Brandenburger Tor verkauft werden. Die Linden in ihrem unschuldigen Hellgrün, junge Bäumchen, nachdem zu Hitlers fünfzigsten Geburtstag kurz vor dem Krieg die alten Bäume gefällt wurden, um die Fahnen und die Säulen mit den Hoheitszeichen besser zur Geltung zu bringen. Die Masten und Säulen stehen noch da, die Reichsadler sind verschwunden.

Durch das Guckloch präsentiert sich die Außenwelt als Filmausschnitt, in heiteren Farben gedreht. Mein erster Fernsehvorschlag, denkt sie, Titel »Frühlingsstadt Berlin«. Als Schwarz-weiß-Film wäre zwar kein Himmel blau und keine Linde grün, aber ein fröhliches Bild käme doch in die Wohnzimmer geflogen. Im feindlichen Ausland gezeigt, würde angenommen, den Deutschen gehe es zu gut, und Berlin habe noch nicht genug auf den Deckel bekommen. Aber weder gelangt das Fernsehen schon in die Wohnzimmer, sondern ist für eine nebulöse Nachkriegszeit geplant, noch interessiert sich das Ausland für deutsche Frühlingstage...

Die Göttin der Freiheit

Als bereue der Mai seinen freundlichen Einzug, fegt bald ein eisiger Ostwind durch die Straßen und entsprechend weicht der kurze Aufschwung ihrer Gemütsverfassung der vorherigen Lethargie. Dagegen ankämpfend, besucht sie zu Semesterbeginn die meisten der sechzehn Vorlesungen und Seminare, die sie belegt hat, läßt es aber bald wieder sein. Was interessiert es sie, wieviele Altarstufen im Bauplan der

Klosterkirche von St. Gallen vorgesehen waren. Und was ist in Germanistik von einem Seminar über Schillers Lyrik zu erwarten, wenn der Professor die erste Übung mit Heil Hitler und einem Aufruf zur unbedingten Loyalität mit der deutschen Führung in ihrem schweren Schicksalskampf usw. eröffnet?

Als der Mai mit einigen schweren Luftangriffen den Schicksalskampf in den hellen Vormittag verlegt, schildert sie der Mutter in einem Brief möglichst heiter, um sie nicht zu ängstigen, und doch deutlich genug, daß es um die Tochter gar nicht so heiter bestellt ist. Zum ersten Mal taucht der Wunsch auf, Berlin den Rücken zu kehren.

7. Mai 1944

Liebe Milli!
Ich sitze im Universitätskeller vis à vis einer Reihe von Gipsbüsten. Eben erzählt man uns, wenn es brenne, müßten wir durch den Notausgang hinaus, weil ein Blindgänger vor der Tür liege. Die Antike bewahrt ihr archaisches Lächeln. Heute nacht büßte ich mal wieder meine Pappfenster ein. Die Schlafzimmerwand ist auch wieder hin. Und es ist kalt, wenn der Wind durch die Wohnung pfeift. Noch habe ich nicht vernagelt. Meine Außenfenster sind seit langem beim Glaser... Entwarnung!

Nun bin ich in einem Restaurant zwecks Mittagessen, es gibt aber nichts Warmes. Das Museum brennt. In der Dorotheen- und Friedrichstraße wälzen sich Rauchwolken. Von der Tür aus kann ich die grüne Kuppel der Französischen Kirche sehen, sie ist von Rauchfahnen umzingelt und die Skulptur auf der Spitze, ich nenne sie die Göttin der Freiheit, hebt in der letzten Viertelstunde ihres Daseins die Arme. C'est ça.

Wie geht es dir, liebe Mamutschka? Im Sommer besuche ich dich bestimmt. Stell dir vor, letzte Nacht bin ich auf Herrn S.'s Rad ohne Licht zur Rettungsstelle gegondelt, weil meine Reifen kaputt sind. Kannst du mir für den Winter... Schon wieder Voralarm. Man kann heute verrückt werden.

Donnerstag, im Hörsaal. Pappen gegen die Fensterkreuze gelehnt. Ich werde überhaupt nicht mehr warm. Ich möchte so gerne im Wintersemester woanders studieren. Kannst du mir ein Zimmer in Freiburg besorgen? Der Dom ist auch eingestürzt. Ich sah ihn mit einem Abschiedsblick nochmals aus dem Qualm auftauchen. Auch die besagte Göttin des Französischen Doms ist für immer in die göttlichen Gefilde entflohen. Die Wohnung ist bis auf die Wand wieder in Ordnung. Gestern habe ich genagelt nach altem Rezept. Lieben Gruß und Kuß –

Die Gewalt der Worte

Am 6. Juni landen die Briten an der Atlantikküste. Im Radio heißt es, der Feind werde sich nicht lange gegen die deutsche Panzerabwehr behaupten können, er habe bereits mehr als 2000 Mann eingebüßt. Sie ist gerade dabei ihre Mittagsmahlzeit, Graubrot mit Margarine und Kräutertee, zu bereiten und konzentriert sich nur halb auf die Nachrichten. Schon einmal schlug ein Landungsversuch fehl, gegen Feldmarschall Rommel werden die Briten auch diesmal keine Chance haben. Aber wenn es ihnen gelingt? Ihr soll es recht sein. Auf irgendeine Weise muß der Krieg zu Ende gehen, und sie ist des Krieges mehr als überdrüssig.

Mitte Juni weicht die Schafskälte einem heißen Frühsommer, und die Invasionsfront hat sich von der Atlantikküste in die Normandie vorangeschoben. Um den Hafen Cherbourg wird erbittert gekämpft. Nicht nur die Briten, auch die verbündeten Amerikaner scheinen sich gegen die deutsche Wehrmacht durchzusetzen. Die Linden duften wie im Frieden. Sich einen Zweig an die Nase halten, den Duft einatmen, als gäbe es keinen Krieg auf der Welt.

Es läuft ja doch alles, wie es will. Mit diesem Spruch zieht sie sich zu ihren Büchern und ihrer Musik zurück, und manchmal schreibt sie Gedichte.

Private Rückzüge sind auch in der Universität noch möglich. Es gibt dafür wunderbar entlegene Themen wie »Die Romantik als literarische Gattung«, oder die Chorischen Übungen zu Faust II, einem Sprechgesang, für den sie zu Hause die Mundstellung für Vokale oder Konsonanten vor dem Spiegel übt. Und natürlich Dovifats Vorlesung über die Deutsche Sprache. Seine Darstellungskunst übertrifft noch ihre Erwartungen. Sie lauscht hingerissen, wenn er das Lautmalerische einzelner Worte zu Gehör bringt. Das Wort Baum, meine Damen und Herren, B-a-u-m, wiederholt er mit den Armen eine Baumkrone in die Luft zeichnend, besitzt eine Bildhaftigkeit, wie sie nur dem Deutschen eigen ist. Ein Martin Luther hat es gewußt, wie Sie seiner anschaulichen Bibelübersetzung entnehmen können. Und ein Dr. Goebbels, meine verehrten Zuhörer, weiß es auch. Er hat bei Martin Luther gelernt.

Aufbrandendes Gelächter. Der Assistent schließt das Fenster. Dovifat scheint es jedoch nicht auf einen Scherz abgesehen zu haben. Er vergleicht eine Stelle aus der Bibel mit einer Rede in Goebbelscher Wortprägung. Dazu zitiert er mit seiner tragenden Stimme Sätze des Paulus aus dem Korintherbrief: »Wenn ich mit Menschen- und Engelszungen redete und hätte der Liebe nicht...«

Liebe, ein Stichwort für ihr liebeskrankes Herz. Sie träumt noch den schönen Paulussätzen nach, während der Professor schon mit demselben Pathos bei der Ansprache des Reichspropagandaministers aus dem Sportpalast ist: »Wenn wir Engelszungen zum Reden hätten, wir würden uns ihrer täglich bedienen, um auch dem letzten in unserem Volke klarzumachen, was in diesem Kriege für uns auf dem Spiele steht.«

Ein Tritt gegen das Schienbein weckt sie derb aus ihrer Versunkenheit. Herta. Sie sitzen häufig nebeneinander, und ein Stups von ihrer Seite hat sie schon öfter aus Träumereien geholt und auf Stellen aufmerksam gemacht, die ihr sonst entgangen wären. Heute erhält sie einen zweiten Tritt, als Dovifat fortfährt Goebbels zu zitieren: »Der Feind will uns total vernichten. So laßt uns total Krieg führen, um total zu siegen.« Sie bemerken den wirksamen Einsatz der Wiederholung, meine Zuhörer. Das Wort total, durch die Selbstlaute O und A von eindringlicher Kraft, erfährt in der dreimaligen Wiederholung noch eine lautliche Steigerung. O und A. In der Umkehrung haben wir das den Schöpfergeist Gottes umschreibende A und O, Alpha et Omega.

Herta streckt den Arm, was in einer Vorlesung ungewöhnlich ist. Sie unterbricht den Professor, ohne seine Zustimmung abzuwarten: Bei Paulus ging es, wenn ich es recht verstanden habe, nicht um Krieg, sondern um Menschenliebe.

Unruhe im Hörsaal. Im Falle einer sprachkritischen Untersuchung bleibe der Inhalt der herangezogenen Beispiele außer Betracht, worauf er ausdrücklich hingewiesen haben wolle – so, oder so ähnlich der Professor.

Dovivat versteht es meisterhaft, sich herauszuhalten, meint Herta auf dem Weg zur S-Bahn.

Vielleicht wollte er mit dem Zitatvergleich mehr sagen, als er eigentlich darf.

Und du, Schäfchen, hast das natürlich sofort erkannt.

Hätte Herta nur nicht diese herablassende Art. Mich Schäfchen zu nennen, ist schlichtweg unverschämt!

Warum sie sich dennoch zu dem hochaufgeschossenen Mädchen hingezogen fühlt, mag mit deren Gradheit zusammenhängen. Eine Schönheit ist Herta gewiß nicht mit dem kantigen Gesicht unter sprödem Kurzhaar und mit den etwas vorstehenden Zähnen. Aber ihre Meinung gilt ihr viel.

Kaltes Buffet

Die Fanfaren der Sondermeldungen verkünden wieder Erfolge. Eine Bombe mit Raketenantrieb habe in England Zerstörungen bisher nicht gekannten Ausmaßes angerichtet. Bald darauf ist von 244 Raketen in nur 24 Stunden die Rede. So ist doch etwas dran an des Führers Wunderwaffe, von der seit einiger Zeit gemunkelt wird? Weil die befürchteten Vergeltungsangriffe der Royal Air Force ausbleiben und nur wenige Störflieger in Berlin für Luftalarm sorgen, macht sich eine Welle der Zuversicht breit.

Klar, daß Herta sich nicht davon anstecken läßt, aber muß sie mit solch einem muffigen Gesicht im schönen warmen Sand des Strandbades Wannsee liegen? Sie sind zum Schwimmen hinausgefahren. Es kostete Überredung, die Freundin zum Mitkommen zu bewegen, das sonnenhungrige Gewimmel scheint ihr nicht zu behagen. Kreischende Kinder, junge Frauen im zweiteiligen Badeanzug, Omas im Unterrock, den Enkeln Stullen austeilend. Und am Zaun jede Menge Landser, witzige Bemerkungen herüberrufend.

Hast du keinen Spaß am Strandleben?

Hauptsache, du hast deinen Spaß, brummt Herta. Sie kann einem wirklich die Laune verderben mit ihrer Hochnäsigkeit. Gönnt sie in heutiger Zeit niemandem mehr ein harmloses Vergnügen? Was würde sie dazu sagen, daß ich mich für den Tanzabend bei den Fahnenjunkern habe breitschlagen lassen?

Der NS-Studentenbund hatte dazu eingeladen. Für das Abschlußfest der Kriegsakademie würden Damen benötigt. Zwar fühlt sie sich in der Rolle der benötigten Dame falsch am Platze, besuchte sie doch niemals eine Tanzstunde. Unwiderstehlich aber lockt das in Aussicht gestellte Sektbuffet ihren hungrigen Magen und beflügelt ihre Phantasie mit der Vorstellung von Kaviar, Hummer und anderen lange entbehrten Leckerbissen. Herta braucht davon ja nichts zu erfahren.

Abgesehen vom Sekt beschert ihr der Abend dann nur Wurst- und Schinkenbrote, einige mit Ei und Sardellen, ein seltener Genuß auch dies. Im übrigen sagt ihr der Abend wenig zu. Die Fahnenjunker, auf Etikette gedrillt, erscheinen ihr wie halbe Kinder. Artig bieten sie den Arm, treten der Partnerin beim langsamen Walzer errötend auf den Fuß, rücken den Stuhl, versuchen sich in Konversation und tauen erst auf, als sie außer der Reichweite ihrer Vorgesetzten die Damen zum Bahnhof begleiten. Potsdam unsicher machen, darunter verstehen sie mit der Spitze ihrer Degen Funken aus dem Straßenpflaster zu schlagen, ein Imponiergehabe, über das sie nach dem ungewohnten Sekt laut mitlachen kann. Die jungen Burschen tun ihr leid. Im Osten wird ihnen der Spaß am Feuerwerken bald vergehn!

Einige Tage später macht sich Herta in der Mensa über die lammfrommen Studentinnen lustig, die sich zum Tanzabend der Fahnenjunker ködern ließen. Sie fühlt sich rot werden und versucht, Gründe vorzubringen. Ein Tanzvergnügen, was ist da schon dabei!

Hat's wenigstens geschmeckt?
Was denn? fragt sie, die restlichen Möhren auf ihrem Teller betrachtend.
Na, das kalte Buffet. Die Art, wie Herta das sagt und sich darauf mit einer anderen Studentin am Tisch unterhält, als sei sie Luft, empfindet sie als Ohrfeige. Sie ist traurig und wütend zugleich, und in der folgenden Zeit gehen sie einander aus dem Weg.

Ein Tag im Juli

Keine Bombe, der Donnerschlag ist diesmal ein gewöhnliches Gewitter. Wie beruhigend das nicht von Flugzeugen verursachte Grollen, der nicht aus einer Waffe gefeuerte Blitz! Im Frieden fürchtete sie sich manchmal vor Gewitter, jetzt lehnt sie sich aus dem Fenster, um das Naturereignis zu genießen.

Ein Donnerschlag anderer Art ereilt sie wenige Tage später auf der Leipziger Straße. Sie läuft Arnim Burkhart in die Arme. Nicht in die Arme, stößt mit ihm zusammen. Nicht zusammen, stürzt zu Boden. Stürzt nicht zu Boden, steht steif vor dem Mann in der blaugrauen Luftwaffenuniform: Du hier?

Du?

Schon einmal, vor langer Zeit, Zusammenstoß, Sturz. Sie hier? hatte er damals gefragt, ja was tun Sie hier. Es war bei ihrem Wiedersehen im Oskar-Helene-Heim. Auch da die Blutwelle, die alle Sinne überschwemmte. Sie ringt um Fassung.

Ich komme von einer Vorlesung und wollte noch etwas besorgen.
Und ich bin mit ein paar Herrn im Fürstenhof verabredet.
Er schaut auf die Uhr. Mir bleibt etwas Zeit. Hättest du – würdest du – trinken wir eine Tasse Tee zusammen?
Im Hotel Fürstenhof?
Warum nicht?
Sie zögert. Mit ihm gehen? Soll etwa alles von vorn anfangen? Ich bin nicht danach angezogen, sagt sie schließlich.
Das ist doch unwichtig.

Möchtest du etwas essen, erkundigt er sich, nachdem sie sich im Restaurant unter einer Zimmerpalme niedergelassen haben.

Danke nein, ich habe schon in der Mensa gegessen. Berliner Schnitzel, fürchterlich, aber markenfrei. Kennst du das?

Nein, sagt er, und sie verzichtet mit einem Blick auf sein angespanntes Gesicht auf die Erklärung, es handle sich bei Berliner Schnitzel um einen panierten Kuheuter. Hier gibt es scheints noch echten Tee, sagt sie statt dessen und verrührt im Glas das zum Tee servierte Zuckerstück. Zucker ohne Marken, wirklich ein Nobelhotel.

Die Unterhaltung will nicht gelingen. Sind sie einander schon so fremd geworden? Schwül heute, sieht wieder nach Gewitter aus. Meinst du?

Der Kellner kommt und bittet den Herrn Oberstabsingenieur für einen Augenblick an die Rezeption. Der Augenblick zieht sich hin.

Nach einer Weile erscheint der Empfangschef. Ob die gnädige Frau sich vorübergehend in den Kleinen Salon begeben möchte?

Warum? Ich verstehe nicht –?

In dem hübschen Raum im Luis-Seize-Stil befinden sich schon andere Gäste. Der halblauten Unterhaltung kann sie entnehmen, daß der Aufenthalt für alle ein unfreiwilliger ist. Man darf uns doch nicht einfach festhalten, ruft ein älterer Herr aufgebracht und öffnet energisch die Tür, wird aber von einem davor postierten Wehrmachtsangehörigen gebeten, sich noch etwas zu gedulden. Sind wir hier Gefangene, oder was?

Von da an sitzen sie stumm. Sie spielt mit einem Knopf ihrer Kostümjacke, im Kopf die Möglichkeiten und Unmöglichkeiten des Vorganges, hinter dem etwas Ungeheuerliches stecken muß. Offenbar war auch Arnim ahnungslos, sonst hätte er sie nicht zum Tee eingeladen. Haben vielleicht die Herren, mit denen er sich treffen wollte, damit zu tun?

Nach ihrer Entlassung aus der feudalen Haft erhält sie am späten Abend die Antwort aus dem Rundfunkempfänger. Die geifernde Stimme Adolf Hitlers: »Eine ganz kleine Clique ehrgeiziger, gewissenloser und zugleich verbrecherischer, dummer Offiziere haben einen Komplott geschmiedet, um mich zu beseitigen...«

Wenn Arnim da verwickelt ist? Außer sich vor Entsetzen versucht sie Carola anzurufen, bekommt aber keine Verbindung. Sie zwingt sich zur Ruhe. Nicht den Kopf verlieren. Da Arnim weiß, was für seine Frau auf dem Spiel steht, ist es unwahrscheinlich, daß er sich in eine solche Sache hineinziehen ließ. Wahrscheinlich wurde er als Wehrmachtangehöriger länger festgehalten als sie selbst und konnte sie nicht benachrichtigen.

Dennoch verläßt sie das Zittern nicht, besonders als sie den Sinn der von Hitler hevorgebellten Sätze erfaßt: »Diesmal wird nun so abgerechnet, wie wir es als Nationalsozialisten gewohnt sind.« Ohne von Hitler direkt benannt, weiß sie, daß damit Folter, Hinrichtung und Tod gemeint sind. Unbarmherzig, wie wir es von den Nationalsozialisten gewohnt sind – der Führer des Reiches entlarvt sich selbst.

In dieser Nacht bleibt sie wach. Die Eroika von Beethoven klingt ihr zu heroisch, sie stellt das Radio ab, sitzt nur da und wartet auf einen Anruf. Als er endlich erfolgt und im wieder funktionierenden Telefon die Stimme Arnim Burkharts zu hören ist, es täte ihm leid, daß ihre überraschende Begegnung so unerfreulich endete – kann sie nur antworten, ich bin froh, was immer das heißen soll. Froh, daß er lebt, froh über seinen Anruf. Unerfreulich – froh – Worte aus einer fern gerückten Welt.

Am Morgen ist von der standrechtlichen Erschießung dreier ehrloser Offiziere zu hören. Das übrige Gesindel werde in einem öffentlichen Gerichtsverfahren abgeurteilt. Der Führer befinde sich wohlauf und habe noch gestern den Duce empfangen.

Der Betrieb geht weiter

Muß man etwas erst hautnah erleben, um es in seiner grausamen Wirklichkeit zu erfassen? Von wegen hautnah, ein paar Stunden in fürstlichem Ambiente eingesperrt zu sein und um den Geliebten zu bangen, was ist das gegenüber Gefangennahme und standrechtlicher Erschießung, und was gegenüber den Gefühlen jener, die den Umsturz planten und die nun mit ihrer Hinrichtung zu rechnen haben.

Wieder und wieder fragt sie sich, warum sämtliche der zahlreichen Attentatsversuche bisher mißlungen sind. Für Hitler Gelegenheit auf den besonderen Schutz des Allmächtigen hinzuweisen, unter dem er stehe. In seiner Umgebung gab es Tote und Verletzte, er aber blieb verschont. Wenn es wirklich einen Gott gibt... An dieser Stelle kommt sie mit ihren Gedanken nicht weiter. Gewiß, ein Attentat ist ein Mord, man mag es drehen, wie man will. Du sollst nicht töten, hat sie im Konfirmationsunterricht als eines der zehn Gebote gelernt. Aber wieviel Tod geht auf Hitlers Konto?

In der Innenstadt springen sie Zeitungsüberschriften mit den balkendicken Namen hoher Offizieren an, stets verbunden mit den Worten ehrlos, feige, Gesindel. An den Pranger mit den Verrätern! Volksgerichtshof... Hochverrat... Der Volkszorn fordert den Galgen...

Auf den Straßen ist von Volkszorn wenig zu bemerken. Die Leute werfen einander beim Einsteigen in die überfüllte Straßenbahn wie immer Unfreundlichkeiten an den Kopf. In der Schlange vorm Bäckerladen gibt es eine Auseinandersetzung über die Reihenfolge der Anstehenden. Nichts jedoch über den Attentatsversuch, der zu einem Umsturz hätte führen können.

Auch in der Universität läuft der Betrieb weiter wie bisher. Vor den Semesterferien die übliche Drängelei um noch fehlende Testate und Scheine, sie hat selbst noch nicht alle beisammen. Die Ausarbeitung über Schillers Lyrik müßte längst abgegeben sein, und um die vorgeschriebene sechsmalige Teilnahme am Studentensport vollzumachen, hat sie noch eine Stunde Leichtathletik abzuleisten.

An einem warmen Sommermorgen radelt sie zum Sportplatz hinaus. Leichtathletik ist ihr seit je verhaßt. Sich für eine Bescheinigung in der Hitze abzustrampeln – und zur gleichen Zeit wird in dieser Stadt vielleicht ein Todesurteil unterschrieben. Ich komme mit alledem nicht zurecht, denkt sie. Könnte ich mit jemand darüber reden, aber mit wem? Mit einem Seufzer stellt sie ihr Rad am Eingang des Sportplatzes ab.

Reisefertig

Herta ist schon auf der Aschenbahn und dreht ihre Runden. Trotz ihrer schlaksigen Haltung ist sie im Laufen ein As. Wie oft hat sie Herta beneidet, wenn sie spielend an ihr vorbeizog, während sie sich schwitzend abrackerte. Ob sie heute mit ihr ins Gespräch kommt? Mehr als ein teilnahmsloses »Wie geht's« ist nach ihrer Meinungsverschiedenheit wohl nicht zu erwarten.

Nach dem Sport unternimmt sie einen letzten Versuch. Sie sind in der Umkleidebaracke, die anderen schon gegangen. Auch Herta steht bereits an der Tür. Warte doch, Herta, ich muß dich etwas fragen!

Was gibt es?

Du bist in letzter Zeit so kurz. Aber ich – wen soll ich denn sonst fragen. Was vor sich geht. Ich blicke einfach nicht durch.

Manche sind eben schwer von Begriff, sagt Herta. Immerhin wendet sie sich um und schließt hinter sich die Tür.

Mag sein, daß ich mich falsch verhalten habe. Die Sache mit dem Tanzabend in Potsdam...

Interessiert mich nicht.

Laß es mich doch erklären! Warum sollte ich den Fahnenjunkern nicht ein Vergnügen gönnen. Und es ist wahr, mich lockte auch das kalte Buffet. Was Ordentliches in den Magen zu bekommen, dazu markenfrei.

Du bist mir keine Erklärung schuldig.

Nein, bin ich nicht. Aber verdammt noch mal, Herta, wenn inzwischen Dinge geschehen sind, ich meine den 20. Juli, dann ist doch nichts mehr wie vorher. Da macht man sich doch Gedanken.

Es soll Leute geben, die sich schon vorher Gedanken gemacht haben.

Ja, mein Gott, ganz so naiv bin ich auch nicht. Aber – ein Attentat ist doch Mord, oder nicht? Nein, bleib noch, bitte! Ich wollte, es wäre ihnen gelungen.

Herta legt die Mappe ab. Also, was willst du fragen, schieß los.

Hast du eine Ahnung, was wirklich vor sich geht? Was man uns verschweigt? Außer Andeutungen ist ja nichts zu erfahren.

Wie kommst du gerade auf mich?

Im Umkleideraum riecht es nach Holz und gestockter Feuchtigkeit. Der Geruch erinnert sie an Sportveranstaltungen bei den Jungmädeln. Keine gute Erinnerung, sie wurde einmal des Kameradendiebstahls bezichtigt, das war auch in solch einer Umkleidebaracke. Sie hat das Bedürfnis, Herta von ihren Erfahrungen in der Hitlerjugend zu erzählen. Weißt du, im BDM – anfangs fand ich es fabelhaft, das Marschieren und Singen und so. Aber dann kamen Sachen vor... Na ja, und überhaupt, in meiner Familie waren alle dagegen, alle außer mir.

Herta hat sich ihr gegenüber auf die Bank gesetzt und läßt sie reden.

Als ich fünfzehn war, erfuhr ich, daß mein Vater sich wegen Hitler das Leben nahm. Man hat es mir erst so spät gesagt. Ich war ein dummes Kind und wollte partout bei den Jungmädeln sein. Meine Geschwister fürchteten wohl, ich könnte den Mund nicht halten.

Damit beschäftigt, ihr Kleid über den noch vom BDM-Sport stammenden Turnanzug zu ziehen, aus dem sie nur das HJ-Zeichen mit dem Hakenkreuz herausgetrennt hat, fühlt sie die Konflikte ihrer Jungmädelzeit, die Undurchsichtigkeiten von damals, die unbestimmte Schuld gegenüber dem Vater, das ganze Paket von Halbherzigkeiten bis zum heutigen Tag...

Sie hebt entschlossen den Kopf: Bitte, Herta, kannst du mir sagen, was in den Konzentrationslagern vor sich geht?

Willst du es wirklich wissen?

Sonst hätte ich dich nicht gefragt.

Wir wohnen im Grunewald, berichtet Herta. Da habe ich sie gesehen. Wie sie abtransportiert wurden.

Die Juden?

Wer denn sonst.

Schon will sie der Mut vor weiteren Enthüllungen verlassen. Sie bückt sich über ihren Schuh, um einen gerissenen Schnürsenkel zusammenzuknoten. Dann zieht sie die Füße auf die Bank und umschließt ihre Knie fest mit den Armen, als müsse sie sich am Fortlaufen hindern. Was war mit den Juden?

Da, am Bahnhof Grunewald – wir hatten uns versteckt, mein Bruder und ich – also, da standen sie. Wie zu einer gewöhnlichen Reise in Hut und Mantel, mit Reisetaschen und Koffer. Kinder dabei. In Güterwagen mußten sie hinein, in solche, in denen Vieh transportiert wird. Ich hörte Babys schreien, sonst war alles gespenstig still und geordnet. Nur die Befehle des SD. Erst später erfuhr ich, was bei der Ankunft im Lager mit ihnen geschieht.

Was – geschieht mit ihnen?

Schwer, die paar Worte hervorzubringen. Sie duckt sich vor der Antwort, als müsse sie in Deckung gehen.

Du fragtest vorhin, ob das nicht Mord sei, ein Attentat. Nun hör mir mal gut zu, Schäfchen. Was den Juden im Lager geschieht, ist, daß sie umgebracht werden.

Hat sie nicht seit langem davon gewußt und diese Antwort erwartet? Sich im Schatten furchtbarer Dinge einzurichten, solange sie nicht mit Worten benannt sind, und plötzlich gezwungen zu werden, hinzuschauen. In diesem Moment versteht sie Carola. Wie ihr Körper von einem Schütteln erfaßt wurde, die unheimliche Szene steht ihr noch vor Augen. Die Verlegung ihrer jüdischen Großmutter in ein unbekanntes Lager gleichbedeutend mit – umgebracht werden? Ich glaubte, sie kämen in ein Arbeitslager, versucht sie das Unausdenkbare abzuwehren.

Braucht man Babys zur Arbeit? Kinder, alte Leute, Kranke, Mütter? Du nimmst doch wohl nicht an, sie würden gebraucht. Man läßt wohl nur die länger am Leben, die zur Arbeit tauglich sind. Alle andern – weg damit. Das war doch Hitlers Wunsch und Wille, die Juden müssen weg. Und die politisch Andersdenkenden gleich mit, Sozis, Kommunisten. Soviel ich hörte, wird auch mit den Zigeunern nicht zimperlich verfahren. Tausend und mehr ihrer Opfer bringen sie an einem einzigen Tag um.

Das geht doch nicht.

Ist das alles, was dir dazu einfällt? fährt Herta sie an. Aber mir ging es ähnlich, meint sie nach einer Pause. Furchtbar, es zu sagen, ich habe mir auch als erstes überlegt, wie sie das denn bewerkstelligen sollten. Man will es nicht wahrhaben, es lehnt sich ja alles in einem auf, wenn man davon hört.

Woher hast du es?
Mein Vater ist Zahnarzt. Ein Kollege von ihm war in ein KZ abkommandiert, um zu kontrollieren, daß den Leichen vorschriftsmäßig die Goldzähne herausgebrochen wurden.
Hör auf!
Du wolltest es ja.
Bist du denn ganz sicher?
Glaubst du, ich hätte es mir zusammengereimt? Ich riskiere, daß du mich verpfeifst, meine Liebe.
Unsinn, niemals. Soweit solltest du mich doch kennen.
Sie gehen zu ihren Fahrrädern.
Was ich nicht begreife, Herta, es sind doch Menschen, die das tun.
Menschen? Das weiß ich nicht.
Wird denn nichts unternommen? Man kann doch nicht einfach zulassen, was da geschieht.
Hast du nächste Woche Zeit?
Nächste Woche? Da erwartet mich meine Mutter. Sie lebt allein im Elsaß und ich mußte ihr versprechen...
Na, dann gute Reise.
Herta steigt aufs Rad.

Bewahr uns Gott vor Strafen

Gute Reise, klingt es in ihr nach. Was sie auch anfängt, wohin sich ihre Gedanken auch wenden: Gute Reise. Unter diesen Umständen zur Mutter fahren? Die fleht in jedem Brief die Tochter an, sie nicht wieder wie in den letzten Semesterferien im Stich zu lassen. Dennoch hätte sie die Reise um ein paar Tage verschieben können. Warum hat Herta ihr zum Überlegen keine Zeit gelassen? Die Antwort gibt sie sich selbst und fühlt sich schlecht dabei. Ohne Zögern hätte sie die Bedenken beiseite schieben müssen. Gewiß glaubte Herta, es sei ihr nicht ernst und sie habe einen Rückzieher machen wollen. Und vielleicht – ja, vielleicht war es auch so.
Gute Reise.

Sie läßt sich im Sekretariat der Universität Hertas Adresse geben, doch als sie in der bezeichneten Straße nach der Hausnummer sucht, steht sie vor einer Ruine. Daß Herta ausgebombt wurde, hatte sie ihr nicht mitgeteilt, sie sprachen in letzter Zeit kaum miteinander.

Ich habe alles getan, um Herta zu finden, erklärt sie ihrem Gewissen. Und das Gewissen erklärt ihr, sie fühle sich erleichtert. Der Volksgerichtshof hat Todesurteile verhängt. Allein die Vorstellung, auch ihr winkten Konzentrationslager oder Galgen, würde sie je an einer Verschwörung teilnehmen, erfüllt sie mit lähmender Angst. Auf so etwas lief doch Hertas Aufforderung hinaus, oder nicht?

Gute Reise. Das klang verächtlich.

Zu Hause hält sie es nicht aus. Sie läuft im Regen stundenlang um einen Weiher in den nahen Parkanlagen. Gute Reise. Dazu das Bild der in Hut und Mantel, mit Kindern und Gepäck auf den Abtransport Wartenden. Am Bahnhof Grunewald hatte sie als DRK-Schwester vor gar nicht langer Zeit durchreisenden Ostflüchtlingen heiße Getränke in die Abteilfenster gereicht. Güterzüge sah sie dort nirgends. Nur die Männer vom Sicherheitsdienst standen herum oder kontrollierten Wehrmachtsangehörige.

Güterzüge? Auf der Fahrt nach Posen das merkwürdige Beharren der kleinen Katrin, sie habe auf einem Nebengleis in einem Güterzug Vieh bemerkt, Viehe, sagte das Kind. Vielleicht waren es Menschen, die sich hinter den Luftschlitzen bewegten? Und sie wollte Katrin nicht glauben und nahm es für Wichtigtuerei.

Ein Satz von Hitler kommt ihr in den Sinn. Er prophezeite das Ende der jüdischen Rasse in Europa, haßerfüllt hervorgebellt in einer seiner Reden. Einer seiner üblichen Ausfälle gegen die Juden, sie nahm es nicht ernst. Es wird vieles gesagt, wer denkt gleich, es würde ausgeführt.

Der Weg ist aufgeweicht, Sandalen, Strümpfe naß, was tut's. Die regenschweren Kiefern vor dem aufsteigenden Dunst, wunderbar in ihrer Melancholie. So empfand es Matthias Claudius: »...und aus den Wiesen steiget/der weiße Nebel wunderbar.« Sein Lied liebt sie seit ihrer Kindheit, besonders die letzten Verse: »Bewahr uns Gott vor Strafen, und laß uns ruhig schlafen und unsern kranken Nachbarn auch.« Der Dichter in seinem schlichten Glauben konnte seinen Gott getrost um Schutz bitten. Wir dagegen – können wir jemals wieder diese Verse singen? Den kranken Nachbarn haben wir seinem Schicksal überlassen. Vor Strafen wird uns kein Gott schützen, und bäten wir ihn reuigen Herzens darum. Doch wo ist überhaupt dein Gott, Matthias Claudius? Läßt er zu, daß die leise und gesittet auf dem Bahnsteig Wartenden mit dem gelben Stern am Mantel, daß die sofort nach der Ankunft...

Ob Herta etwas falsch verstanden hat und die Menschen in den Lagern kommen durch Hunger oder Seuchen um? Furchtbar auch dies, doch erträglicher als ein ihnen vorsätzlich zugedachtes Ende, das zu glauben ihr schwer fällt. In die Lage der auf dem Bahnsteig Harrenden kann sie sich hineinversetzen, nicht aber in das Grauenhafte, das ihnen bevorsteht. Im Krieg wird viel gestorben, jeden Tag kann es jeden treffen. Ermordet zu werden ist etwas unvorstellbar anderes.

Sie fragt sich, ob Adolf Hitler, zu dem sie als Kind wie zu einen Gott aufschaute, es wirklich angeordnet hat. Einem Unmenschen vertraut zu haben, macht alle, auch die schönen Jugenderinnerungen zu etwas Schlechtem. Die einstige Verehrung abzulegen, mag mit dem Verstand gelingen, aber mit dem Gefühl? Carolas vernichtendes Wort: Ich will nicht wie ihr sein. Ich will auch nicht wie wir sein, sagt sie laut vor sich hin. Und jetzt treibt der stärker werdende Regen sie nach Hause.

Da empöre sich der Mensch

Um etwas zu tun und nicht nur grübelnd herumzusitzen, macht sie sich an ihre Semesterarbeit über Schillers Gedicht »Das Ideal und das Leben«, für die sie noch einen Schein braucht. Das Seminar über Schillers Lyrik belegte sie nur, weil an Lyrik sonst nichts geboten wurde. Mit Schiller hatte sie schon in der Schule ihre Schwierigkeiten, Goethes Sinnenfreude lag ihr näher. Wie ist heutzutage noch ein Zugang zum Höhenflug seiner Dichtung zu finden? Sie stockt schon bei den ersten Versen: »Fliehet aus dem engen, dumpfen Leben/In des Ideales Reich« – solche Forderung müßte den an der Bahnrampe ihres Abtransports Harrenden wie Hohn klingen. Könnten sie noch entfliehen, so sähe das Ziel ihrer Flucht gewiß anders aus als des Ideales Reich!

Hertas Bericht vom Bahnhof Grunewald im Kopf, bewertet sie den Inhalt jeder Strophe unter diesem düsteren Aspekt und nur wenige haben Bestand. Bis sie an den Vers kommt: »Da empöre sich der Mensch!« Ja, da empöre sich der Mensch.

Als habe sie auf das Stichwort gewartet, spannt sie einen Bogen in die Schreibmaschine: Herta mag auf ihre Art aktiv sein, ich habe eine andere Möglichkeit.

Nach zwei Stunden angestrengten in die Maschine Hämmerns glaubt sie wirklich daran. Getragen vom Schillerschen Pathos, hat sie sich schreibend bis zur Erschöpfung verausgabt. Anklagend, wo von der Menschheit trauriger Blöße die Rede ist, aufflammend, wo es die Freiheit der Gedanken als höchstes Gut zu verteidigen gilt. Für diese Freiheit furchtlos einzutreten, und sich über die namenlosen Leiden der Menschheit laut zu empören, das ist es, was der Dichter dem Menschen von heute zu sagen hat. »Es schlage/An des Himmels Wölbung seine Klage/Und zerreiße euer fühlend Herz!«

Beim Durchlesen der beschriebenen Blätter ist sie überzeugt, mit Schiller auch ihre eigenen rebellischen Gedanken offenbart zu haben. Wie einst Laokoon vor Trugbildern warnte, um der Wahrheit zu dienen, müssen auch wir die Wahrheit als höchstes Gebot erkennen, und sollte uns daraufhin ein ähnlich grauenvolles Ende beschieden wäre wie jenem Wahrheitskünder, der mitsamt seinen Söhnen den Schlangentod erleiden mußte.

Von Schillers Versen in die moralische Pflicht genommen, wagt sie sich an die freie Interpretation der Forderung, auf die das Gedicht hinausläuft. »Nehmt die Gottheit auf in euren Willen, und sie steigt von ihrem Weltenthron«. Nehmt das Gesetz der Menschenliebe in euren Willen auf, deklamiert sie schreibend, und die Fesseln der Unterdrückung werden gesprengt. Empörung erhebt den Menschen aus den Niederungen tatenloser Ergebenheit.

Diese Zeilen liest sie sich laut vor. Mit solcher Bearbeitung des Schiller-Gedichtes könnte sie sich bei Herta sehen lassen. Als sie das denkt, hört sie die Freundin »Schäfchen« sagen. Du willst dich mit deinen erhebenden Worten nur darum drücken, das eigene Fell hinzuhalten, anstatt wirklich etwas zu tun.

Die Abgabe des Referats im Germanischen Institut ernüchtert sie vollends. Der Professor sei schon im Urlaub, erfährt sie von einem schlecht gelaunten Assistenten. Man kommt eben nicht erst bei Semesterschluß. Eine Benotung könne sie unter diesen Umständen nicht erwarten. Immerhin händigt er ihr den Schein aus, der die Ausarbeitung über Schillers Gedicht »Das Ideal und das Leben« bestätigt. Mit Heil Hitler! ist sie entlassen.

Das Karussell

Die Mutter empfängt sie in Begleitung eines Dackels. Das ist Lumpi, stellt sie ihn vor, und ein Lump ist er auch, du wirst ihn kennenlernen.

Wie konntest du dir einen Dackel anschaffen, jetzt, wo alles in Auflösung gerät.

Die Einsamkeit, Kind, ist schwer. Lumpi bringt mich auf andere Gedanken.

Nimmt Milli die Lage gar nicht wahr? Sobald sie von der bevorstehenden Rückeroberung Frankreichs spricht, seufzt die Mutter, das bringe ihr ihren Berti nicht zurück.

Berti ist bestimmt im Gefangenenlager. Der Russe wird ihn schon nicht schlecht behandeln, versucht sie die Mutter zu beruhigen. Du mußt dich aber trotzdem mit der Kriegslage auseinandersetzen. Bald sind die Alliierten in Paris. Du kannst hier im Elsaß nicht bleiben.

Paris ist weit, sagt die Mutter.

Sooft sie auf den Krieg zu sprechen kommen, ist Milli bei ihrem vermißt gemeldeten Sohn. Es ist, als habe sich für sie das ganze Kriegsgeschehen auf ihn verengt. Sie hört kaum hin, als die Tochter den Versuch macht, die Mutter über die Vorgänge in den Konzentrationslagern aufzuklären. Das weiß doch jeder, wie furchtbar es hergeht in solchen Lagern. Wenn unser Berti die Gefangenschaft gesund überlebt, können wir Gott auf Knien danken.

Ich rede jetzt nicht von den deutschen Kriegsgefangenen, sondern von den Juden.

Wir alle haben unser Päckchen zu tragen, sagt Milli. Dididadidu, ertönt es von einem winzigen Karussell, bestehend aus drei Holzpferden und einem Schwan. Sobald Kinder es in Bewegung setzen, ertönt eine Spieluhr mit der immer gleichen Melodie. Vor dem Haus angebracht, fällt das Gedudel in jede Unterhaltung ein. Das ist ja nicht zum Aushalten! Aber Milli stört sich nicht daran. Was haben die Kinderle sonst schon vom Leben.

In Berlin wäre ein Karussell jetzt im Kriege undenkbar.

Was willst du auch in Berlin, Kind. Bleibe hier bei mir, dann ist beiden geholfen.

Ich bin ab September dienstverpflichtet, das weißt du doch.

Milli allein im Elsaß, wenn die Front näher rückt? Auf ihren langen Spaziergängen, den Hund mehr hinter sich herziehend als ihm folgend, macht sie sich Sorgen um die Mutter und findet keinen Ausweg. Nach Berlin kann sie sie nicht mitnehmen, ihre Nerven vertragen die Luftangriffe nicht. Zu ihr zu ziehen kommt wegen des Studiums nicht in Frage. In Freiburg studieren? Sie könnte von dort aus der Mutter besser beistehen. Warum versteift sich Milli bloß darauf, hier in dieser trostlosen Atmosphäre auszuharren?

Über dem Ort liegt etwas Verstocktes. Frauen huschen ohne aufzusehen mit ihren Einkäufen durch die lange Hauptstraße, Männer lassen sich kaum blicken. In den Läden wird nicht gegrüßt. Weil wir Deutsche sind? Auch Millis Vermieter tun auf einmal so, als würde man sich nicht kennen, dabei hatten sie an Silvester noch einander zugeprostet. Du solltest deine Sachen packen und woanders hin ziehen, schlägt sie der Mutter vor. Ach Kind, wohin sollte ich denn gehen.

Einer ihrer Spaziergänge führt sie im Nachbarort in die Nähe des Stollens, den sie im vergangenen Winter entdeckte. Diesmal ist der

Eingang mit Brettern und Stacheldraht vollkommen dicht gemacht. Niemand zu sehen, weder Häftlinge noch deren Bewacher. Wurde die Arbeit aufgegeben? Sie fragt einen alten Mann, der in der Nähe mit dem Abbrennen eines Ackerrains beschäftigt ist. Er scheint sie nicht zu verstehen.

Wäre Herta hier, würde sie der Sache bestimmt nachgehen. Sie denkt auf ihren Wegen viel an die Freundin und erinnert sich an jedes in der Umkleidebaracke gefallene Wort und Hertas spöttischer Gute-Reise-Wunsch schmerzt von neuem.

Der Wald duftet wie jeden Sommer nach Tannennadeln und frisch geschlagenem Holz, ein Geruch aus der Kindheit. Wie liebte sie es, im weichen Moos zu liegen und zu den Wipfeln der Bäume hinaufzuschauen! Auch jetzt stellt sich bei einem Büschel Heidekraut mit einem darin brummelnden Käfertier ein unbestimmtes Glücksgefühl ein. Darf es das überhaupt noch geben? Den Waldboden unter sich spüren, mit einem Grashalm spielen – vielleicht, denkt sie unnachsichtig mit sich selbst, bin ich nur deshalb so verzweifelt, weil in meinem Wohlbefinden eine Störung eingetreten ist. Ich wollte, ich würde nichts von den Konzentrationslagern wissen, und habe doch selber Herta danach gefragt.

Was machst du nur für ein Gesicht, Kind, war dein Spaziergang nicht schön? fragt die Mutter nach ihrer Rückkehr besorgt.

Doch, ganz herrlich, wirklich.

Dididadidu, klingt es vom Karussell herauf.

Noch als sie im Zug sitzt, von Milli tränenreich, vom Dackel mit Nichtbeachtung verabschiedet, verfolgt sie das Dididadidu des Karussells. Sie sieht sich als Kind mit dem Kettenkarussel durch die Luft fliegen, voller Furcht an ihren Sitz geklammert. Jetzt schleudern sie Schuldgefühle im Kreis. Ob Milli, ob Herta, ob die Trennung von dem Geliebten und dessen bitterer Vorwurf, es sei ihr mehr um den eigenen Seelenfrieden gegangen als um Carola – sie findet keinen Boden unter den Füßen. Dabei ist die Trennung von Arnim das einzige, von dem sie fühlt, daß es richtig war. Aber es tut verdammt weh, immer noch und für immer. Dididadididu...

Das Rohrknie 2

Ihr Geburtstag am 1. September wird an der Pforte der Deutschen Telefonwerke mit einem Klicken der Stechuhr zum ersten Arbeitstag der Werkstudentin. Acht Wochen der Semesterferien hat sie in einem kriegswichtigen Betrieb abzuleisten und kann froh sein, nicht in der Waffenproduktion arbeiten zu müssen.

Zunächst mutet die Arbeit wie ein Kinderspiel an. In Steckplatten sind Metallstifte einzusetzen, kinderleicht, doch nach einer Stunde merkt sie bereits ihren Rücken. Schlimmer noch ist die Gleichförmigkeit der Handgriffe. Wie bekomme ich zehn Stunden herum und wie zwei Monate? Sie sei zu langsam, mahnt der Vorarbeiter. Schauen Sie, wieviel Platten Frau Maschke fertig hat, und Sie sind erst bei der zweiten.

Tatsächlich arbeitet die neben ihr sitzende Frau wie eine Maschine. Es sei Akkordarbeit, erfährt sie in der Frühstückspause. Wovon sollen meine Gören sonst satt werden?

Nach Beendigung der Pause ist auf Glockenschlag mit der Frau nicht mehr zu reden. Zack zack zack häufen sich auf ihrer Ablage die fertigen Stücke. Das werde ich nie schaffen, noch dazu in diesem Lärm! Maschinen und Bänder laufen, die riesige Halle ein einziges Surren und Klopfen. Nach zehn Stunden fährt sie mit Kopfschmerzen nach Hause und hat nur den Wunsch, sich im Bett zu verkriechen und zu schlafen.

Am ersten September 1944 wird der Krieg fünf Jahre alt. Grund genug, den eigenen Geburtstag unter den Tisch fallen zu lassen. Dennoch denkt sie mit Wehmut an die einundzwanzig Rosen, mit denen ihr Liebhaber sie im vergangenen Jahr überraschte. Da war sie noch Schwester Rosi im Oskar-Helene-Heim. Wie fern ihr diese Zeit schon ist. Mit zweiundzwanzig Jahren Fabrikarbeiterin bei DeTeWe.

Ob ich meinen dreiundzwanzigsten Geburtstag noch erlebe – und dieser elende Krieg seinen sechsten?

Nach Feierabend, während sie sich in ihrem Badezimmer den Staub der Fabrikarbeit von Gesicht, Hals und Armen wäscht, fällt ihr eine Veränderung auf. Das Geräusch des abfließenden Wassers ist ein anderes – richtig, es plätschert unterm Becken nicht wie gewöhnlich in den Eimer. Das Rohrknie ist wieder eingesetzt! Sie starrt das blanke Metallstück an wie einen Eindringling. Arnim muß hier gewesen sein, er besitzt ja noch den Wohnungsschlüssel. Ist es ein böser Scherz, daß er ausgerechnet an ihrem Geburtstag den Abfluß repariert hat? Vergeblich sucht sie in Zimmern und Küche nach einem Brief oder wenigstens einem Zettel mit einem Gruß, einem Glückwunsch.

Er liebt mich nicht mehr. Jetzt ist es endgültig aus.

Nichts anderes als diesen Satz kann sie denken, wiederholt ihn immerfort, und bevor sie recht weiß, was sie tut, hat sie sich ein frisches Kleid übergestreift, Tasche, Mantel, was braucht sie noch? Puder auf die Tränenspur, Lippenrot, und zur S-Bahn.

Ins erstbeste Kino. Welcher Film gegeben wird, ist ihr gleich. Hauptsache, zwischen Menschen zu sein und für zwei Stunden abschalten zu können. Vom Taschenlampenstrahl der Platzanweiserin geleitet, stolpert sie über ein paar Stiefel. Nehmen Sie ruhig auf mir Platz, Fräulein. Entschuldigung, sagt sie, obwohl der junge Mann in Uniform sich entschuldigen müßte, der seine Beine so unverschämt weit vorgestreckt hat. Sie schaut die Reihe entlang, ob nicht woanders ein freier Klappstuhl für sie ist, um nicht neben dem ungehobelten Kerl zu sitzen. Auf freche Bemerkungen kann sie in ihrer seelischen Verfassung verzichten, ebenso auf sein prustendes Gelächter, weil ein Kellner auf der Leinwand ein vollbeladenes Tablett so kunstvoll ungeschickt durch einen Tanzsaal bugsiert, daß einer Dame die Suppe in den Ausschnitt kleckert. In einen Lustfilm geraten zu sein, ärgert sie besonders, ihr ist eher nach einem Film wie die «Romanze in Moll» zumute. Schon überlegt sie, das Kino zu verlassen, als ihr eine Rolle Drops vor die Nase gehalten wird. Marschverpflegung, nun greifen Sie schon zu, Fräulein.

Mit dem Zitronenbonbon schluckt sie aufsteigende Tränen hinunter. Ihre von einem Rohrknie ausgelöste Seelenkrise ist in Verbindung mit dem sauren Drops weißgott zum Heulen komisch. Komisch wie der nuschelnde Hans Moser, der soeben versucht, beladen mit Koffern und Hutschachteln durch eine Drehtür zu gelangen und sich so unwiderstehlich tapsig dabei anstellt, daß sie, angesteckt vom Lachen ihres Nachbarn, mitlachen muß und kaum mehr aufhören kann. Was ist bloß in mich gefahren, daß ich heute von einem Zustand in den anderen kippe?

Nach dem Film will sie sich rasch davonmachen, doch ihr Platznachbar hält sich dicht an ihrer Seite. Auf der Straße spricht er sie an: Ob man hier irgendwo noch was zu essen bekomme? Er sei auf Durchreise und kenne sich in Berlin nicht aus. Keine Ahnung, sagt sie, um ihn loszuwerden. Doch dann besinnt sie sich auf das Rohrknie und spürt den eigenen Hunger. Zwar weiß sie am Kurfürstendamm kein um diese Zeit noch geöffnetes Restaurant, aber vielleicht läßt sich eines in einer Seitenstraße entdecken.

Nach längerer Suche landen sie einem Kellerlokal namens Berliner Klause. Großzügig lädt er sie auf die Fleischabschnitte seiner Urlauber-Lebensmittelkarte ein, und so kommt sie an ihrem Festtag sogar zu einem Festessen – Bratwurst mit Kartoffelsalat und Bier. Dazu unterhält er sie mit Landserwitzen, über die er sich selber am meisten freut. Ein halber Junge noch, denkt sie, und doch schon Obergefreiter mit dem Band des EK II im Knopfloch. Eine rotblonde Locke klebt ihm auf der verschwitzten Stirn, rötlich auch das Stubsnäschen, das ihm ein unbekümmertes Aussehen verleiht.

Haben Sie einen Sonnenbrand?

Wegen der? Er faßt sich an die Nase. Winter 42/43, Smolensk. War verdammt kalt, das können Sie mir glauben. Schwamm drüber.

Die Nase erfroren. Wieviel hat dieser junge Kerl schon hinter sich. Und was mag nach der Rückkehr zur Ostfront noch auf ihn zukommen. Wir liegen jetzt an der Memel, erzählt er, die Heimat hat uns bald wieder.

Sie tauschen ihre Lebensgeschichten aus, Kriegsgeschichten. Mein Mann lag 41 an der Düna und ist dort abgestürzt, wurde aber wieder hergestellt.

Das mit dem Fräulein solle sie ihm nicht übel nehmen, bittet er verlegen. Und auf ihre Erklärung, sie sei nach seinem zweiten Absturz Witwe geworden, meint er, sie sähe aus wie siebzehn. Ein Fräulein Witwe eben.

Der Wirt schließt das Lokal. Auf der Straße fragt ihr Begleiter nach dem nächsten Nachtkino, sein Zug gehe erst am andern Morgen.

Ein Nachtkino? Sie weiß aus der Zeitung, daß es für durchreisende Wehrmachtsangehörige mit fehlendem Schlafplatz Kinos gibt, in denen die ganze Nacht Filme laufen, doch hat sie vergessen, wo. Zur Not hätte ich zu Hause eine Couch im Wohnzimmer, meint sie zögernd. Aber nur, wenn sie anständig sind, beendet sie den angefangenen Satz, das Aufstrahlen seiner Augen bemerkend.

Versprochen. Ehrenwort.

Unterwegs vertraut sie ihm an, sie habe heute Geburtstag. Welch ein Zufall, ich habe heute auch Geburtstag! Mit einem Luftsprung bricht er einen Zweig aus dem Baum, unter dem sie gerade gehen, und überreicht ihn ihr: Glück fürs Leben! Im nächsten Moment fühlt sie seine Lippen auf ihrem Mund.

Du hattest doch versprochen, brav zu sein. Als sie das sagt, teilt er mit ihr schon das Matratzenlager im halben Zimmer, was eine Folge des Doppelgeburtstages ist oder mit dem rosa Näschen zu tun hat, das sich so selbstverständlich in ihre Armbeuge schiebt, als sei dies sein angestammter Platz.

Das Medaillon

Im Frühlicht ist das Näschen nicht mehr rosa. Grau sieht der Kerl am ganzen Leibe aus, wie er schlotternd in die Unterhosen schlüpft, dann in das dicke Wehrmachtzeug. Scheißkrieg, sagt er, sich vor ihrem Wandspiegel durchs Haar fahrend. Das von kindlichem Schniefen begleitete Wort »Scheißkrieg« bewirkt, daß sie aufsteht und im Schrank nach etwas sucht. Ja, da ist es. Ein goldenes Medaillon am Kettchen. Sie hängt es ihm um den Hals, es werde ihn beschützen. Dabei fühlt sie unter seinem Hemd die andere Kette mit der perforierten Blechscheibe, auf deren Hälften jeweils die gleiche Erkennungsnummer eingestanzt ist – ein grauenhaftes Ding, das auch Ralf auf der Brust trug. Dem toten Soldaten bleibt die eine Nummer, während die andere abgetrennt wird und später seiner

Identifizierung dient, so hatte Ralf es ihr damals erklärt. Der Gedanke daran macht, daß ihr die Augen feucht werden als der Junge geht, und auch von ihm bleibt ihr noch lange das Schniefen im Ohr, sie mußte ihm ein Taschentuch holen.

Als er weg ist, macht sie sich Gedanken, daß sie ihn nicht einmal nach seinem Namen gefragt hat. Er kritzelte zwar noch seine Feldpostnummer auf den Rand einer Zeitung, aber wie sollte ein Brief ohne Nachnamen ankommen? Auch in einem Buch, das er ihr daließ, eine reichlich zerfledderte Feldausgabe der Schriften Meister Eckharts, sucht sie vergeblich danach. Nur daß er Timo heiße, hatte er ihr erzählt und auf ihre Frage, was die Kurzform bedeute, beschämt gestanden, eigentlich heiße er Timotheus. Auch sie könne ihren Namen Rosali nicht leiden, hatte sie ihm daraufhin erklärt, und wie der Doppelgeburtstag waren die ungeliebten Namen eine Verbindung zwischen ihnen. Nun verbindet sie noch ein Medaillon mit der Haarlocke eines Kindes, Hanna.

Reiner Zufall

Sie sagen ja gar nichts dazu, daß mein Mann Ihren Abfluß im Badezimmer wieder in Ordnung gebracht hat, Frau Bahlke?

Wie – das war Ihr Mann?

Sie war im Begriff, zu ihrer Wohnung hinaufzulaufen, nun bleibt sie auf der Treppe stehen und schaut die Hausmeistersfrau entgeistert an.

Ja, da staunen Sie wohl. Es war reiner Zufall, daß mein Mann ein passendes Rohrknie auftreiben konnte. Da wird Frau Bahlke Augen machen, hat er gesagt.

Wirklich, ich war sehr überrascht.

Die Rechnung kriegen sie noch, ruft die Frau ihr nach, als sie die Stufen hinauf eilt.

Wie hatte sie auch nur einen Moment lang annehmen können, Arnim Burkhart sei taktlos genug, ihr das Rohrknie sozusagen als Geburtstagsgeschenk einzusetzen? Wie konnte ich ihm das zutrauen!

Hätte ich mich doch zuerst einmal bei den Hausmeistersleuten erkundigt, anstatt Hals über Kopf in die Stadt zu jagen. Dem Zufall in die Arme. O mein Gott, wegen eines Abflußrohrs!

Letzteres stöhnt sie in den folgenden Wochen noch oft vor sich hin, besonders als zur erwarteten Zeit ihre Periode ausbleibt. Es wird doch nicht... Nein, unmöglich.

Während der Vorarbeiter sie auf ihren Wunsch hin in die Arbeit an der Stanzmaschine einweist, wird ihr schwarz vor Augen. Was ist denn mit Ihnen los? Nah am Umkippen wird sie von einer Arbeiterin unter die Arme genommen und zum Sanitätsraum gebracht.

Sind sie schwanger? fragt die NSV-Schwester, während sie ihr ein Zuckerstück mit Baldriantropfen zwischen die Lippen schiebt.

Nein, ausgeschlossen, wenn ich Kinder kriegen könnte, hätte ich schon längst welche.

Da wäre ich nicht so sicher, meint die Schwester und bettet sie auf eine Pritsche. Ich habe schon Fälle erlebt, wo es erst nach acht Ehejahren geklappt hat. – So warten Sie doch, ruhen Sie sich eine Weile aus.

Danke, es geht schon wieder.

Aber untersuchen würde ich mich lassen, beharrt die Schwester.

Als sie in den darauf folgenden Tagen des öfteren ihre Arbeit niederlegen und hastig die Toilette aufsuchen muß, dämmert ihr, daß doch etwas daran sein könnte. Jahrelang ihr sehnlichster Wunsch, und jetzt sollte eine Zufallsbekanntschaft – ? Wie hatte sie sich ein Kind von Ralf gewünscht und darunter gelitten, daß die nach seinem Tod ausbleibende Periode nicht die Erfüllung dieses Wunsches bedeutete. Auch von Arnim Burkhart hätte ein lebendiges Andenken, von dem er nichts erfahren müßte, den Trennungsschmerz gemildert. Doch die Einquartierung für nur eine Nacht... Bei dem Gedanken packt sie die Wut. Nicht auf den jungen Soldaten mit dem biblischen Namen Timotheus, sondern auf sich selbst. Wie konnte ich nur, es war ja nicht einmal Liebe!

Der kalte Rauch im Frauen-WC und die schmutzige Kloschüssel, in die sie beim Übergeben mit hineinwerfen möchte, was sich in ihr festgesetzt hat, gehen eine ekelerregende Verbindung ein. Schon der Gedanke daran bringt ihren Magen von neuem zum Revoltieren.

Mit der Zeit fällt auf, wie oft sie ihren Arbeitsplatz verläßt. Ob sie krank sei, muß sie sich fragen lassen. Nein, nichts weiter.

Da ist wohl was Kleines unterwegs? Ihrer Nachbarin kann sie nichts vormachen.

Bei dir ist es fünf nach zwölfe, Mädchen. Haste einen rangelassen? Das hättste dir vorher überlegen müssen.

Vorher überlegen... Erbittert zieht sie verschiedenfarbige Kabel in einen Telefonhörer und sieht dabei ein rosa Näschen vor sich, das eine Fortsetzung seiner Art im Schilde führte, als es sich in ihrer Armbeuge bequem machte.

Ende Oktober drückt sie zum letzten Mal die Stechuhr. Im Büro wird ihr das Zeugnis ausgehändigt, ihrer Dienstpflicht genügt und die ihr übertragenen Arbeiten mit Lust und Liebe ausgeführt zu haben. Wollen die mich veräppeln?

Frau Maschke, mit deren blindwütigen Arbeitseifer sie es nie aufnehmen konnte, gibt ihr zum Abschied noch eine Mahnung auf den Weg. Ihr junges Volk glaubt wohl, es gäbe irgendwas im Leben für umsonst, bloß so zum Spaßvergnügen. Nee, Mädchen, so läuft das nicht. Malochen, bis die Gören groß sind, und auf Dank kannste lange warten. Es ist, wie ich sage, wirst' es schon noch merken.

Fussstapfen

Hiermit bescheinige ich, daß sich Frau Rosali Bahlke im 2. Monat der Schwangerschaft befindet.

Der Schein vom Frauenarzt macht ihren Zustand amtlich. Sie erhält eine Lebensmittelkarte für werdende Mütter: täglich einen Viertelliter Vollmilch, einmal in der Woche ein Viertelpfund Butter, und als einmalige Sonderzuteilung 64,5 Gramm Pralinen. Leider muß sie die Ehrengabe, mit der das Deutsche Reich den Willen der Frau zum Kind belohnt, sofort wieder herauswürgen. Hätte ich in meiner Gier doch nicht alle Pralinen auf einmal gegessen!

Der Hausmeistersfrau ihre uneheliche Schwangerschaft zu gestehen, fällt ihr nicht leicht, doch die zeigt keinerlei Verwunderung.

Statt der bisherigen Magermilch wird sie ihr von nun an die Vollmilchzuteilung vor die Wohnungstür stellen. Ist in Ordnung, Frau Bahlke. Dankbar für das gezeigte Verständnis, fragt sie die Frau nach ihrem Sohn Max, wie es ihm in der Anstalt inzwischen ergehe.

Wissen Sie nicht, daß der Max auf dem Friedhof liegt?

Er lebt nicht mehr?

Wieder einmal hat sie nichts gemerkt. Wie ist es nur möglich, daß der Junge so rasch gestorben ist? Er war stark wie ein Baum. Wenn es etwas Schweres zu tragen gab, Koffer oder Kisten, wurde Max geholt. Auch die Mülleimer trug er in den Hof. Wenn ich das gewußt hätte, sagt sie entschuldigend, hätte ich Blumen für die Beerdigung...

Machen Sie sich keine Gedanken, Frau Bahlke. Wir sind nicht mal sicher, ob es seine Asche war, die sie uns schickten, oder von jemand anderem. Wie man hört, nehmen sie es nicht so genau damit.

Die Frau sagt es in der gleichen unbeteiligten Weise, wie sie vorher auf die Schwangerschaft der Hausbewohnerin reagiert hatte. Nichts mehr von der verhaltenen Empörung, mit der sie damals von den ihrem Sohn in der Anstalt vorgesetzten Kartoffelschalen erzählte. Grau ist sie geworden, überhaupt wirkt die ganze Person farblos bis auf die gemusterte Kittelschürze. Auf der Straße, denkt sie, würde ich sie nicht erkennen, obwohl ich schon über fünf Jahre in diesem Haus wohne. Der schwachsinnige Sohn scheint ihr Leben gewesen zu sein. Seit er in die Anstalt gebracht wurde, ist sie erloschen.

Über das Hausmeisterpaar hatte sie sich in früheren Zeiten oft geärgert oder deren Neugier gefürchtet. Sie spionieren, warnte Milli. Sie seien hundertprozentige Parteigenossen, damit ihr behinderter Sohn ihnen nicht genommen und in die Heilanstalt gesteckt würde. Genützt hat es ihnen nichts. Heilanstalt – steckt darin nicht das Wort heilen?

Wieder fühlt sie die Beklemmung vom Oskar-Helene-Heim, als sie von der Verlegung ihres blinden und spastisch gelähmten Schützlings erfuhr. Auch er sollte in eine Heilanstalt kommen, und es klang in ihren Ohren wie eine Bedrohung. Ob er noch am Leben ist? Lebensunwert – irgendwo muß sie dieses schreckliche Wort gehört haben, es läßt sie nicht los. Wenn sie ein behindertes Kind zur Welt brächte... Mit allen Mitteln würde sie sich wehren, wenn man es in eine solche Unheilanstalt stecken wollte.

In Millis Bücherschrank findet sie ein Gesundheitsbuch und schlägt nach, was über behindert geborene Kinder zu lesen steht. Sie findet aber nur die Empfehlung, die werdende Mutter solle sich, um ein gesundes Baby auszutragen, mit reichlich eiweißhaltiger Kost ernähren. Eiweißreiche Kost – daß ich nicht lache! Wird mein Kind womöglich durch meine unzureichende Ernährung Schaden nehmen?

Merkwürdigerweise stellt sich über ihren Besorgnissen eine Beziehung zu dem Eindringling her. Von nun an will sie das in ihrem Körper Platz greifende Wesen nicht mehr Eindringling nennen. Aber auch Bezeichnungen aus dem Nachschlagewerk wie Embryo oder Fötus, sind unpassend und wenig schön für ein künftiges Menschenwesen. Baby wäre verfrüht, sie hat eine abergläubische Furcht, es schon so zu nennen.

Vom Urheber ihrer veränderten Lebenslage ist ihr außer der unfreiwilligen Hinterlassenschaft nur die Feldausgabe des deutschen Mystikers Eckart geblieben. Er habe es von einem Wehrmachtpfarrer bekommen, hatte er erklärt, könne aber nichts damit anfangen. In ihrer Suche nach einer Bezeichnung für das Ungeborene beginnt sie darin zu blättern. Der Satz: »Alle Kreaturen sind Fußstapfen Gottes« bringt ihre poetische Seele zum Klingen. Du bist ein kleiner Fußstapfen, erzählt sie dem stummen Zuhörer in ihrem Bauch. Mit einem persönlichen Gott hat sie zwar ihre Schwierigkeit, doch es ist ein wunderschönes Bild und trägt dazu bei, sie mit ihrem Zustand anzufreunden. Freilich gibt es gelungene und weniger gelungene Fußstapfen, und ob der Schöpfer aller Kreatur es so genau damit nimmt?

Eine Strandwanderung an der Ostsee kommt ihr in den Sinn. Sie sieht sich in der Morgenfrühe über den feuchten Sand laufen und ihre Fußspur hinterlassen. Die nächste Welle bügelt sie aus und der Sand liegt in silbriger Glätte da wie zuvor.

Stiller Protest

»Manchmal steht in meinem Traum/ irgendwo ein weißes Haus/ ganz im Grün/ die Blumen blühn/und die Kinder spielen vor der Tür...«

Im Radio wird der Einflug starker feindlicher Verbände auf die Reichshauptstadt gemeldet.

Bereits in Schwesterntracht und Lodenmantel, den Luftschutzkoffer griffbereit, läßt sie ihre Blicke noch einmal über das in einem Anfall von Friedenssehnsucht geschriebene Gedicht wandern. Wird sie ihrem vaterlosen Kind das je bieten können – eine Heimat? Seit der Rock am Bund schon ein wenig spannt, gewinnt das in ihr Heranwachsende an Person. Vorbei die Zeit der Namenlosigkeit. Jetzt wird es für sie ansprechbar, und sie gibt ihm einen Namen, Hanna. So hieß das kranke Mädchen, dessen Haarlocke im Medaillon sie dem schniefenden Soldaten beim Abschied umhängte. Während ihrer Ausbildung im Kinderkrankenhaus hatte sie das Baby Hanna gepflegt, es war ihr Liebling, und sie hatte unter seinem Tod sehr gelitten.

Aber du, meine Hanna, sollst leben! Nur – welch ein Leben erwartet dich? Berlin in Trümmern. Im übrigen Deutschland sieht es nicht viel besser aus. Und sich sagen müssen, unser Land hat es nicht besser verdient. Es hat Flecken bekommen, ich kann es nicht mehr lieben. »Lösche denn mein Traum/ doch es flüstert fort/ wo ich Freude weiß und Frieden mild...«

Die Sirenen verkünden Vollalarm. Ein Haus im Licht, hat sie das Gedicht genannt. Ein Haus im Licht ist ein gutes Bombenziel. Mein kleines Sehnsuchtsgedicht paßt nicht in unsere Welt, erklärt sie dem Ungeborenen und kreuzt bei nahen Einschlägen die Hände über dem Bauch. Wie konnte sie nur früher im Luftschutzkeller strickend oder lesend die Entwarnung abwarten?.

Die Radfahrt zur Rettungsstelle wird zur Tortur. Am Hohenzollerndamm stehen beide Straßenseiten in Flammen. Das gespenstige Orgeln der erhitzten Luft – es gab Zeiten, da fand sie es schaurig schön, jetzt nur noch schaurig. Die Haare von der Haube nur dürftig gegen Funkenflug bedeckt, tritt sie in die Pedale ihres kaputten Fahrrads. Wenn jetzt bloß nicht wieder die Kette abrutscht!

Zu ihrem Schrecken brennt auch das Obergeschoß der Fabrik, in deren Keller die Rettungsstelle untergebracht ist. Schon will sie umkehren, als sie bemerkt, daß trotzdem Bahren hineingetragen werden. Der Betrieb geht weiter – sind die denn verrückt? Ein Sanitäter ruft ihr im Vorbeilaufen zu, das gehe schon in Ordnung, oben werde ja gelöscht.

In der Notaufnahme ist über den zahlreichen Verletzten das brennende Dachgeschoß schnell vergessen. Sie will noch den Mantel in dem dafür vorgesehenen Abstellraum ablegen und wundert sich über zwei zusammengestellte Bänke, auf denen etwas liegt. An der Tür dreht sie sich noch einmal um und erkennt, daß es ein Kind ist.

Sie tritt näher. Ein kleines Mädchen in einem hellblauen Wollkleid mit weißem Kragen. Auch die langen Strümpfe sind weiß, dazu trägt es schwarze Lackschuhe, mit einem Riemchen um den Knöchel geschlossen. Solche Schuhe trug Katrin, als sie auf der Reise nach Posen in Berlin über Nacht blieb, und ein ebensolches Kleidchen, blau mit weißem Kragen. Sie erinnert sich genau, wie sie die schlafende Katrin damals vorsichtig auszog und zu Bett brachte.

Es dauert eine Weile, bis ihr klar wird, daß das Kind tot ist. Kein Atemzug hebt den blauen Wollstoff, und das kleine Gesicht wirkt in seiner Blässe künstlich wie aus einem fremden Material. Daran liegt es wohl, daß es ihr zwischen den abgelegten Schals und Mützen zuerst kaum aufgefallen ist.

Eine Verletzung kann sie nicht entdecken. Nicht einmal den sonst Bombenopfern anhaftenden Mörtelstaub, der Luftangriff hinterließ keine sichtbaren Spuren. Es ist, als habe das Mädchen einfach aufgehört zu atmen. Stiller Protest, macht ihr euren Krieg, ich verziehe mich.

Wie konntest du nur so etwas zulassen, Gott! Unwillkürlich klagt sie eine höhere Instanz an, wohl wissend, daß das Unfaßbare dieses Kindertodes irdische Verursacher hat. Aber sie sagt den Satz mehrfach vor sich hin, schluchzt ihn in sich hinein.

Als sie den Raum verläßt, stößt sie beinahe mit einem Mann zusammen. Er fragt nach dem Totenschein, ich brauche doch einen Totenschein, Schwester. Der Arzt wird das gleich regeln, entgegnet sie hilflos. Der Mann läuft ihr nach: Einen Totenschein, Schwester! Kaum kann er vom Eintritt in den Behelfs-OP zurückgehalten werden. Durchgedreht, meint ein Sanitäter. Das Kind verloren, und um die Frau steht's auch schlecht. Dabei ist er auf Urlaub in Berlin, stellen Sie sich das einmal vor.

Sie stellt es sich vor, und sie stellt sich das in ihr Heranwachsende vor, noch kein Kind, aber wenn alles gut geht, ist es in weniger als einem halben Jahr so weit. Wird sie nicht ständig um es bangen müssen? Sie stellt sich seine ersten Schritte vor. Stellt es sich fünf-, sieben-, achtjährig vor, sieht es in einem hellblauen Kleidchen vor sich, weiße Strümpfe, Lackschuhe. Auf einer Bank in einem Abstellraum. Oder – schmerzhafter Gedankensprung – an einer Bahnrampe, am Mantel den gelben Stern. Wie es gepackt und in den Wagen gestoßen wird. Nein, bitte lieber Gott, nicht meine Hanna!

Ist Ihnen schlecht, Schwester?

Sie muß rasch den Behandlungsraum verlassen, tut mir leid murmelnd. Vor der Tür wird sie ohnmächtig und mit irgendwelchem scharfen Zeug wieder zu sich gebracht. Tut mir leid, ich bin in anderen Umständen und deshalb...

Dann melden Sie sich baldmöglichst vom Dienst in der Rettungsstelle ab, empfiehlt ihr ein Arzt. Wir können hier nur voll einsatzfähige Schwestern brauchen.

Am folgenden Tag sucht sie mit der Bitte um Entlassung die DRK-Dienststelle auf. Die Frau Oberfeldführer mustert sie schweigend, als sei unter der weißen Schwesternschürze schon etwas zu sehen. Sind Sie nicht Kriegerwitwe? fragt sie tadelnd. Was, außer Männern, haben meine Schwesternhelferinnen im Kopf?

Das muß ich mir nicht bieten lassen.

Die uniformierte Frau lenkt ein: Nun gut, eine Mutterschaft dient schließlich auch dem Volksganzen. Sie wünscht ihr sogar säuerlich alles Gute, bevor sie sie mit dem Deutschen Gruß entläßt.

Das andere Kind
Ein Märchen für Hanna

Ich will dir eine Geschichte erzählen, Kind, von dem anderen Kind, aber es ist deine Geschichte. Du wünschtest dir die Nacht herbei, und die Nacht, da sie dein Rufen vernahm, legte den grauen Schleier der Dämmerung über ihr blauschwarzes Haar. Und so stieg die Nacht im Schleier der Dämmerung, die Augen schimmernder als die tiefe See, so stieg sie zu dir und hüllte dich ein, dir war wohl. Es war die Nacht nach jenem Tage, an dem du die Mutter am Fenster sitzen und nähen sahst. Was nähst du, Mutter? Ich nähe dir einen Stern auf dein Kleid. Auf dein hellblaues Kleidchen, in dem du zum Geburtstag deiner Freundin gehen wirst, nähe ich dir den Stern. Ich bin doch das andere Kind! hast du da gerufen, und die Mutter hat traurig genickt. Ja, du bist das andere Kind, geh nur und sei fröhlich. Und du gingst zum Kindergeburtstag in deinem feinen hellblauen Kleid, da hatten dich alle gern. In deinen glänzenden Lackschuhen mit den Riemchen zum Knöpfen, da konntest du lustig springen. Aber als du nach dem Fest nach Hause kamst, war niemand da. Ganz allein liefst du in dem kalten verlassenen Haus umher und weintest nach Vater und Mutter und nach den Geschwistern, sie waren alle fort. Und du riefst nach der Nacht, sie kam. Sie hüllte dich ein in den grauen Schleier der Dämmerung, sie bedeckte dich mit ihrem blauschwarzen Haar, dir war wohl. Wohin trägst du mich, Nacht? Die Nacht sagte kein Wort. Sie flog mit dir aus der Zeit, und da sahst du dich mit deiner Familie an einer Bahnrampe stehen. Und du sahst, wie man euch in einen Wagen stoßen wollte, solchen, in dem das Schlachtvieh befördert wird. Ich bin doch das andere Kind! hast du da geschrien, und du bliebst zurück. Die Mutter drehte sich noch einmal um und nickte dir traurig zu. Die Nacht aber trug dich in dein Elternhaus, und als du am Morgen erwachtest, waren alle wieder da, Vater und Mutter und die Geschwister, und du erzähltest von deinem Traum. Vergiß diesen Traum, sagte der Vater. Ich will nicht, sagtest du. Man muß vergessen können, sagte auch die Mutter. Ich kann nicht, sagtest du. Und wieder riefst du die Nacht herbei, und die Nacht, da sie dein Rufen vernahm, legte den grauen Schleier der

Dämmerung über ihr blauschwarzes Haar. Und so stieg die Nacht im Schleier der Dämmerung, die Augen schimmernder als die tiefe See, so stieg sie zu dir und hüllte dich ein. Wohin trägst du mich, Nacht? Die Nacht sagte kein Wort. Sie flog mit dir aus der Zeit, da tratest du durch ein Tor in eine ummauerte Stadt, in der war es totenstill. Hinter den blinden Fenstern verfallener Hütten regte sich kein Leben. Du gingst zwischen den Hütten auf Straßen, da stand meterhoch das Gras. Du gingst zwischen Hügeln, da wehte ein feiner Staub. Und wie du gingst, sahst du etwas am Wegrand liegen, fast verdeckt von dem weißen Staub, der hier überall lag. Du hobst es auf, bliesest den Staub ab und hieltest einen kleinen Lackschuh in der Hand. Du erkanntest ihn gleich, du hattest ihn vor Zeiten beim Kindergeburtstag getragen. Es ist meiner! riefst du erschrocken. Aber es war nicht deiner. Es war der von dem anderen Kind.

Die Kunst des Feuermachens

Die Novemberkälte kriecht durch jede Ritze. Wenn mich später einmal jemand fragen sollte, wie erging es dir im Krieg, werde ich sagen, ich habe gefroren.

Sie weiß um das Lächerliche einer solchen Antwort. Im Krieg wird gestorben. Eine Banalität wie die Schwierigkeit des Anfeuerns, wenn man dies nicht gelernt hat, kann niemanden interessieren, für sie aber hängt ihr Wohlergehen davon ab. Da es in diesem Winter keine Zentralheizung gibt und auch das Gas nach schweren Luftangriffen ausfällt, heizt nur der Beistellherd, und mit einiger Geduld kommt auch der Teekessel zum Kochen.

Die Küche ist jetzt ihr einziger Wohnraum, eng und nach Kohlenstaub riechend, weil die bescheidene Zuteilung an Briketts an der Wand aufgestapelt ist. Um damit zu sparen, hat ihr die Hausmeisterfrau beigebracht, ein Brikett über Nacht durch Einwickeln in feuchtes Zeitungspapier am Schwelen zu halten. Morgens öffnet sie dann vorsichtig die Herdklappe und hofft auf genügend Glut, um das Feuer wieder in Gang zu bringen.

Im Mantel neben dem Herd sitzend, tippt sie Auszüge aus Lessings »Erziehung des Menschengeschlechts« in die Schreibmaschine. Des Dichters Einsichten sind oft so fesselnd, daß sie ihr mühevoll am Glimmen gehaltenes Herdfeuer darüber vergißt. Wie war es möglich, daß Lessing die Kinder Israels – Juden! – Gottes besonderer Aufmerksamkeit für wert hielt, ohne daß sein Buch auf Goebbels Scheiterhaufen landete? Ist es den Nazis entgangen, was für judenfreundliche Gedanken der deutsche Gelehrte da zu Papier brachte? Die Lebensstadien des Menschen vergleicht er mit denen der Völker. Auch ein Volk müsse, wie ein Menschenkind, durch Erziehung erwachsen werden. Gemeint ist das uralte Leidensvolk der Israeliten, in den Anfängen roh wie alle Völker, doch von seinem Gott herangebildet, auf daß aus ihm die Erzieher eines künftigen Menschengeschlechts hervorgehen.

Heutzutage würde Lessing für seine Meinung eingesperrt. Der Gedanke ist absurd, denn er lebte zu einer anderen Zeit. Engstirnigkeit und Kleingeist begegneten ihm damals allerdings auch. Er hielt seinen Mitmenschen den Spiegel vor, und er stellte die Forderung, der Mensch müsse das Ziel anstreben, gut zu sein, um des Gutseins willen. Braucht man nicht irgendwen oder irgendwas, wofür sich das Gutsein lohnt? Die Parteilinie oder die Religion sagen einem ständig, was gut ist, denkt sie, und es kann dabei dabei das Gegenteil von gut herauskommen. Gut zu sein allein um des Gutseins willen – das klingt so leicht und ist wohl das Schwerste. Zur Höherentwicklung, sagt der Gelehrte, muß die Menschheit erzogen werden.

Große Worte. Ich weiß ja nicht einmal, wie ich mein Kind erziehen soll! Daß diese Aufgabe auf sie zukommt, macht ihr Sorgen. Wird das Bild der Deutschen nicht für immer mit den Greueltaten in den KZs in Verbindung gebracht werden? Wo kann mein Kind ein Vorbild für sein Leben finden, wenn die Erwachsenen keine Vorbilder sind?

Und da spricht der Dichter von Höherentwicklung. Ist die Menschheit dazu überhaupt fähig, fragt sie sich, und wie soll das vor sich gehen? Erstaunlicherweise setzt der Aufklärer Lessing auf die Funktion der Religion, er hält religiöse Offenbarungen für eine Art Schulbücher, bis der Mensch diese nicht mehr benötigt.

Mit der Bibel hat sie sich noch kaum befaßt. Ein paar Geschichten aus dem Schulunterricht, unglaubwürdige Geschichten, über die man sich in der Hitlerjugend lustig machte. Daraus lernen?

Doch nicht nur die christliche Religion ist gemeint. Für Lessing waren alle Religionen gleich wichtig, sofern sie der menschlichen Entwicklung dienten. Er läßt sogar, das verwundert sie besonders, die Vorstellung der Wiedergeburt nach dem Tode gelten, was sie bisher als Spinnerei abtat.

Sie befragt das Ungeborene danach. Wo auf diesem Erdball oder in den Milchstraßen des Universums hast du dich schon herumgetrieben, meine Hanna? Du könntest darüber Auskunft geben, solange du noch in deinem Zwischenstadium weilst. Ein Zeichen – einen Fingerzeig aus unermeßlicher Ferne, wie der gelehrte Dichter sich ausdrückt – von etwas, das dir in einem früheren Leben wichtig war. Eine blaue Murmel vielleicht, ein Lieblingstier, ein mit Perlen bestickter Gürtel – was immer ich mir für dich ausdenke, oder wenigstens die Erinnerung davon...

Die Zuflucht verliert ihren Ort

Die Übungen zu Lessing sind eines der wenigen Seminare, die sie im Wintersemester belegt hat. Zu ihrer Enttäuschung sind ihr eigener Lessing und der des Germanistikprofessors nicht dieselben. Wenn er über die »Hamburgische Dramaturgie« einschläfernd referiert, muß auch sie mit dem Schlaf kämpfen. Statt dessen entdeckt sie für sich das Schauspiel »Nathan der Weise«, beglückt, wie hier ein Ausgleich zwischen den ungleichen Glaubensrichtungen auf die Bühne gebracht wird. Auf die Bühne? Welche deutsche Bühne würde heute den Nathan spielen!

Manchmal kommen ihr Zweifel, ob Studieren überhaupt das Richtige für sie ist. Im Grunde ist sie nur dort ganz bei der Sache, wo ihr persönliches Interesse berührt wird. Selbst in ihrem Hauptfach gelingt es ihr nicht, sich auf das Thema »Die publizistische Führung im Wandel der Geschichte« zu konzentrieren. Vielleicht liegt es an ihrem

Zustand, oder auch daran, daß keine Herta mehr neben ihr sitzt und sie an brisanten Stellen mit Fußtritten traktiert.

Herta hat sich exmatrikulieren lassen. Bei einem flüchtigen Treffen im Sekretariat teilte sie ihr den Entschluß mit. Warum nur, Herta? Achselzucken.

Vereinsamt sitzt sie im Hörsaal, kritzelt Buchstaben ins Heft, die nur so aussehen wie Schrift. Hört Worte aus Dovifats Mund, die sich nur anhören wie Worte. Nichts will einen Sinn ergeben.

Auf Eduard Sprangers Lesungen über Sokrates und Platon wartet sie dagegen gespannt, doch verschiebt sich der Vorlesungsbeginn um Wochen. Als der kleine weißhaarige Herr endlich wieder am Podium erscheint, wird er von einer Ovasion klopfender Stifte empfangen. Seine leise, eindringliche Stimme: »Sokrates, meine Damen und Herren, hat keinerlei Aufzeichnungen hinterlassen, und doch ist sein Einfluß auf das Geistesleben bis heute von größter Bedeutung.«

Für solche Worte ist sie dankbar. In das zerstörte Berlin weht ein unzerstörbarer Geist aus der Antike herüber. Auch die Tempel und Behausungen der alten Griechen wurden zur Ruine und legen doch bis heute Zeugnis von einer großen Epoche ab.

Was wird aus unserer Zeit fortleben? Eine Zeit des finsteren Ungeistes, so bezeichnete sie ihr verstorbener Englischlehrer, sie muß jetzt oft an ihn denken. Wie Eduard Spranger besaß Professor Meyer-Roth etwas Würdiges und zugleich Anrührendes. Beide trotzige Bewahrer der Kultur noch am Rand des Unterganges.

Auch Wilhelm Pinder gehört dazu, ihr Lehrer in Kunstgeschichte. Er führt seine Studenten zum Königsportal von Chartres. Im verdunkelten Raum zeigt er Lichtbilder aus einer Zeit, die den Geist Gottes in Stein ausdrückte.

Bei Pinder erlaubt sie sich, zu träumen und die Seele auszuruhen. Vorn die erleuchtete Leinwand mit der gotisch strengen Westfassade der Kathedrale. Die zweite Lichtquelle das rosig rundliche Gesicht des Professors im Schein eines Leselämpchens. Mit bedächtiger Ausführlichkeit beschreibt er da eine Fingerhaltung, dort einen Faltenwurf, wobei sein Zeigestock auf den überlangen biblischen Gestalten weilt mit ihren auf Säulenpodeste gestützten, zierlichen Füßen.

Bis ein Sirenengeheul auch in dieses letzte Refugium einbricht. Gewaltsam aus andächtiger Versenkung gerissen, empfindet sie es geradezu als körperlichen Schmerz, mitzuerleben, wie das steinerne Monument des Glaubens erlischt, die Leinwand aufgerollt, der Reproduktionsapparat davongeschafft wird, und wie der Professor mit dem verschreckten Ausdruck eines nicht verstehenden Kindes seinen Studenten in den Luftschutzkeller folgt. Die Zuflucht verliert ihren Ort.

Von deutschem Schrot und Korn

Manchmal fürchtet sie, wunderlich zu werden. Tagelang ohne Gesprächspartner, unterhält sie sich mit dem ihren Rock nun schon merklich erweiternden unbekannten Wesen über ihre innere und äußere Verfassung. Da rede ich mit dir, als könntest du hören, meine Hanna. Vielleicht kannst du tatsächlich schon hören, doch ich wünsche es dir nicht. Es hört sich grauenhaft an, wenn Bomben zersplittern, Häuser zusammenkrachen und Luftminen durch die Zähne pfeifen. Ich kann dich nicht verschonen. Wenn ich im Keller am ganzen Leibe um unser Leben zittere, spürst du es bestimmt.

Nach dem Versuch, mit Papier und einigen Sägespänen dem Feuer wieder aufzuhelfen, setzt sie das Gespräch mit dem stummen Teilnehmer fort. Im Luftschutzkeller wünsche ich mir manchmal einen lieben Gott, der uns beide beschützt. Dann aber sage ich mir, warum uns? Alle wollen beschützt sein. Auch die Mütter und Kinder, von denen ich dir später einmal erzählen werde, und die niemand schützt. Es steht uns nicht an, allein für uns einen Schutzengel herbeizuwünschen.

In ihr lautes und leises Vorsichhinreden tönt die Wohnungsklingel. Herta steht vor der Tür.

Woher weißt du, wo ich wohne? fragt sie und unterdrückt den Impuls, der Freundin um den Hals zu fallen.

Aus dem Telefonbuch, woher sonst.

Komm herein, ich mache uns einen Kaffee, einen geblümten.

Während sie den Kessel auf das wieder flackernde Herdfeuer setzt, erkundigt sie sich, weshalb Herta ihr Studium aufgesteckt habe.

Wer will heute noch studieren. Nein, meine Liebe, ich habe einen Werkvertrag bei Siemens. Um näher dran zu sein, verstehst du?

Näher an was?

Herta ist heute nicht gesprächig. Sie hat auf dem Küchentisch das Landserheft mit Aussprüchen des Meister Eckhart entdeckt und blättert darin herum.

Schade, daß du Spranger versäumst, versucht sie Herta von der Lektüre abzubringen. Er fing übrigens verspätet an, warum, weiß ich nicht.

Moabit, sagt Herta.

Wohnt er da?

Schäfchen. Entschuldige, aber manchmal frage ich mich, weshalb ich mich mit dir abgebe.

Du brauchst es mir nur zu erklären. Was bedeutet Moabit?

Gefängnis.

Spranger doch nicht! Er kann unmöglich... Ihr wird kalt. Die Notizen über seine Vorlesungen, die sie diesem Otmar Walden ausgeliehen hatte, und die er ihr nicht zurückgab! Stotternd vor Aufregung teilt sie Herta ihre Befürchtung mit.

Beruhige dich, unser Professor brauchte deine Aufzeichnungen nicht, um sich verdächtig zu machen. Aber du, kleine Unschuld vom Lande, solltest dich in Zukunft in acht nehmen, Spitzel gibt's überall. Wohnst du hier eigentlich allein?

Solange mir nicht wieder Ausgebombte geschickt werden.

Was ist mit der Wand in deiner Diele los?

Vom Luftdruck. Sie ist schon zum zweiten Mal zusammengebrochen. Der Hausmeister meint, es lohne nicht, sie noch einmal hochzumauern.

Herta wirft das Buch auf den Tisch. Feldauswahl, sagt sie verächtlich. Geistige Nahrung für den Soldaten, bevor er verreckt. Ein wenig Mörike, ein wenig Claudius und Uhland. Und damit das Religiöse nicht zu kurz kommt, einen Meister Eckhart von deutschem Schrot und Korn.

Du machst dich lustig, aber mir bedeutet er etwas.

Ich will ihn dir nicht nehmen. Manche brauchen eben den Papa im

Himmel, nachdem der Führerpapa mit dem Kopf wackelt. Darf man fragen, was du außer religiöser Erbauung in nächster Zeit auf dem Fahrplan hast?
    Eigentlich nichts. Ich erwarte ein Kind.
    Die Freundin macht eine wegwerfende Handbewegung und steht auf. Na, dann bist du ja voll beschäftigt.
    Warte doch, Herta, der Kaffee ist gleich fertig!
    Keine Zeit, war nur auf'n Sprung hier. Mach's gut, Schäfchen.

GOTT IST NIRGENDS

Nach Hertas kurzem Besuch fühlt sie sich doppelt allein. Was wollte die Freundin von ihr? Sind sie überhaupt Freundinnen? In Hertas Augen wohl nicht, dazu ist sie ihr nicht couragiert genug. Ob sie womöglich erwartete, jemanden bei ihr unterzubringen? Die Frage nach der eingestürzten Wand... Vielleicht jemand, der gesucht wird? Verstecken – hier bei mir, in meiner Wohnung?
    Die Vorstellung löst einen Schauder aus. Darauf stände Hinrichtung. »Wie wir Nationalsozialisten es gewohnt sind...« Hitlers schreckliche Androhung am 20. Juli. Führerpapa, welch ein Ausdruck! Meint Herta, sie habe es jetzt mit Gott, weil der Führer – wie Herta redet! – mit dem Kopf wackelt? Von wegen wackeln, der sitzt fester als vor dem Attentatsversuch. Für abergläubische Leute sieht es aus, als habe die Vorsehung tatsächlich ein Zeichen gesetzt und es sei der Wille des Allmächtigen, den selbsternannten Feldherrn mit V-Raketen oder anderen Wunderwaffen doch noch den Sieg erringen zu lassen.
    Ich warne dich, meine Hanna, glaube nie an irgendwen oder irgendwas, du wirst doch nur betrogen!
    Nach dieser vehementen Mahnung fragt sie sich, ob es sich dann noch für ihr Kind lohne, auf die Welt zu kommen. Ohne sich nach etwas Höherem auszurichten, ohne an einen Sinn im Leben zu glauben?
    Braucht man den? Religiöse Erbauung, hört sie Herta spotten. Das Heft mit den Aussprüchen des Meister Eckhart, in dem sie geblättert

hatte, liegt noch aufgeschlagen auf dem Küchentisch. Gerade will sie es ärgerlich weglegen, als ihr Blick an einem Satz hängen bleibt: »Gott ist nirgends«. Sie meint sich verlesen zu haben, so etwas sagt kein frommer Mann und Prediger. Im Zusammenhang kommt der Satz auch etwas anders heraus. »Gott ist nirgends. Gottes Geringstes, dessen ist alle Kreatur voll, und sein Größtes ist nirgends.«

Sie legt ein Brikett nach und hängt sich eine Wolldecke um, in der Küche ist es empfindlich kühl geworden. Der eben gelesene Satz läßt ihr keine Ruhe. Zu begreifen ist er nicht, und doch geht etwas Befreiendes von ihm aus. Wenn Gottes Größtes nirgends ist, was wohl heißt, zu groß für unsere Vorstellung, dann kann zumindest Hitler ihn nicht für sich vereinnahmen. Aber was ist mit dem Geringsten, von dem alle Kreatur voll ist? Wenn in jeder Kreatur etwas von Gott steckt, dann hat er auch mit jedem leidenden Lebewesen zu leiden, denkt sie, dann ist Gott selber schutzbedürftig. Vielleicht ist das die Antwort auf die Frage, wie er das massenhafte Töten in den Konzentrationslagern mitleidlos zulassen kann. Oder das Leiden der Zivilbevölkerung durch den Bombenkrieg, wenn Frauen und Kinder als Kriegsziel herhalten müssen. Und das Sterben der Männer, die als Soldaten in diesen Krieg hineingezwungen wurden. Gott mit uns, steht auf dem Koppelschloß der Landseruniformen, und dann verbluten sie jämmerlich gottverlassen.

Es gibt doch einen Sinn im Leben, erklärt sie dem Ungeborenen. Wenn Gott uns nicht helfen kann, müssen wir ihm helfen.

Die Vorstellung ist so ungewohnt, daß sie erschrickt. Wir stellen die Kirchenmeinung auf den Kopf, meine Hanna. Aber vielleicht müssen wir lernen neu zu denken, damit die schrecklichen Dinge aufhören, die Menschen einander antun.

Auch die Vorstellung einer kleinen Hanna muß sie fahren lassen. Was für ein Recht hat sie, sich ein Bild von dem eigenständigen Wesen zu machen, das sie in sich trägt?

Auf einmal fällt ihr ein, daß in dem Medaillon, das sie dem schniefenden Soldaten in der Morgenfrühe um den Hals hängte, gar nicht die dunkle Haarlocke des verstorbenen Mädchens lag, sondern die rotblonde eines von seiner Mutter verlassenen Jungen namens Öttchen.

FÜRSTLICHE AUSSICHTEN

Anfang Dezember trifft ein Brief der Mutter ein. Sie habe fliehen müssen, die Amerikaner hätten bereits in Straßburg gestanden. Entsetzlich sei es gewesen: die Aufregung, Kind, hat meinem Herzen arg geschadet! Alles habe sie zurücklassen müssen, sogar den Lumpi. Nur einen Koffer gerettet mit dem Wichtigsten und ihren Perserteppich. Denk dir, Kind, mit meinem Perserle lag ich unter dem Eisenbahnwaggon, als wir beschossen wurden!

Sie sieht Milli mit gerötetem Gesicht und tränenden Augen vor sich, wie sie mit ihrer Teppichrolle im Arm unter dem Waggon liegt – ein jammernswerter Anblick. In dem Brief steht noch von der abenteuerlichen Suche nach einem Unterkommen und welches Glück sie gehabt habe. Stell dir vor, deine Mutter lebt wie eine Königin! Es folgen krause Beschreibungen ihrer gräflichen Vermieter, einer Erlaucht und seiner Frau, die wegen ihrer fürstlichen Herkunft Durchlaucht genannt werde. Auch gebe es einen Butler, der mit weißen Handschuhen serviere. Nicht mir natürlich, ich esse in einem kleinen hübschen Gasthof... Wo, um Himmels willen, ist meine Mutter gelandet? Schloß, liest sie als Adresse hinter dem schwäbischen Dorf, in das Milli die Flucht aus dem Elsaß geführt hat: Vielmehr Er da oben, Kind, Er führt uns allerwegen! Der Brief endet mit der dringenden Einladung zum Fest der Liebe, womit Weihnachten gemeint ist. Ihr Zimmer sei groß genug für beide und Durchlaucht hätte bestimmt nichts dagegen.

Liebe Milli, schreibt sie zurück, Dein Brief hat mich zugleich erschreckt und erfreut. Du scheinst es nach den ausgestandenen Strapazen märchenhaft getroffen zu haben! Vielleicht besuche ich Dich tatsächlich bald, aber mache Dich darauf gefaßt, daß ich in andern Umständen bin.

Bisher teilte sie es niemandem in der Familie mit. Zuerst wollte sie Carmen einweihen, doch die Schwester war am Telefon außer sich, weil Leo einen Einberufungsbefehl zum Volkssturm erhalten habe. Sie sei in größter Sorge: Du weißt ja, wie er ist.

Ja, sie weiß es und verschont die Schwester mit einer weiteren Sorge. Auch die Mutter will sie damit verschonen und zerreißt den angefangenen Brief. Wie sollte sie Verständnis dafür erwarten, daß sie ein Kind ohne Ehemann aufziehen will.

Bleibt noch Erika, doch die Schwägerin wird sie für verrückt erklären. Schwanger zu werden, jetzt, wo der Krieg seinem katastrophalen Ende entgegen geht!

Immerhin hat der Brief ihr deutlich gemacht, daß sie eine Entscheidung zu treffen hat. Früher wäre sie auf jeden Fall hiergeblieben, nun aber drückt sie die Verantwortung für das ungeborene Leben.

Berlin verlassen – aber wohin? Zur Mutter ins fürstliche Nest?

Fest der Liebe

Der 24. Dezember ist ein grauer Tag. Heiliger Abend und die Russen stehen bereits an der Oder. Wie gewöhnlich sitzt sie in der Küche und vertrödelt die Zeit mit der Luftregulierung des Beistellherdes. Ihr Brikettvorrat geht zu Ende.

Es klingelt. Der Briefträger? Es ist Carola.

Carola wie ehedem in Pelz und Reitstiefeln. Nur sind ihre Haare seit dem Frühjahr grau geworden.

Es gibt kein Mittel mehr, sie zu färben – falls ich deinen Blick richtig deute, Rosali.

Aufs Gedankenlesen versteht sie sich noch immer. Färben – dieses rollende R, das selbst Belanglosigkeiten dramatisches Gewicht verleiht. Du bist doch noch gar nicht so alt, sagt sie ungeschickt. Ein Zucken um den Mund der Angesprochenen entgeht ihr nicht.

Sonderbar nimmt sich die Dame im Nerz in ihrer Küche aus. Das Wohnzimmer ist nicht geheizt, entschuldigt sie sich. Magst du dich setzen? Ich brühe uns einen Tee auf, einen englischen habe ich allerdings nicht. Weshalb kommst du zu mir?

Ich wollte dir ein gutes Fest wünschen. Mit großer Geste entnimmt Carola Burkhart ihrer Handtasche ein mit Lametta umwundenes Tannenzweiglein: Für dich.

Danke. Verlegen hält sie das Geschenk an die Nase und riecht daran wie an einem Blütenzweig. Deshalb bist du hergekommen??

Es gibt noch einen anderen Grund. Aber das hat Zeit.

Typisch Carola. Sie bereitet den Auftritt vor. Auftritt in welchem Drama? Weihnachtsfroh sah sie nicht gerade aus, als sie mir den Tannenzweig überreichte. Wenigstens bin ich mir diesmal keiner Schuld bewußt. – Um das Schweigen zu überbrücken, gießt sie Brombeerblätter auf und läßt den Tee in der Kanne ziehen.

Arnim und ich finden nicht mehr zusammen.

Als krümme sich die Stimme. Das ist nicht mehr die einer großen Tragödin.

Warum die Dinge wieder aufrühren, Carola. Warum sie nicht endlich zur Ruhe kommen lassen.

Zur Ruhe? Du bist mir naiv. Sei du mit einem Mann verheiratet, der ständig, selbst in intimen Augenblicken, bei einer anderen Frau ist. Das halte aus, wer kann. Ich bin am Ende.

Warum sagt sie mir das? Am Herd mit dem Durchsieben des Tees beschäftigt, muß sie in einer plötzlichen Schwäche den Topf absetzen und sich an der Messingstange halten. Das altbekannte Gift, Injektion in die Herzader: Er liebt mich noch immer.

Es dauert eine Weile, bis sie sich so weit gefaßt hat, daß sie sich, zwei dampfende Tassen in den Händen, der auf einem Küchenhocker zusammengesunkenen Frau wieder zuwenden kann. Bestelle deinem Mann, es ist aus zwischen uns, sagt sie hart. Ich erwarte ein Kind. Nicht von ihm, fügt sie rasch hinzu, der Vater ist ein Soldat, dessen Namen ich nicht einmal kenne. Da siehst du, was ich für eine bin. Es lohnt sich für deinen Arnim nicht, mir auch nur eine Träne nachzuweinen.

Der Anblick von Carolas ungläubig staunendem Gesichtsausdruck bewirkt, daß sie sich, obwohl ihr weiß Gott nicht lustig zumute ist, ein Kichern verbeißt und am Tee die Lippen verbrüht, ach, ist der heiß... Die Tragödie zur Komödie geworden, zum Heulen komisch. Dame der Gesellschaft mit gefallenem Mädchen an kleinbürgerlichem Küchentisch. Letzter Akt, letzte Szene.

Das hast du für mich getan.

Nein, verdammt nochmal, für nichts und niemanden habe ich das getan! Sie ist froh, ihre Verzweiflung hinter einem Wutanfall verbergen zu können.

Ich verstehe dich nicht, Rosali, sagt die Frau, die einmal gemeint hatte, sie könnten Schwestern sein. Vielleicht versteht sie dennoch, was sonst soll der Kuß bedeuten, den sie beim Abschied der erschöpft Dasitzenden auf die Stirn drückt. Der weiche Pelzkragen. Das Parfum. Sie springt auf. Im nächsten Moment liegen sich beide Frauen in den Armen.

Nachdem Carola gegangen ist, steht sie lange am Fenster und schaut zum S-Bahnhof hinüber. In zwanzigminütigem Abstand das Ein- und Ausfahren der gelb-roten Züge. Durch die küchenfette Scheibe sehen sie noch schmutziger aus als sie sind. Ein völlig unpassendes Glücksgefühl – trotz dieser tristen Umgebung, und so wenig begreiflich wie die Gefühlsaufwallung vorhin – läßt sie den Tag überstehen, der schon mittags Heiliger Abend genannt wird. Ein Tag, an dem sie ihrer Liebesbeziehung den Garaus gemacht hat. Ich mache dir den Garaus, sagte der Jäger zum Schneewittchen, doch erfaßte ihn Mitleid mit dem armen Kind. Das Schicksal ereilte es dennoch, und im Glassarg lag's, als lebte es noch.

Für den Tannenzweig muß sie noch eine Vase suchen.

Ein Signal

»Für Plato, meine Damen und Herren, war die erste und würdigste Bestimmung der Philosophie, daß sie das Gute erkenne. Sie sollte den Weg der rechten Lebensführung und den der gerechten Staatsführung lehren«.

Während eine dem Unrecht verschriebene Staatsführung unter der Spruchbandparole »Wir kapitulieren nie« ihren Bürgern das Recht aufs Überleben abspricht, erhalten Sprangers Worte, in seiner zurückhaltenden Weise in den Raum gestellt, ungeheures Gewicht.

Ende Januar '45 ist Berlin zur Frontstadt geworden. Panzersperren lassen den Ernst der Lage keinen Augenblick vergessen. Seit die

Russen an der Oder liegen, muß mit einem Durchbruch der Front auf die Reichshauptstadt gerechnet werden. Inzwischen machen Luftangriffe die Bevölkerung mürbe. Eine dunkle, scharf riechende Wolke weicht nicht mehr von der Stadt. Mit Tüchern geschützte Gesichter, verhängte Kinderwagen – der Anblick vermummt durch die Straßen hastender Gestalten verstärkt noch die Untergangsstimmung.

Bei alledem Vorlesung zu halten, bedeutet den Schiffbruch des »Dritten Reiches« hochmütig zu ignorieren. Eduard Spranger verkörpert eine Gegenwelt, und die Studenten danken es ihm, seine Vorlesungen sind trotz aller Widrigkeiten überfüllt. Bei einem plötzlichen Luftangriff wäre ich in der Menge hoffnungslos eingekeilt, überlegt die werdende Mutter.

Manchmal hat sie Mühe, sich auf die Philosophie zu konzentrieren. Während der Professor ein Wort orphischen Ursprungs zitiert, von Plato dem Euripides in den Mund gelegt, bewegen sich ihre Wahrnehmungen aus dem metaphysischen Bereich in den inneren ihrer Physis, wo etwas sanft wie ein Katzenpfötchen anklopft. »Wer weiß, ob unser Leben nicht eigentlich Totsein ist, Tod aber Leben?« zitiert derweil Spranger den großen Denker des Altertums. Sie lauscht in sich hinein. Nicht Totsein, Leben ist es, was sich da ankündigt. Die Wirklichkeit des Diesseits und nicht das Schattenreich des Plato, lieber Professor.

Mit der ersten spürbaren Bewegung ihres Kindes ist für sie das Sinnieren über Gott und die Welt vorbei. So leise das Signal auch war, jetzt ist es Zeit, praktische Probleme zu lösen. Zunächst macht sie sich eine Besorgungsliste. Besser nicht mit Einkäufen zu warten, wer weiß, wie lange es auf Bezugschein noch Babysachen zu kaufen gibt.

Nachdem sie auf dem Wirtschaftsamt die Kleiderkarte für Säuglinge erstanden hat, verbringt sie Tage damit, in abgelegenen und noch unzerstörten Stadtteilen nach Textilwarenläden zu suchen. Hemdchen, Jäckchen, Windeln. Moltontücher, Strampelhosen – zu Hause packt sie die Schreibmaschine weg und breitet dafür die kleinen Sachen auf dem Küchentisch aus, sie meint, ihr Baby schon darin strampeln zu sehen.

Zukunft, ein neubelebtes Wort, lange verdeckt gewesen von der Ungewißheit, den Bombenkrieg zu überstehen. Jetzt eilen ihre Pläne dem Krieg voraus. Sie wird einen Beruf ergreifen müssen, denn ob sie nach dem Tag X ihre Witwenrente weiterhin erhält, ist fraglich. Nach einem verlorenen Krieg wird sich das Leben in nicht vorhersehbarer Weise verändern. Dann haben die bisherigen Gegner zu bestimmen. Wird sie dann noch studieren können? Bis zum Abschluß fehlen ihr noch drei Semester.

Der Hausmeister erscheint mit einem Eimer Briketts: Wo doch die Müllers vom Nebenhaus jetzt ihre Briketts nicht mehr brauchen. Wieso, sind sie ausgezogen? So kann man's auch nennen, sagt der Mann. Schluß ham se gemacht. Und die Kleene gleich mit, die Linda.

Schluß? Sie wehrt sich, es zu glauben. Vorgestern hatte sie Müllers noch im Luftschutzkeller gesehen. Verängstigt saßen sie da, die kleine Linda in der Mitte. Warum bloß, fragt sie mit trockenem Mund.

Sie werden Furcht vor den Bolschewiken gehabt haben, die sollen doch hausen wie die Berserker. Aber sich deshalb gleich umbringen? Nee, Frau Bahlke. Und wo kriegen wa die Särge her, sind doch keene mehr aufzutreiben.

Ihr wird schlecht vor Entsetzen. Die Familie mußte alle Hoffnung aufgegeben haben. Ich aber will, daß wir beide durchkommen, erklärt sie dem Ungeborenen. Die Antwort ist kein leises Signal aus dem Bauch, sondern eine schrille Alarmglocke in ihrem Kopf. Weg aus Berlin, so schnell wie irgend möglich!

Eimerkette

Der Bahnhof gleicht einem Massenlager. Menschen mit Körben und Koffern, Kindern und sogar Haustieren, soweit sie blicken kann. Haben Sie denn einen Berechtigungsausweis, junge Frau? wird sie gefragt, als sie sich in die lange Schlange vor dem Fahrkartenschalter einreihen will.

Nein – brauche ich einen?

Wenn Sie aus der Reichshauptstadt sind, allemal.

Andere Wartende mischen sich ein. Das Argument, ein Kind zu erwarten, bedeute nichts, nur Flüchtlinge dürften reisen, für Berliner sei die Ausreise gesperrt.

Mit dem Gefühl, sich in der eigenen Stadt in einem Käfig zu befinden, kehrt sie in ihre Wohnung zurück. Ich muß weg, koste es, was es wolle!

Sie versucht es bei der Stadtverwaltung. Die Vorlage ihres Schwangerschaftsnachweises nützt nichts, sie erhält keine Reisegenehmigung. Ausnahmen würden nicht mehr gemacht.

Auf dem Heimweg Luftalarm. In den nächstbesten Luftschutzkeller, ob der sicher ist? Was ist schon sicher, wenn die Hölle losbricht und Schlag um Schlag die Wände zu bersten drohen. Schreiende Kinder. Meines würde auch schreien, wenn es könnte. Sie stellt die Mappe vor sich auf den Schoß, als gäbe dies dem Ungeborenen Schutz.

Nach der Entwarnung kein Durchkommen. Gebäudetrümmer versperren die Straßen. Entwurzelte Bäume. Eine umgekippte Straßenbahn. Sie kämpft sich auf Umwegen weiter und weiß bald nicht mehr, wo sie ist. Vor einem brennenden Haus hat sich eine Eimerkette gebildet. Frauen versuchen das untere Stockwerk zu retten, doch es scheint jeden Wasserschub mit erneuten Flammenstößen zu quittieren. In der Nähe des Hydranten drückt ihr eine der Frauen einen vollen Eimer in die Hand und schon ist sie in die Kette einbezogen. Mit der Zeit erlahmt ihre Kraft, den Eimer mit Schwung weiterzureichen. Na wat denn, keene Müdigkeit nich.

Ich bin im sechsten Monat...

Dann machen Se weg, so wat könn' wa hier nich brauchen.

Beim Weitergehen erkennt sie, was es mit der seltsamen Masse auf sich hat, die sie während der Löscharbeit auf der anderen Straßenseite sah. Vom Flackerschein der Brände rosig, als lebten sie noch, liegen dort Tote in einer Reihe, alle ordentlich mit den Füßen zum Rinnstein. Die Ordnung entsetzt sie besonders.

Mit einem Stechen in der Brust – ist der Brandgeruch schuld? – legt sie den weiteren Weg keuchend zurück, ein Taschentuch vor dem Mund. In der Geborgenheit ihrer Wohnung fragt sie sich, wieso bin ich unverletzt und in Sicherheit. Ebenso könnte ich stumm am Straßenrand liegen. Ist es nicht absurd, zurück aus einem Flammeninferno als erstes zu versuchen, die paar Krümel Glut im Beistellherd zum Auflodern zu bringen? Ein heißer Tee täte jetzt gut.

In den vorderen Zimmern ist wieder die Verdunkelung beschädigt, die Reparatur lohnt nicht mehr. Statt dessen zieht sie das Grammophon auf und sucht unter ihren Schlagerplatten das Lied von der Zigarette heraus. »Gestern glühten sie noch rot / Lust und Lebensfreude / heute sind sie kalt und tot / Asche alle beide.« Zigaretten, nicht Leichen. Ein unzulässiger Vergleich, hundsgemein respektlos gegenüber den Toten, aber es löst den Riegel über ihrer Brust, sie kann wieder durchatmen. Vor den aufgestapelten Ziegeln ihrer Schlafzimmerwand macht sie ein paar schwerfällige Tanzschritte und betrachtet sich dabei im Garderobenspiegel: Die Tonne dort soll ich sein?

»Du hältst in der Hand deine Seligkeit/eine Zigarette lang./Du atmest den Hauch einer süßen Zeit...« Vor die unförmige Gestalt im Spiegel schiebt sich ein anderes Spiegelbild. Sie sieht sich in Schwesterntracht mit dem Blankreiben eines Waschbeckenspiegels beschäftigt. Hinter ihr geht die Tür auf und herein tritt...

Was ist nur in mich gefahren, mit ein bißchen Schlagerkitsch wieder in die alte Liebe zurückzufallen! Ob man nie davon los kommt? Ob sie jederzeit wieder von einem Besitz ergreifen kann, wo man sie doch abgestreift glaubte wie ein nicht mehr passendes Gewand?

Ihr schwindelt, sie muß sich setzen. Vor Zeiten erlebte sie einmal einen Wirbelwind, der Kleidungsstücke übers Dach trug. Sich tragen lassen, hatte sie da gedacht, sich einem anderen Element anvertrauen. In schönen langsamen Kreisen ins Blau der Vogelschreie hinauf. Immer höher, bis dorthin, wo Stille eintritt.

DER NOTWENDIGE RETTER

Ein Telefonanruf. Carolas Stimme: Jemand will dich sprechen. Worum geht es denn? fragt sie, um Zeit zu gewinnen. Ihre Stimme ist heiser. Frosch im Hals, sagt man nicht so? Nichts unwichtiger als diese läppische Überlegung, während der Jemand, sich ebenfalls räuspernd, fragt, ob sie in Berlin zu bleiben gedenke.

Das weiß ich nicht so recht...

Sie gibt sich einen Ruck. Nein, sie gedenke nicht, hier zu bleiben, werde aber an der Ausreise gehindert. Die Festigkeit ihrer Stimme zurückgewinnend, gelingt es ihr in sachlichem Tonfall von ihren vergeblichen Bemühungen um eine Fahrkarte zu berichten. Sie wolle zu ihrer Mutter nach Süddeutschland, die allerdings nichts von diesem Plan wisse.

Gut. Wann bist du zur Abreise bereit?

Zur Abreise? Ich müßte erst gepackt haben...

Wann ist das – morgen abend?

Morgen schon? fragt sie benommen.

Je schneller, desto besser. Ich werde mir eine Dienstreise nach Stuttgart ausstellen lassen und versuchen, dich mit durchzuschleusen.

Weißt du denn, daß ich... Hat Carola es dir gesagt?

Sie hat. Eben darum rufe ich an. Es wäre unverantwortlich, wenn du in deinem Zustand länger hier bliebest. Bis morgen also, ich werde dich zwischen fünf und sechs Uhr am Abend abholen.

Wie soll ich euch danken, Carola und dir –?

Wir wollen uns auf das Notwendige konzentrieren.

Auf das Notwendige, auf das Notwendige. Während sie fieberhaft zusammenträgt, was ihr für die nächsten Monate unentbehrlich erscheint, spürt sie neben der Erleichterung über das unerwartete Angebot eine Spur von Enttäuschung. Ich wollte es eigentlich selber schaffen, erklärt sie dem Ungeborenen, und keinen Retter brauchen. Keinen notwendigen Retter. Aber was hilft es, wir müssen aus Berlin heraus, nur darauf kommt es an.

Liebe alte Frau

Beim Ausräumen der Schreibtischschubladen entdeckt sie in der untersten ihr Tagebuch. Nehme ich es mit oder nicht? Obwohl ihr die

Zeit dafür fehlt, liest sie sich fest, verwundert und gerührt, was sie als Siebzehnjährige an sich selbst im Alter von sechzig Jahren geschrieben hatte. Was für ein Einfall, sein Ich anzusprechen, als sei es die eigene Großmutter! Liebe alte Frau – mit dieser Anrede beginnen die Eintragungen und brechen mit dem Ausruf der Neunzehnjährigen ab: Ich wollte, alte Frau, ich wäre so alt wie du.

Die Verzweiflung beim Schreiben der letzten Zeile ist ihr noch gegenwärtig. Es war nach Ralfs Tod. Der gewaltsame Einbruch in das erste Stadium des Zusammenfindens hatte sie völlig aus der Bahn geworfen. Das weitere Leben erschien ihr nur noch wie eine unendlich lange und öde Wegstrecke, die hinter sich zu bringen war.

Könnte sie der Neunzehnjährigen erzählen, was in den nächsten Jahren auf sie zukommen wird! Liebes dummes Ding, das Leben läuft ganz anders ab, als du vorhergesehen hast. Schade, daß ich dir nicht davon berichten kann. Würde es dich begierig machen oder abschrecken? Und würde es dich von Fehlern abhalten, die ich begangen habe?

Als wären wir zwei und nicht eine Person, denkt sie. Ist es nicht ziemlich naiv, sich unter dem eigenen Ich eine verständnisvolle Freundin vorzustellen? Heute hätte ich Hemmungen, ein Tagebuch an mich selbst als »Liebe alte Frau« zu richten. Auch die Naivität der Tagebuchschreiberin gegenüber den Siegen der deutschen Wehrmacht ist ihr heute unverständlich. Eine Ahnung von kommendem Unheil scheint sie indessen gehabt zu haben, davon zeugt der Traum von einem Riesen, dem sein Herr, der König, die goldenen Füße abhacken ließ. Sein Reich wurde nun rot von dessen blutenden Beinstümpfen...

Der Traum steht im Tagebuch unter der Eintragung vom 15. Oktober 1941, in der sie ihrem altgewordenen Ich mitteilt, ihre Aussteuermöbel seien gerade geliefert worden. Es sind dieselben Möbel, über die nun der Blick der inzwischen drei Jahre Älteren streift. Der Bücherschrank mit den Rauchglasscheiben. Der Schreibtisch aus massiver Eiche. Geliebt hat sie die Möbel nie. Und doch, mit den Jahren wurden sie ihr vertraut. Alles dies zurückzulassen? Es wahrscheinlich niemals wiedersehen?

Sie nimmt einen Tintenkuli zur Hand und füllt eine Seite quer zum

Format mit ihrer großen Schrift. Wie wirst du über die Zeit denken, in der wir leben, liebe alte Frau? So hatte die junge Rosali gefragt. Jetzt nimmt sie die Antwort der alten Frau vorweg: Du in deinem Alter konntest nicht wissen, daß diese Zeit der alten Frau dereinst als Last auf der Seele liegen wird. Vielleicht gibt es trotzdem einmal wieder so etwas wie Freude am Leben, ich wünsche es dir und mir. Und Poesie, fügt sie noch hinzu und legt das Buch mit dem schönen Ledereinband, in den der Fudschijama gepreßt ist, zu den anderen Dingen, die mit auf die Reise sollen.

Gepäckstücke

Zur verabredeten Zeit versucht sie vergeblich, den Riemen um den überfüllten Korbkoffer zu schnallen. Kleidungsstücke, Wäsche, Schuhe, Säuglingsausstattung, wie kriege ich das Ding bloß zu? Ein zweiter Koffer steht mit Büchern, Briefen – allein Ralfs Briefe eine dicke Mappe – ihren Gedichten und dem Tagebuch, Photos und Haushaltsgegenständen schon in der Diele bereit und immer entdeckt sie noch unentbehrliche Dinge, die nicht mehr unterzubringen sind. Erschöpft erwartet sie in einem der großen Wohnzimmersessel den Herrn Oberstabsingenieur, auf dessen Dienstweg sie mit durchgeschleust werden soll. Habe ich noch etwas Wichtiges vergessen? Das Koffergrammophon – könnte ich es doch mitnehmen!

Daß er dienstlich unterwegs ist, läßt sich nach seinem pünktlichen Eintreffen nicht übersehen. Er macht sich sofort an ihrem Korbkoffer zu schaffen. Besitzt du keinen längeren Riemen? Sie sucht. Ich habe wirklich nur das Nötigste zusammengepackt, nur was ich unbedingt brauchen werde. Warum es so viel geworden ist, weiß ich auch nicht.

Gestattest du, daß ich einen Blick in deinen Koffer werfe? Es läßt sich vielleicht einiges umpacken.

Sie nickt und sitzt untätig da, während er Babyhemdchen und -jäckchen, den ganzen Packen Säuglingsausstuer auseinandernimmt und Stück für Stück ausgebreitet, um es flach im Koffer zu verstauen. Was er wohl dabei empfindet?

Würdest du bitte den Deckel niederzudrücken, damit ich den Riemen schließen kann?

Während er den zweiten Koffer mit einer Schnur versieht, damit er im Gedränge des Bahnhofs nicht aufplatzt, wandert sie in ihrem von der Aufbewahrung im Keller gelblich gewordenen Indisch-Lamm-Mantel, dem einzigen Mantel, der sich über ihrem Bauch noch schließen läßt, abschiednehmend durch die Zimmer. Das Grammophon. Sie betätigt die Kurbel. Die Platte von neulich liegt noch darauf. »Du hältst in der Hand deine Seligkeit/ eine Zigarette lang...«

Würdest du dich bitte fertig machen? Das klingt verärgert. Sentimentalität war ihm seit je zuwider. Folgsam schnürt sie die Stiefel, bindet das Kopftuch, schlüpft in die Fausthandschuhe und ergreift die Schreibmaschine.

Die willst du mitnehmen?

Ohne sie fahre ich nicht.

Als die Wohnungstür hinter ihnen ins Schloß fällt, tönt es noch gespenstig im Treppenhaus: »Das Glück, das du meinst, ist nur flüchtiger Rauch...«

Die Dienstreise

Der Anhalter Bahnhof kann die zu den Zügen strömende Menschenmenge kaum fassen. Es dauert lange, bis sie an die Sperre kommen, Zeit genug, sich den günstigsten Durchgang zu wählen. Während der Herr in Uniform beim Vorlegen seiner Dienstpapiere den Bahnbeamten durch umständliche Befragungen abzulenken versteht, schlüpft sie hinter seinem Rücken durch die Absperrung.

Die erste Hürde ist genommen, an der nächsten drohen sie zu scheitern. Der Zug ist bereits überfüllt, Trauben von Menschen hängen an den Türen und durch die Fenster werden Koffer und Kinderwagen, Körbe, Säcke und Hausrat der Ostflüchtlinge nachgeschoben.

Aussichtslos. Wir hätten schon vor einer Stunde hier sein müssen.

Die vorwurfsvolle Bemerkung hätte er sich sparen können! Sie kämpft mit der Enttäuschung, nun doch nicht aus Berlin herauszukommen. Zu alledem setzen die Luftschutzsirenen ein. Das ist unsere Chance, sagt ihr Begleiter. Wir halten uns an den Schluß, dann sind wir nachher bei den Ersten.

So bleiben sie zurück, während die zum Verlassen der Zuges aufgeforderten Menschen an ihnen vorbei zum nächsten Bunker hasten. Mit den Letzten erreichen sie die ungeschützte und bereits voll belegte Bahnhofshalle. Ihr Stoßgebet, es möge sich um Störflieger handeln, wird nicht erhört. Die feindliche Luftwaffe drischt mit voller Lautstärke auf das Gebiet um den Anhalter Bahnhof ein. Ohne den Schutz von Kellermauern ein für Ohren und Nerven schier unerträgliches Spektakel. Wenn ich hier lebend 'rauskomme, fällt mir der Abschied von Berlin nicht schwer, denkt sie in einer Angriffspause. Schon geht es wieder los. Die Hände auf die Ohren gepreßt, hockt sie auf einem ihrer Koffer. Glasscherben aus der Überdachung prasseln nieder oder werden zu gefährlichen Geschossen. Neben ihr hat sich eine Frau über einen Kartoffelkorb geworfen und wimmert immerfort: Du sollst nicht sterben – du sollst nicht sterben. Babygeschrei, im Korb ist ein Kind! Kann ich Ihnen helfen? Das ist Arnim. Er hat es verschmäht, sich zu ihr auf den Koffer zu setzen. Jetzt bemüht er sich, Mutter und Säugling mit seinem Ledermantel vor den umherfliegenden Splittern zu schützen. Muß er unbedingt den Helden spielen? Sie weiß, daß sie ihm damit Unrecht tut, Hilfsbereitschaft gehört zu seiner Lebensart.

Nach mehreren Wellen scheinen die feindlichen Bomber endlich abzudrehen, es wird ruhig. Als die Entwarnung das Ende des Angriffs bestätigt, wälzt sich bereits eine Menschenmenge in Richtung des Bahnsteiges. Sie solle sofort zum Zug laufen, er komme mit den Koffern nach und werde sie im Auge behalten, hat ihr Begleiter ihr eingeschärft. Daraus wird nichts, der Ansturm ist zu groß. Von der nachdrängenden Menge durch die Sperre geschoben, mitgezogen, gedrückt, gestoßen landet sie, die Schreibmaschine umklammernd, in einem Waggon und erkämpft sich einen Sitzplatz. Wir haben es geschafft, sagt sie zu dem Ungeborenen, das die Rempeleien hoffentlich unbeschadet überstanden hat. Dann erst schaut sie sich nach Arnim Burkhart um. Beim Sturm auf den Zug sind sie getrennt worden, ob er überhaupt noch hineingekommen ist? Sie muß daran denken, wieviele Trennungen ihre kurze Beziehung schon erleiden mußte. Und jetzt geht es der endgültigen entgegen, spätestens in Stuttgart, von wo sie allein zur Mutter weiterreisen wird. Falls alles klappt und er sich wirklich mit ihren Koffern in diesem Zug befindet. Eigentlich wollte sie ihm ihre Situation schildern und manches richtig stellen, dazu wird es nun nicht mehr kommen. Vielleicht ist es besser so. Ihr ist peinlich bewußt, daß sie noch während des Luftangriffs seine Gegenwart sehnsüchtig wahrnahm und sich in einem schwachen Moment in seine Arme wünschte – und das in diesem fürchterlichen Tumult.

Wir müssen uns wappnen, läßt sie das Ungeborene wissen. Der schwerste Teil der Reise steht uns noch bevor. Es ist eine Dienstfahrt, verstehst du? Danach sind wir auf unseren Retter nicht mehr angewiesen. Dann bleibt die Vergangenheit hinter uns zurück wie das geliebte und verhaßte Berlin, das sich soeben mit seinem Anhalter Bahnhof unendlich langsam von uns fortbewegt – oder wir von ihm.

Rollenspiele

Gegen Morgen, sie war auf ihrem unbequem engen Sitzplatz gerade eingeschlummert, wird sie barsch geweckt: Ihren Fahrausweis, Frau!

Den hat mein Mann bei sich, sagt sie geistesgegenwärtig. Wir haben uns beim Einsteigen aus den Augen verloren, doch er ist gewiß hier im Zug. Ich begebe sich sofort auf die Suche, versichert sie dem Schaffner und macht sich daran, mit der Schreibmaschine als Stoßdämpfer durch die nicht mehr ganz so vollen Wagen zu wandern. Auf dem schlingernden Übergang zwischen zwei Waggons fällt sie gegen eine graublaue Uniform. Gott sei Dank, du bist's, entfährt es ihr, und auch der Herr Oberstabsingenieur zeigt Erleichterung: Ein Glück, daß ich dich gefunden habe! – bevor er wieder zu seiner steifen Förmlichkeit übergeht. Er hoffe, sie habe die Nacht einigermaßen erträglich verbracht. Ob sie ihm bitte in sein Abteil folgen möge?

Sie folgt. Sie folgt auch gern seiner Aufforderung, auf seinem gepolsterten Eckplatz Platz zu nehmen, nach der nächtlichen Holzbank eine Erholung. Er selbst ziehe es vor zu stehen – damit begibt er sich auf den Gang und schließt hinter sich die Abteiltür. Der freie Platz neben ihr bleibt leer. Geht er mir aus dem Wege, fragt sie sich, durch die Scheibe seine Rückfront betrachtend. Die wenigen Haare. Die abstehenden Ohren. Wie oft hatte sie sich darüber lustig gemacht. Lipizzaner nannte sie ihn seines schmalen Schädels und seiner starken Nase wegen, und auch seines formvollendeten Auftretens, Hohe Schule eben.

Während sie ihn beobachtet, läuft ein innerer Film ab. »Ich möchte jede Nacht von Ihnen träumen…« Tanzabend in der Bar des Luftwaffenkurheims. Der steife Herr dort ein Tanzpartner, der sie total aus dem Gleichgewicht brachte. Damals fing es an. Dann im Oskar-Helene-Heim: Sie hier? Ja, was tun Sie hier? Die Philharmonie. Sanssouci. Trennung und Wiedersehen. Wie er im Spiegel auftauchte und hinter sich die Tür schloß. München, eine einzige Umarmung. Rechlin – der Magnetberg.

Inzwischen ist es hell geworden, ein klarer Wintertag. Die Fahrausweise, bitte sehr, tönt es aus dem Nebenabteil. Wie verabredet sucht sie die Toilette auf und wagt sich vor der nächsten Station nicht hinaus. Nürnberg. Hier steigen viele Leute aus, so daß sie nicht auffällt. Die Gefahr ist gebannt, sagt ihr Begleiter halblaut, als sie sich an ihm vorbei drückt.

Zu früh gefreut. Zugkontrolle! tönt es im Gang. Zwei Feldjäger der Wehrmacht. Auf ihrem Eckplatz stellt sie sich schlafend, nicht ohne ihren Bauch ins rechte Licht zu rücken. Laute Stimmen im Gang. Um was es geht, läßt sich nicht verstehen. Durch die Wimpern blinzelnd sieht sie einen der beiden Uniformierten sich entfernen, während der andere die Papiere des Herrn Oberstabsingenieur prüft. Jetzt wird die Abteiltür aufgeschoben. Die Mitreisenden zeigen ihre Fahrkarten und Berechtigungsausweise. Die junge Frau schläft. Durch die Finger sieht sie vor sich die halbmondförmige Blechscheibe der Feldgendarmerie. Wenn sie jetzt, nachdem bisher alles gut gegangen ist, noch aus dem Zug geholt und zurückgeschickt würde!

Schlimmeres als das könnte ihr wahrscheinlich nicht passieren. Aber ihr Retter müßte mit einem Disziplinarverfahren rechnen.

Meine Frau fühlt sich nicht wohl, hört sie ihn sagen, Sie sehen doch ihren Zustand. In Ordnung, Herr Oberstabsingenieur. Hackenschlagen. Dann die Stimme des Vorgesetzten: Ist die Dame kontrolliert? Jawohl, Herr Hauptmann.

Wie kam der Feldwebel dazu, eine Falschaussage auf sich zu nehmen? Hätte der Hauptmann nachkontrolliert, wäre es auch ihm schlecht ergangen. Es gibt eben doch noch Menschen, die etwas für andere riskieren. Er konnte nicht wissen, ob sie ein Flüchtling war, aber er fragte nicht nach ihren Papieren. An ihrer Erregung kann sie ermessen, was die Szene für jemand bedeutet hätte, der um sein Leben fürchten muß.

Es braucht eine Weile, bis sie sich beruhigt und nur noch das Sätzchen »Meine Frau fühlt sich nicht wohl« in ihr nachzittert. Nach allem, was geschah, ist es wie ein schlechter Scherz, als seine Ehefrau zu gelten. Das Rollenspiel ihres persönlichen Dramas verschenkt offenbar keine Pointe.

Winterlandschaft

In Crailsheim steigt eine Frau mit zwei Kindern zu. Die ersten schwäbischen Worte, demnach sind sie schon in Süddeutschland. Weit kann es bis Stuttgart nicht mehr sein. Soll die Reise wirklich damit enden, daß er im Gang, sie im Abteil – daß sie wie Fremde sind und eine Aussprache peinlich vermeiden?

Die Frau teilt ihren Kindern Äpfel aus. Möchtet Se au eins? S'isch a Boskop von unsere eigene Bäum'. Ha, so greifet Se doch zu!

Oh danke! Sie beißt in den als Boskop bezeichneten Apfel, ein wenig sauer, aber gut, und sie hat heute noch nichts im Magen. Als er zur Hälfte gegessen ist, tritt sie auf den Gang hinaus: Möchtest du?

Eine Zumutung, wie sie seiner abwehrenden Handbewegung entnimmt. Nein, der Herr in Uniform wünscht keinen angebissenen Apfel. Wir sind in weniger als einer Stunde da, sagt er und betrachtet die Landschaft.

In einer Stunde? Sie holt tief Luft: Wir müssen uns sprechen.

Ich wüßte nicht, was es noch zu sagen gäbe.

Warum du mir zu dieser Reise verholfen hast, obwohl ich...

Darüber brauchen wir keine Worte zu machen.

Wie ich das immer gehaßt habe, fährt sie auf. Keine Worte, nichts zerreden – damit hast du dich stets herausgehalten!

Sie ist laut geworden. Um so stiller er, fast unhörbar: Muß das jetzt sein?

Seine übliche Reaktion, wenn er sich verletzt fühlt. Wie gut sie das kennt! Sie versucht sich zu mäßigen und schaut mit ihm in die von den Dampfwolken der Lok zerrissene Winterwelt hinaus. Nach einer Weile beginnt sie von ihrer augenblicklichen Situation zu sprechen. Sie denke daran, zunächst bei ihrer Mutter zu wohnen, sich aber bald nach einer Arbeit umzusehen. Ihr Studium würde sie leider aufgeben müssen, nachdem sich ihr Leben radikal verändert habe.

Wozu du ja wohl deinen Teil beigetragen hast.

Seine Ironie tut ihr weh. Immer soll ich an allem schuld sein! Vielleicht könntest du dich einmal in meine Verzweiflung hineindenken, als du mir zu meinen Schuldgefühlen Carola gegenüber auch noch die Schuld an unserer Trennung aufbürdetest. Glaub mir, ein Königreich hätte ich dafür gegeben, unter anderen Verhältnissen mit dir zusammen zu leben. Mit dir ein Kind zu haben.

Überforderst du mich nicht ein wenig?

Gut, ich überfordere dich. Ich soll Rücksicht nehmen. Diese verdammte Rücksicht, anstatt die letzte Chance zu einer Aussprache zu nutzen. Es wäre viel, wenn wir später ohne Bitterkeit an unsere gemeinsame Zeit zurückdenken könnten.

Ohne Bitterkeit? Willst du hören, was ich empfand, als Carola es mir mitteilte? Sie hat sich schnell getröstet, dachte ich. Was konnte ich altes Eisen ihr auch bieten. Sie hat sich an ein jüngeres Semester gehalten, damit muß ich mich abfinden. Es war eben doch nicht das einmalige Erlebnis, die unerschütterliche Zusammengehörigkeit zwischen zwei Menschen, auch über die Trennung hinaus.

Ist Liebe denn so klein?

Mit dem Handrücken wischt sie über die beschlagene Scheibe. Ich jedenfalls habe niemals aufgehört, dich zu lieben, keinen Augenblick lang.

Und hast dich an einen andern weggeworfen.

Ich – mich weggeworfen? Dafür bin ich mir zu gut.

Lassen wir das. Der Ekel in seiner Stimme. Es scheint unter seiner Würde zu sein, mit ihr über die Beweggründe ihres Fehltritts zu diskutieren.

Nein, ich lasse es nicht. Du sollst erfahren, wie es war. Mit Leichtsinn, mit Sich-an-jemanden-Wegwerfen, wie du es nennst, hatte es nichts zu tun. Nicht einmal mit Verliebtsein. Eher – ja, was denn – eher mit Erbarmen.

Mitleid also. Noch schlimmer.

Sie schaut ihn von der Seite an, als sähe sie ihn zum ersten Mal. Der gereizte Gesichtsausdruck beim Sprechen. Die Schatten unter seinen Augen, vor Übermüdung? Verschattet auch die heute unrasierten Wangen mit den beiderseitigen tiefen Falten. Die gekrümmte Nase hatte sie einst mit einem Raubvogelschnabel verglichen – eine ihrer spinnigen Ideen. Sein Mund – wie hatte die schöne Zeichnung seiner Lippen es ihr immer angetan und noch jetzt... Sie wendet die Augen rasch ab. Auch mit mir, sagt sie, hatte ich Erbarmen.

Wenn du es nötig hattest?

Der Zorn kommt ihr zu Hilfe. Willst du nicht wenigstens den Versuch machen, zu begreifen?

Ich habe längst begriffen, daß ich dich verloren habe.

Jawohl, ruft sie unbeherrscht. Die du zu kennen glaubtest, die hast du verloren. Das Bild, das du dir von mir machtest – irgendwie muß es nicht gestimmt haben, sonst hättest du mich nicht verlieren können.

Als gebe es nach diesem Ausbruch nichts mehr zu sagen, schauen beide wieder stumm aus dem Fenster. Draußen umzäunte Gärten unter dünner Schneedecke. Kohlstrünke mit grauweißen Hauben in Reih und Glied. Auch die Obstbäume scheinen strengen Regeln zu gehorchen. Und wer hängt bei diesem frostigen Wetter im Freien die Wäsche auf?

Ich vermochte nicht, dich glücklich zu machen, sagt er leise, als spreche er mit sich selbst.

Das war doch nicht der Grund! Mein Gott, es gibt kein Wort dafür, wie glücklich ich mit dir war.

Sie ringt um Fassung. Nur jetzt nicht aufgeben.

Nimm mir doch bitte ab, daß der Grund woanders lag. Daß ich erkannte, wie mit bestimmten Menschen umgegangen wird.

Sein warnender Blick, sie dämpft die Stimme. Seit ich weiß, was vorgeht, sind mir Carolas Angstzustände verständlich und auch, daß sie dich braucht. Nicht nur auf dem Papier, von Scheidung war ja nie die Rede. Sie braucht die Sicherheit, daß du bei ihr bleibst und für sie einstehst. Solange ich da war, konnte sie an diese Sicherheit nicht glauben.

Hört er ihr überhaupt zu? Seiner Miene ist es nicht zu entnehmen. Ich war so dickhäutig Carola gegenüber, fährt sie fort. Nicht nur ihr gegenüber. Wann machte ich mir denn mal Gedanken um andere. Mit dir als Mittelpunkt blieb die übrige Welt am Rande.

Habe ich je die Absicht erkennen lassen, mich, wie du es nennst, zu deinem Mittelpunkt zu machen? fragt er steif.

Unsinn. Du hast es mir nur unmöglich gemacht, über meinen Schatten zu springen. Weil meine Gefühle und Gedanken nur auf dich gerichtet waren. Weil ich dich liebte, mit allen Fasern meines Herzens, um eines der Klischees zu gebrauchen, die du nicht leiden kannst. Du warst mir alles, Himmel und Hölle, das Glück eben.

Und hast mich verlassen.

Es gab keinen andern Weg. Wir hängen mit drin, in dem, was geschieht – das wenigstens habe ich begriffen. Da sollte es doch das Mindeste sein... Als Carola mich über ihre Lage aufklärte, brauchte ich nicht zu überlegen.

Ich sehe nur, daß du dein Konto auffüllen wolltest. Oder Dein Schuldkonto ausgleichen, wie auch immer. Glaubst du im Ernst, daß du mit unserer Trennung den Opfern der gewissenlosen Meute auch nur um einen Deut hilfst?

Nein, wer kann das schon. Aber manchmal ist ein einzelner Mensch so viel wie alle.

Alle für einen, einer für alle, zitiert er bissig..

Laß mich doch mit diesem Blödsinn in Ruhe!

Die Wut über seine Bemerkung verengt ihr den Hals. Die auf Hitler gemünzte Parole hatte sie einst im BDM auf Plakate zum 1. Mai malen müssen. Wollte er ihr mit dem dämlichen Spruch zu verstehen geben, auch sie habe sich eines Schlagwortes bedient? Versteht er nicht, was sie damit ausdrücken wollte?

Sich verständlich zu machen, kann sie wohl nicht mehr erhoffen. Sie verstummt und kaut, um nicht weinen zu müssen, an dem Apfel, den sie die ganze Zeit in der Hand hielt.

Deine Argumentation ist...beginnt er einen Satz, führt ihn aber nicht zu Ende. Statt dessen sagt er, wir sind in Bad Cannstatt und sollten uns fertig machen. Die nächste Station ist Stuttgart.

Das Ende einer Reise

Auf dem Stuttgarter Hauptbahnhof gibt er sie noch einmal für seine Frau aus. Während er dem Schalterbeamten seine Papiere vorlegt, fragt er umständlich nach einem Sanitätsraum: Sie sehen doch, meine Frau... Gelegenheit für sie, sich betont schwerfällig an dem besorgten Ehemann vorbei zu schieben. Wer wollte sie da an die Fahrtberechtigung erinnern.

Der Bahnhof macht einen soliden Eindruck, hier scheinen noch keine Bomben gewütet zu haben. Solange er den Fahrplan studiert, sitzt sie mit Schreibmaschine und Koffern auf einer zugigen Bank und wünscht, die Zeit anhalten zu können, die auf der großen Bahnhofsuhr ruckweise von Minute zu Minute springt. Immer noch die verzweifelte Vorstellung, etwas zwischen ihm und ihr klarstellen zu müssen, um nicht ohne ein versöhnliches Wort voneinander Abschied zu nehmen.

Um 1 Uhr 42 geht dein Zug! Er hat ihr für die Weiterfahrt eine reguläre Fahrkarte besorgt, hier gibt es keine Beschränkungen.

Bis dahin ist's ja noch eine Weile, stellt sie erleichtert fest.

Er vergleicht seine Armbanduhr mit der Bahnhofsuhr. Wir könnten noch einen Kaffee trinken..

Wenn du Zeit hast? Du bist doch dienstlich in Stuttgart.
Ich bringe ich dich noch zum Zug.

Mission erfüllt... weht es aus grauer, nein, blauer Ewigkeit zu ihr herüber. Das war nach dem ersten Konzertbesuch, als sie ihren Patienten abliefern wollte. Die Philharmonie ist inzwischen zerstört, nie mehr wird dort »Die Neue Welt« erklingen. Und nie wieder wird ein Major der deutschen Luftwaffe auf einem Berliner U-Bahnhof Christian Morgenstern rezitieren. Reiß dich zusammen, ermahnt sie sich, du bist nicht mehr Schwester Rosi vom Oskar-Helene-Heim. Aber die kleine Rückbesinnung treibt ihr Tränen in die Augen, obwohl sie Rührseligkeit um jeden Preis vermeiden wollte.

Sie sitzen sich in der Bahnhofswirtschaft gegenüber. Schluckweise zwingt sie sich zu der trüben Brühe Ersatzkaffee, die das Saalmädchen in einer unsauberen Tasse vor sie mehr hingeknallt als hingestellt hat. Der Krieg hat auch hier der Gastfreundlichkeit ein Ende bereitet. Sie versucht an der Tasse ihre Hände zu wärmen, nicht einmal dazu ist das lauwarme Getränk gut. Ist dir kalt? fragt er nach einem weiteren Zeitvergleich. Auch auf der Uhr des Lokals hat der große Zeiger diese hoppelnde Art, sich auf jeder Minutenziffer kurz auszuruhen, als sei Zeitablauf ein mühsames Geschäft.

Wenn ich jetzt eine Zigarette hätte...
Rauchen? In deinem Zustand?

In meinem unentschuldbaren Zustand. Sie gewinnt sich ein spöttisches Grinsen ab.

Hör mal, vorhin im Zug – dieses Brett vor meinem Kopf, sagt er und schlägt sich an die Stirn. Verzeih mir bitte. Nur mein Gefühl für dich zählt. Es ist unverändert.

Zum ersten Mal auf dieser Reise sehen sie einander an. Halt suchend umklammert sie ihre Tasse.

Er faßt über den Tisch nach ihrer Hand und nimmt sie in seine warme. Du hast ja eisige Finger! Fürsorglich reibt er jeden einzelnen, besser so? Nun die andere Hand! Sie reicht ihm auch die. Seine pflegerische Zärtlichkeit droht sie umzuwerfen. Bloß jetzt keinen Engel mehr!

Wer hat diesen Ausruf wann getan? Mit einem Mal ist die kurze

Benommenheit verflogen, sie kann wieder klar denken. »Kabale und Liebe«, letzter Akt. Nur jetzt keinen Engel mehr – damit hinderte der Major in Schillers Drama sich selbst daran, einer späten Gefühlsaufwallung für Luise nachzugeben. Sie erinnert sich deshalb so genau, weil ein Blindgänger vor ihrer Haustür lag, als sie sich vor dem Abitur mit dem unsäglichen Doppelmord beschäftigen mußte.

In einem Trauerspiel gibt's nun mal kein Happy End, das wird auch dieser ehemalige Major einsehen müssen. Doch es kostet sie mehr Anstrengung als die ganze bisherige Reise, ihm ihre Hände so behutsam, wie er sie genommen hatte, wieder zu entziehen.

Ich muß fahren.

Der Personenzug nach Backnang steht schon da. Er bringt sie noch hinein, verstaut die Koffer und empfiehlt ihr, sich beim Umsteigen helfen zu lassen. Auf ihre Bitte wartet er die Abfahrt nicht ab, es ist besser so. Besser Messer Menschenfresser, hämmert ein Kindervers in ihrem Kopf. Vor solchen Versen wird sie ihr Kind zu bewahren haben. Die Zeit der Messerstecher Menschenfresser ist bis dahin hoffentlich vorbei. Für immer vorbei.

Sie schiebt die Scheibe hoch. Grüß' Carola, hat sie noch sagen wollen, doch er ist schon in der Menge draußen verschwunden, und sie muß noch die Schreibmaschine unterbringen, bevor alle Plätze besetzt sind.

IEN SHŪ